新世纪我国金融改革进程的真实片段
银行发展画卷的多彩拼图

金融笔记

杨凯生十六年间笔录

杨凯生　著

人民出版社

银行有道十成，吾仅知其一二

我职业生涯中有约 30 年时间是在金融领域度过的，而这几十年正是我国金融体制不断深化改革和扩大开放的历史性阶段。

2013 年我从中国工商银行行长岗位卸任后，每每回忆起往事，总有一种幸运之感。这倒不是因为自己最初是学机械制造的，从工厂转到银行，半路出家干金融，居然误打瞎撞地当上了全球最大银行的行长，而是因为无论与那些先于我在银行工作的前辈们相比，还是与那些后于我入行的年轻同事们相比，我有幸见证和参与了我国金融改革最重要的一段过程。这实在是一种难得的人生机遇。

在这一过程中，我曾就银行业改革发展的部分问题发表过自己的一些观点和意见。离任后我将其汇辑成《银行改革攻坚——热点、难点、重点》一书，承蒙中信出版社不弃予以出版发行。该书出版后，读者反映似乎尚可，先后还加印了几次。此后三年间自己又发表了一些东西，不经意间又有了十多篇。此次人民出版社希望我能将这些"新作"与原先的"旧著"整合在一起，重出一本新书。面对盛情相邀，除了感激之外，我感到了不小的压力。

我始终认为，银行有道十成，吾仅知其一二。这不是故作自谦。搞金融时间越长，经历的事情越多，就越发承认这一点。因此我实在不敢说这些文章究竟有多少价值，是否值得再去印刷出版。但我也意识到作为我国金融业特别是银行业这么多年改革的一个经历者，也有责任有义务把自己这些年间对一些事情的看法和感悟，对一些问题的体会和认识如实地记载存录下来。因为我国金融改革的宏大历史画卷实际上是由大大小小许许多多块拼图组成的，如果自己积累下来的这些东西能够成为一块巨大的多彩拼图中的一小角，也是一件很有意义的事情。

选入本书的文章是我担任华融资产管理公司总裁和工商银行行长十四年中，以及卸任后近三年间所写的，故将此书定名为《金融笔记——十六年间笔录》。由于这些文章写作的时间跨度较长，涉及的话题也较广泛，为了便于读者更清楚地了解当时我写这些东西的背景及心境，在编辑此书时，我在每篇文章的开头都以"作者注"的形式加写了一段话，意在对当时的有关情况作一些交代和说明。

希望本书中的这些文章能反映出自己这十多年一以贯之的一种追求——不故弄玄虚，不偏执极端，说真话，说白话，力求让业内人看了不觉得浅，让局外人看了不感到深。至于是否做到了这几点，只能由读者们去评说了。当然，倘若有人在研究我国银行业改革史的时候，能从中找寻到些许参考之处，也不枉作者之用心了。

杨凯生

2016 年 9 月

目　录

第一部分

资产管理公司的原原本本

合理定价不良资产是资产管理公司运作的核心

中国 AMC 不逊于美国 RTC

中国金融资产管理公司的运作与发展

吸引外资参与处置国内不良资产

国有商业银行的不良贷款究竟如何处置

探索新形势下资产管理公司发展的新体制

关于不良资产证券化

关于托管德隆

合理定价不良资产
是资产管理公司运作的核心[*]

本文是针对我国四家资产管理公司成立之初面临的一些问题和困难所写的。

1997—1998 年间爆发了亚洲金融危机。我国政府认真汲取了其中的经验教训，在推动企业改制转型的同时，决心加快实施对工、农、中、建等几大国有独资商业银行的改革。当时面临的一个突出问题是，企业沉重的债务负担和银行高企的不良贷款严重制约了我国各方面改革的进程。为了解决这一难题，中国政府在 1999 年先后成立了信达、华融、长城、东方四家资产管理公司，"收购"了从工、农、中、建四大银行剥离的 14 000 亿元不良贷款。但在那一次的"收购"过程中，采取的并不是市场化的方式。尽管 14 000 亿元不良贷款中，除了银行已历经多年难以收回的贷款本金外，更有为数不少的孳息，包括名存实亡的一些表外利息，但出于种种考虑，最终是让资产管理公司按这些不良贷款本息的账面价值 14 000 亿元收购的，其收购资金的主要来源是从中国人民银行借到的再贷

---

* 本文写于 2000 年 8 月，发表于 2000 年 9 月 2 日的《金融时报》。

款。也就是说，资产管理公司靠负债花 14 000 亿元购买了本已不值 14 000 亿元的不良贷款。但说"本已不值"其账面价值，那究竟能值多少呢？资产管理公司在接受这批不良贷款后，究竟要回收多少才算是实现了回收价值的最大化呢？这不仅关系到如何明确资产管理公司的经营责任，如何考核评价其运作成果，更关系到最终如何能够控制国有企业、国有银行的改制成本。

当时我在华融资产管理公司任总裁，之所以写这篇文章，就是为了让方方面面都能了解到，我国资产管理公司在处置这批不良资产的过程中面临着如何定价的特殊难题。因为，如果资产管理公司是按市场价收购不良资产的，其最终资产处置收入只要超过资产收购价以及自身运行管理成本，则可以说就基本获得了成功，如有盈余，那即形成了利润。但当时的问题是，资产管理公司不仅是按账面价值甚至是溢价（收购价中计算了为数不少的表外利息）"收购"了这批不良资产，处置回收率究竟达到多少才算合理就成了一个大问题。这个问题得不到合理解决，成立资产管理公司的初衷就难以实现。

经过几年的努力，在 2004 年，财政部经过测算，明确了四大资产管理公司最终应该分别实现的回收率，也就是确定了这批不良资产的价格，并且让四大公司的总裁签署了"责任状"。后来除了一家公司的回收率获准进行了调低之外（有关回收任务调增给了其他公司），其他几家公司都完成了这批从银行"政策性"剥离的不良资产的处置回收任务，并且从各方面奠定了资产管理公司后续向商业化运作转型的基础。

——作者注

　　我国成立金融资产管理公司，用以专门收购、管理、处置从国有商业银行剥离出来的不良资产，其主要目的是要帮助国有商业银行卸下部分包袱，化解多年积聚下来的金融风险。应该说，在物价指数不高甚至是负数的宏观经济形势下，解决这个问题正是好时机。我们应该抓住机遇，当机立断地剥离和处置银行的不良资产。但在这个过程中，我们要考虑，一是要注意避免和减少国有资产的流失；二是要清楚认识我们所面临的一个约束条件，即我国财政的承受能力有限，为处理历史遗留问题而支付的改革成本不能过高，必须控制在财政可以承受的范围内。否则，再好的改革方案在实践中也难以行得通。

　　基于上述分析，我们认为中国金融资产管理公司的运作目标是多元的。如果解决不好银行、财政、国有企业几者的利益兼顾问题，金融资产管理公司的运作就无法获得成功。那么如何才能解决好这个问题呢？关键是要做好制度安排，要在总体目标之下尽快明确各项具体政策措施，这些政策措施要力求合理、有效，富有可操作性。

　　由于中国经济体制改革、金融体制改革是前所未有的，因此在许多方面只能“摸着石头过河”，很难在某项改革思路形成的初期就有一套具体完整的成熟方案，金融资产管理公司的组建也是如此。严格地说，我们是在缺乏必要的法律甚至规章制度的支撑下起步的。但时至今天，成立最早的信达公司已运作一年有余，华融、长城和东方公司也已开业八九个月了，现在应是认真对这一段运作情况进行总结、检讨，争取对一些亟待解决的问题尽早予以明确和规范的时候了。对一些问题如果不及时解决，从表面上看仅仅是影响资产管理公司的运作效率，但实际上会影响化解金融风险的效果，影响财政的稳定，影响国企改革的深入。总之，它会影响设立金融资产管理公司的初衷的实现。关于资产管理公司所收购不良资产的定价问题就是其中十分重要的一个问题。解决好定价问题是保证和促进金融资产管理公司健康运作的重要基础。

定价问题包含三个层次的内容：一是金融资产公司应以什么价格从银行手中收购不良资产；二是国家认定金融资产管理公司实际收购的资产价值是多少；三是金融资产管理公司应该以什么价格来处置资产。这三方面既有联系又有区别，如果不能清楚辨析它们之间的关系，资产管理公司就很难进行运作。

我国资产管理公司按账面价值收购国有银行剥离出来的不良资产，这已是既定的方针。这种做法与国际上不少国家的资产管理公司的做法是有区别的。有人依国外一些资产管理公司按评估价收购的做法来评价，认为我国资产管理公司等值收购不良资产的做法不符合市场经济的原则，因为这种定价方法让银行对如此大量的不良资产几乎连道义上的责任都不必承担，而且还获得了一次性的补偿。这很容易使银行产生道德风险。这种说法虽然有一定道理，但是我们考虑问题必须从中国的实际出发。

剥离和收购中国国有商业银行不良资产的工作有以下几个特点：

第一，这些不良资产是多年积累下来的，其形成既有深刻的历史背景，又有复杂的现实原因，既来自管理中的疏漏，又缘于体制上的弊端。

第二，这些不良资产量大面广，债权结构复杂，如逐笔评估后再予以剥离和收购，无疑会延误银行剥离不良资产的进程，增加处置历史遗留问题的成本。

第三，国有商业银行和金融资产管理公司都是国有独资企业，是等价收购还是评估后折价收购，其实质是究竟把损失体现在银行还是反映在资产管理公司，它并不涉及资产流失的问题。

基于上述种种原因，我们认为国有金融资产管理公司按账面原值收购国有商业银行的不良资产，这种做法虽有缺陷，但由于其具有较强的可操作性，不失为一种可选的政策安排。关键是要注意做到两点，否则这种做法的弊端将难以克服。一是银行剥离不良资产之后，应该和资产管理公司一起对这些贷款进行认真的分析和总结，不能一剥了之，轻易放弃一次吸取教训、检讨失误、提高信贷管理水平的绝好机会，这关系到银行日后的长远发展。二是国家应该对资产管理公司所收购资产的实际价值作出一个比较准确的判断。虽然事先没有算账，但事后摸清底数还是十分必要的。这有利于测定改革成本，从宏观上把握金融改革深化的进度，也有利于加强对资产管理公司的监督管理，还有利于建立起对资产管理公司的激励约束机制。

在现实运行中，由于可以理解的原因，国家有关部门总是要把资产价值高估一些，认为这样一来就可以提高资产回收率，防止国有资产流失；银行也总是愿意把剥离出来的资产质量说得好一些，认为这涉及对银行信贷管理水平的评价；资产管理公司则希望资产评估价值能低一些，因为这事关对其经营运作情况的考核，其中既有经济责任，更有政治责任。如何把这几种不尽一致的认识统一起来，如何把各方不同的心理价位调整得相互接近一些，这是一个重要的无法回避的问题。对几百万户企业，上千万笔贷款逐户逐笔作出评估，而后进行累加，固然可以得出一个相对比较准确的结果，但这在技术上显然不可行。所以，必须制定一个科学合理、简便易行的资产价值整体折扣计算方法。应该按照贷款客户的实际情况（债务人现在究竟还存在不存在，经营不经营，经营状况如何）、银行贷款发放的方式（究竟是信用贷款还是保证贷款、抵押贷款，抵押保证是否还有效）、债务人偿付贷款本息的能力（贷款逾期时间长短，积欠利息多少）等等，分门别类合情合理地对资产管理公司所收购的资产进行折现计算，并把这作为资产管理公司的起跑线，国家据此进行考核和管理。需要指出的是，把折现率定低了固然不利于加强对资产管理公司的管理，有可能扩大损失。但如果出于种种考虑，把折现率人为定高了，也将制约公司处置资产的积极性。每处置一笔资产将意味着公司的运作结果与国家的期望又远了一步。世界上一些国家金融资产管理公司之所以运作失败，没有达到预期目的，很重要的一点就是它们不愿意或者不敢处置资产，以至于资产管理公司成了"不良资产仓库"，公司成立多年后账面资产虽然没有减少，但其实际价值已经所剩无几。这个教训我们在制定相关政策时必须吸取。

以上谈的是整体资产的估价问题，更重要的还有金融资产管理公司在处理资产时的逐笔定价问题。当然不能简单地以上述折扣计算的办法来确定每一笔资产的处置价格，因为整体折扣计价遵循的是"大数定律"。我们相信在整体折扣计价过程中，有的资产会被高估，有的又会被低估。正因为如此，其总的结果才是相对合理的。但在处置某一笔具体资产时，我们都希望能"摸高"。究竟哪一点算是高点？如何才能找到高点？人们通常认为拍卖是一个好办法，因为拍卖可以充分体现市场发现价格的功能，防止人为定价过程中可能发生的种种弊端。但拍卖有其明显的局限性。拍卖对处置"以物抵贷"的房地产、厂房、设备、汽车等实物性资产，甚至对处置非上市的股权都是一个比较有效的办法，而对处置纯债权则难以行得通。因为中国目前尚缺乏对贷款债权进行市场定价的机制。中国的金融资产管理公司所收购的资产恰恰大部分又是贷款。在处置这些贷款的过程中，无论是直接收回现金还是进行债务重组，都离不开定价这个关键环节。如何保证定价的相对合理，这是方方面面都很关注的问题。

由于债权结构、债务人结构的多元化，加之各地经济发展水平和市场发育程度的差异，很难找到一个普遍适用的定价方法。但人们又担心如果听任各家资产管理公司特别是资产管理公司各地的办事处自己"酌情处理"，可能会出现决策水平参差不齐的现象，从而导致国有资产流失。

如何解决上述问题，有两种思路：一是上收资产处置定价决策权，规定凡处置的资产价值超过多少时，或收回价值距账面价值多少时，必须报经上级主管部门直至财政部批准。二是上级主管部门包括财政部只管"程序"，只负责监督、检查资产管理公司是否严格依照既定的规则运作，具体项目定价则交由公司负责。第一种做法我们比较习惯，资产管理公司也比较欢迎，因为一切责任都不必承担。但坦率地说，它既无法保证效率，也不可能有效防止道德风险。总之，它很难适应市场运作要求。选择第二种方法可能更为现实，但要采用第二种做法，则定价的规则、程序就非常重要。拍卖、招标和所有商务谈判都应该按市场化的要求来进行，需要排除一切不正常的干预。资产管理公司内部必须建立一套完备的决策机制，公司要建立资产处置审查委员会。资产处置方案、处置价格，即卖给谁、卖多少钱（当然资产处置不仅仅是"卖"，这里是一个形象的说法）不能由个别人、少数部门说了算，要实行集体决策。即便公司总裁也只能否决委员会同意性的意见，不能否决委员会否定性的意见。也就是说，要形成一种机制，使得任何人包括总裁个人的决策只有可能增加公司的收入，减少公司的损失，而不可能相反。与此同时还要考虑公司的投资银行性质，要建立对资产管理公司的激励约束机制，这种机制应该是鼓励公司多处置、多收回资产的，而不是使得公司不敢或不愿多处置资产的。

要防止出现"冰棍现象"，即拿在手里看着它一点一点化掉是没有任何责任的，相反，积极去处置它反而会承担责任。要把变现多少、盘活多少与公司的费用、员工的收入挂起钩来，不吃大锅饭，不捧铁饭碗。总之，要让公司员工都知道，只有资产卖出好价钱，公司才能有发展，个人才能有更多收益；只要资产处置回收率高，公司就能有发展，个人就会有更多收益。真正做到了这一点，就可从源头上有效防止资产定价和处置过程中的道德风险。否则，仅仅寄希望于靠上级有关部门来设防把关，可能会事倍功半甚至适得其反。

此外，还应该明确指出的是，不良资产的定价与减免借款人的债务是完全不同的两回事。无论某一笔资产定价是高还是低，无论它距贷款原值贬损是多还是少，都不构成债务的自然豁免。只有获得债权人的允许，通过债务重整，企业才有可能卸下部分包袱。除此之外，任何逃债赖债的想法都是行不通的。

中国 AMC 不逊于美国 RTC *

  2001 年，中国的四家资产管理公司（AMC）已运作近两年，社会各方对我国 AMC 的运行情况都很关注，但真正了解四家 AMC 处置不良资产实际成效的人并不多，各种议论不少。例如，有的说四家资产管理公司处置回收不良资产的收入还不能覆盖其自身的运作成本，有的说美国的重组信托公司（简称 RTC，专门负责处置 20 世纪 80 年代末美国储蓄贷款机构的问题资产）处置不良资产的效率远高于我国的 AMC，等等。总之，当时各种怀疑中国的资产管理公司能否办好的声音不少，以至于有的领导、有的部门对此也产生了一些担心和疑虑。笔者时任华融资产管理公司总裁，在这种状况下，觉得有责任、有必要对一些问题予以说明，于是写了这篇文章。后来的事实也证明中国的资产管理公司在我国经济、金融不断改革转型的进程中，确实是走出了一条自己的路子。

——作者注

---

* 本文发表于 2001 年 7 月 18 日的《经济日报》。

我国的资产管理公司（Asset Management Corporation，简称 AMC）成立已近两年，人们对其处置不良资产的情况有着各种议论。最近中国华融资产管理公司到海外路演，接触了不少海外同行，使海外同行对中国资产管理公司的现状有了更加深入的了解，明显增加了海外投资者的信心。

一、背景

美国在 20 世纪 80 年代直到 90 年代初，曾经发生过一场影响很大的银行业危机。当时，美国约有 1 600 家银行、1 300 家储蓄和贷款机构陷入了困境（美国的储蓄和贷款机构与一般意义上的银行既相类似，也有区别。它们专门吸收短期储蓄存款，发放长期住房抵押贷款，并不从事其他银行业务，准确地说，它们是一种非银行金融机构）。

为了化解危机，联邦存款保险公司、联邦储蓄信贷保险公司竭尽全力进行了援助，美国政府也采取了一系列措施。设立重组信托公司（Resolution Trust Corporation，简称 RTC）对储贷机构的资产负债进行清理，就是其中最重要的一项举措。1989—1994 年 RTC 经营了 5 年多时间，其间，RTC 在化解金融风险、推进金融创新等方面的运作多有建树。因此，RTC 一直被公认为是世界上处置金融机构不良资产的成功典范。在某种意义上可以说，正是自 RTC 开始，组建类似的资产管理公司才真正成为各国化解金融风险、处置不良资产的通行做法。

为吸取国际经验，1999 年，我国设立了四家资产管理公司。两年来，中国的金融资产管理公司究竟运行得怎样？对于这个问题，国内外都很关注。

毋庸讳言，一些人对中国的金融资产管理公司能不能干好，能不能达到化解金融风险、减少最终损失的预期目标存有疑虑。有不少人时常把中国的金融资产管理公司与美国的 RTC 进行比较，甚至有人已经断言，中国的 AMC 不如美国的 RTC。我认为现在下这样的结论，一是为时过早，有些问题需经过一段实践才能看得更清楚；二是要对 RTC 的运作进行一些比较深入的调查和研究，切忌道听途说。

笔者最近到美国，专门走访了当年 RTC 资产销售办公室的执行董事（他曾是 RTC 全国范围内资产处置的负责人），就有关问题当面与他进行了交流和讨论。尽管不能说把 RTC 的运作情况都搞清楚了，但这次会晤确实大大增强了我的信心。我们完全有理由说，这两年来，中国的 AMC 不比美国 RTC 干得差！

二、谁的资产回收率更高

在谈到 RTC 时，尽管人们对其资产回收率究竟是多少说法不一，但似乎都认为 RTC 的资产回收率很高。诚然，我们可以列出一些数据来支持这种说法，例如 RTC 地产（未开发土地）抵押贷款的回收率约为 10%；办公写字楼抵押贷款的回收率约为 50%；购物中心、商业中心抵押贷款的回收率约为 30%；工厂企业抵押贷款的回收率约为 30%—40%。但是进一步分析，我们就会发现情况并非如此简单。

首先，RTC 接收的是发生了支付危机的储贷机构的全部资产，而不仅仅是其中所谓的不良贷款。

1989—1994 年间，RTC 先后接受了账面价值达 4650 亿美元的资产，但其中不良贷款不足三分之一，仅为 1 500 亿美元。换言之，RTC 是依托约 3 150 亿美元的正常贷款来处置 1 500 亿美元的不良贷款。在这种背景下形成的不良贷款回收率显然包含有优质资产运作的带动效应。这与中国金融资产管理公司仅仅接收银行剥离出来的不良贷款完全不同。进一步分析还可以发现，即便同样称之为 NPL（不良贷款），其真实质量也有着明显差异。例如，在 RTC 所接收的资产中设定抵押的贷款高达 92%，而这恰恰是中国金融资产管理公司所无法相比的。就拿华融资产管理公司来说，约 5 000 亿元人民币的资产中仅有 18% 为抵押贷款，而且由于历史原因，其中有不少抵押的有效性难以保证，即使在有限的有效抵押中，企业的机器设备又占有相当比例。值得注意的是，RTC 的机器设备抵押贷款回收率几乎为零。

其次，RTC 的最终实际损失并不小。自 1989 年运行至 1995 年，RTC 共计损失 850 亿美元，与 1 500 亿美元不良贷款相比约为 56.67%。值得注意的是，我们还不能据此就得出结论：RTC 的资产回收率达到了 43.33%。

正如前面所说的，RTC 处置不良贷款的过程与经营正常贷款的过程是融合在一起的。例如，RTC 凭借一些优质资产对部分不良贷款进行了"捆绑式"的证券化处理，仅通过发行资产支持证券，获取的收入就高达 250 亿美元。毫无疑问，这 250 亿美元有效地冲抵了相应的损失。也就是说，实际上 RTC 处置 1 500 亿美元不良贷款的损失应该远远超过 850 亿美元。由于 RTC 三分之二的正常资产收益与三分之一的不良贷款损失是统一汇总核算的，因而 RTC 自身一直并未进行过所谓不良贷款的"资产回收率"统计。也许这正是人们对此一直莫衷一是，找不到一个确切说法的症结所在。但可以肯定，RTC 的不良贷款回收情况远不如人们所认为的那么理想。

再来分析中国资产管理公司的资产回收率。2000 年是我国四家金融资产管理公司起步的第一年。在这一年里，四家公司的平均资产回收率达到了 32.2%，现金回收率为 12.7%。其中华融公司的资产回收率达到 41.8%，现金回收率达到 26.6%。2001 年以来华融公司仍然保持了较高的回收水平，资产回收率为 59.3%，现金回收率为 37%。

当然，我们无法保证今后可以一直维持在这个水平上。但撇开中国资产管理公司较之 RTC 缺少资产增值手段、资产质量偏低等因素不谈，即使单纯就资产回收率进行比较，如果我们对已收回实物资产的变现风险给予充分估计，同时对当期已收回现金的时间价值予以适当考虑，那么我认为，经过努力，中国资产管理公司最终的现金回收情况将不亚于 RTC。

三、谁的运行成本更高

目前社会各界包括监管部门普遍存在一种担心，即金融资产管理公司的运行成本能不能得到有效控制，会不会出现金融风险未曾消除反倒增加了不少财政成本的情况。应该说把这个问题考虑在前是必要的。通过与 RTC 运作成本的比较，我认为应该有把握地说，中国资产管理公司的运行成本是很低的。

据了解，RTC5 年的运作成本约为 100 亿美元，平均年度成本为 20 亿美元。2000 年中国四家资产管理公司各项财务费用总支出约为 14.83 亿元人民币，折合美元仅为 1.8 亿元。如果说进行这种绝对数的比较没有意义，那么我们可以进一步再作相对数的比较。RTC 年度运行成本约占其所收购不良贷款总额的 1.34%，而中国四家资产管理公司财务费用，即使在 2000 年总支出的基数上再增加一倍，也才仅占所收购不良贷款总额的 0.22%，是 RTC 的 16.42%。

RTC 所管理和处置的不良贷款约为 1 500 亿美元，折合人民币约 12 400 亿元（按 2001 年的汇率计算），比中国四家资产管理公司的资产收购额约少 10%。RTC 员工数量最多时有 8 000 多人，直到其关闭时仍有 3 000 多人。中国四家资产管理公司编制总数约为 11 000 人，但截至 2000 年年底，仅到位 8 100 人。可以说，中国资产管理公司用不多于 RTC 的人力管理着多于它的资产。

四、中国资产管理公司完全可以办好

为什么要进行上述比较，绝不是说美国 RTC 的经验不值得我们借鉴，也不是说中国的金融资产管理公司经营运作水平如何之高。我只是想以近两年的实践证明，党中央、国务院设立资产管理公司的决策是正确的，中国的资产管理公司是可以办好的。我们必须树立起这种信心，妄自菲薄是没有道理的。

当然，要想真正办成国际上一流的资产管理公司，还需要我们从多方面努力。例如：

要不断探索资产处置的新方法、新手段

RTC 处置资产主要不是依靠削债打折，而是搞资产证券化和组建合资的资产管理公司。RTC 在资产证券化方面的收益大大弥补了其资产处置的损失。RTC 曾经在几年内采用多种方式，与私营部门以及国外投资者组建了 30 多家合资的资产管理公司，成功地分散了风险。RTC 还首创了不良资产的组合销售方式，并以此培育了不良资产的处置市场。

要建立有效的激励机制，以吸引更多更优秀的人才

RTC 从事的业务当时在社会上具有很大的影响力，其员工报酬也具有相当的吸引力。大多数 RTC 的管理人员今天仍活跃在各种投资银行机构、律师事务所和会计师事务所中。

要建立公开化的运作机制，以便从政府、监管部门和社会公众处获取更多的理解和支持

RTC 定期向国会、政府报告工作。美联储的主席非常关注 RTC 的经营情况，RTC 还经常向社会公布资产处置的进度和效果。

中国的金融资产管理公司已经成功地迈出了第一步，与美国的 RTC 相比，这一步走得并不差。如何继续向前走好，一切取决于我们自己的努力。

中国金融资产管理公司的运作与发展 *

　　本文由时任四家资产管理公司总裁的朱登山、汪兴益、柏士珍和我联合署名，由我执笔撰写。写这篇文章时，资产管理公司从成立之时算起，才不到三年时间，但不知何故却一直承受着一种莫名的压力。当时有媒体曾经耸人听闻地说：要剑挑资产管理公司黑幕。记得当年我们曾为要不要发这样一篇文章，如何写这样一篇文章，对一些问题的分寸应如何拿捏和把握等，专门集中在华融公司进行了商议。大家当时的共同想法是，有些话应该说，必须说，不吐不快。

　　关于成立资产管理公司的来龙去脉以及一些想法，在前面两篇文章已有不少涉及，这里不再赘述和重复。我只是希望曾经历那一段改革历程的资产管理公司的同事们、银行的同事们，以及监管部门的同志再次看到这篇文章时，都能回忆起往事。

——作者注

＊　本文发表于 2001 年 11 月 14 日的《经济日报》。

最近，中国信达、华融、长城和东方四家资产管理公司成功在北京联合主办了不良资产处置国际论坛。20 多个国家和地区的金融专家、法律专家以及国际金融组织的代表参加了会议，就如何处置消化金融不良资产这一国际性的话题，进行了广泛的交流和深入的探讨。中国金融资产管理公司的运作情况引起了与会者的高度关注，获得了积极评价。

中国金融资产管理公司成立于 1999 年。两年多来，为了摸索一套符合国情的不良资产的管理、处置方法，中国金融资产管理公司付出了艰辛的努力。适时总结回顾金融资产管理公司两年来的运营状况，客观分析比较中外金融资产管理公司运作环境和机制的异同，冷静看待和正确把握不良资产管理处置中的困难和矛盾，对于进一步加快不良资产的处置进程，促进我国银行业的安全运行和金融体制改革的不断深入，对于回应社会各界和国际金融同行们的关注、支持，都是十分必要的。

一、设立资产管理公司处置银行不良资产是国际上通行的做法

20 世纪 80 年代以来，伴随着金融全球化的复杂进程和国际资本流动的加速，由于经济周期性的波动和泡沫经济的此消彼长，以及经济体制转型等诸多方面的原因，不少国家和地区的银行业出现了巨额不良资产。资产质量低下已经成为困扰和束缚许多国家银行业发展的桎梏，极大地影响了这些国家金融体系的稳健运行和经济的持续健康发展。特别是 20 世纪 90 年代末东

南亚金融危机的爆发，更是使得一些国家经济发展遭受了沉重打击，甚至诱发了个别国家的政治危机。

为防范和化解金融危机，各国政府、银行和国际金融组织进行了积极的探索和努力。1989 年 8 月，美国成立了重组信托公司（RTC），专门接管和处置储蓄贷款机构的不良资产。应该说，这是政府最早推行系统性不良资产处置和银行重组的行为。由于 RTC 在处置不良资产中的有效工作和一系列的金融创新，它被公认为世界上处置金融机构不良资产的成功典范。在那以后，组建独立的资产管理公司，专门收购、管理和处置金融机构的不良资产，成为各国化解金融风险的通行做法。德国、瑞典、芬兰以及东欧、拉美包括非洲地区的一些国家都曾经采取过类似的措施，其中不乏成功的经验，也有运作失败的教训。就亚洲地区而言，韩国的 KAMCO、马来西亚的DANAHARTA 等应该称得上是运作比较成功的资产管理公司。

20 世纪 90 年代以来，随着中国经济运行的周期波动以及国有企业改革的不断深入，我国银行业在资产规模迅速扩张的同时，也出现了为数不小的不良贷款。按中国人民银行公布的数据，到 2001 年 9 月底，四家国有独资商业银行不良贷款率仍有 26.62％。毋庸讳言，银行不良资产问题已成为影响我国金融体系稳定和发展的一大隐患。从中国实际出发，借鉴国际上处理金融风险的成功经验，我国于 1999 年先后成立了信达资产管理公司、长城资产管理公司、东方资产管理公司和华融资产管理公司，分别收购、管理和处置四家国有商业银行和国家开发银行的部分不良资产。四家金融资产管理公司共收购了近 14 000 亿元不良贷款，同时对 580 户国有大中型企业实施了债转股，涉及金额约 4 000 亿元。

金融资产管理公司收购不良资产的工作结束后，在很短的时间内就开始通过多种方式对这些不良资产进行处置，以期实现防范化解金融风险，努力减少财政损失和支持国有企业改革的既定目标。

二、中国金融资产管理公司在实际运作中取得了显著成效

中国金融资产管理公司成立两年来，第一年的工作主要是组建机构，建立健全业务操作和内控管理的规章制度，完成对 14 000 亿元资产的收购、确权和资金清算，对近 600 户国有重点大中型企业债转股方案进行评审。真正意义上的不良资产处置实际上才开展了一年多时间。尽管时间不长，许多问题还有待于实践的进一步检验，但我们完全可以说，通过艰苦的努力和不断的开拓创新，中国金融资产管理公司不仅较好地完成了创建阶段的工作任务，而且在各方面取得了令人瞩目的经营业绩。

1. 为国有商业银行的改革发展提供了一个新的起点。通过不良资产的大规模一次性剥离，国有商业银行的资产负债表得到了显著的改善，向建立"好银行"的目标迈出了十分重要的一步。据统计，剥离后，四大国有银行不良贷款比例平均下降了近 10 个百分点。不良贷款剥离后，中国人民银行采取了一系列强化金融监管的措施，建立了不良贷款监测系统，进一步完善了金融监管责任制。国有商业银行也进一步加强了对信贷风险的内控管理，健全了贷款发放和贷后管理责任制。通过上述措施，银行信贷资产的存量和增量风险都得到了一定程度的化解和抑制，银行业出现了稳健发展的良好势头。2000 年，四家国有商业银行不良贷款比例出现增幅下降，从 2000 年第四季度开始出现净下降。2001 年上半年，国有商业银行不良贷款净下降了 2.1

个百分点。

2. 促进国有企业扭亏脱困，推动现代企业制度建设。四家金融资产管理公司已经与 580 多户国有重点企业签订了债转股协议，转股金额近 4 000 亿元。2000 年债转股企业资产负债率由 1999 年的 73％降至 50％以下，减少利息支出 200 亿元，其中 80％的债转股企业实现了扭亏为盈。尤为重要的是，债转股推动了企业改制进程，实现了股权结构多元化，明确了出资人主体，在一定程度上强化了所有者约束。实施债转股之前，在这近 600 户企业中，只有不足 20％进行过公司制改造。债转股后，这些企业将全部改组为有限责任公司或股份有限公司。债转股企业法人治理结构的明显改善，为下一步持续良性发展打下了制度基础。与此同时，金融资产管理公司与为数不少的国有企业债务人达成了资产、债务重组的协议，减轻了一些国有企业的财务负担，使它们重新获得了生存和发展的机会。对一些具备条件的企业，积极推荐上市，帮助国有企业充分运用资本市场功能，加快改革和发展。

3. 不良资产处置工作取得重要进展，资产处置速度和回收率达到了国际较高水平。截至 2001 年 9 月末，除债转股之外，四家资产管理公司通过多种方式处置不良资产累计达 930.8 亿元，占全部收购资产的 6.65％，高于美国 RTC 第一年不足 2％的不良资产处置率；总计收回资产 377.7 亿元，资产收回率达 40.6％，其中收回现金 232.8 亿元，现金收回率达到 25％。

中国金融资产管理公司的回收率与国际上公认运作十分成功的 RTC、KAMCO 等相比并不逊色。需要说明的是，这样高的资产回收率和现金回收率是在收购资产质量相对低下的情况下取得的。与美国 RTC 相比，它从近千家储蓄和贷款机构中接收了 4 650 亿美元资产，其中不良贷款仅占三分之一，且抵押贷款占比高达 92％。而中国四家资产管理公司收购的资产中，符合银行贷款核销条件，而由于种种原因未予核销的呆账贷款（含"事实呆账"）将近 40%。按贷款原始发放方式划分，信用贷款占比超过 70%，曾经设定过抵押和保证的贷款不到总收购资产的 30%，而且其中不少抵押、保证的有效性并不可靠。在这样的基础上，能够实现这样高的回收率是非常不容易的。人们应该从中看到中国金融资产管理公司运作的希望。与此同时，特别需要强调的是，这样高的处置效率和效益是在资产管理公司运行成本相对较低的情况下取得的。2000 年，四家资产管理公司各项财务费用总支出约为 14.8 亿元人民币，仅占所管理的不良资产总额的 0.1%，而美国 RTC 年度平均财务费用占其所收购不良贷款的比率超过 1%。两者相比，中国金融资产管理公司的费用率只相当于美国 RTC 的十分之一。换言之，中国金融资产管理公司用较少的投入实现了较大的回报，有效地控制了处理历史遗留问题的成本。

4.通过运用兼并、重组、破产等业务手段，推动了资源的市场化流动，促进了国民经济结构调整。我们始终认为，应该把不良资产看作是一种配置不当的资源。两年来，四家资产管理公司自觉把不良资产处置工作与经济结构调整的大局结合起来，综合运用出售、拍卖、招标、资产债务重组、资产置换、兼并、收购等手段，重组账面资产数百亿元，涉及企业几千户，有效地推动了企业间跨行业、跨地区、跨所有制的重组。如对建材、纺织等行业的重组活动，促进了产业结构的优化；向民营和跨国企业转让不良资产，促进了所有制结构调整；推进兼并和收购活动 300 余起，促进了有效资源向优势企业的集中和国有企业的做大做强；利用债务追偿、破产等手段，促成了近千户经营不善、扭亏无望、浪费资源、污染严重企业的市场退出；加大企业的改组改造工作，与数十户企业签订了上市辅导、承销和推荐上市协议。

四家资产管理公司还对 20 余家上市公司进行了有效重组，使这些上市公司重新获得了生机，促进了证券市场的稳定，维护了投资者的利益。

5.积极开展金融创新，促进了金融市场的发育和效率的提高。两年来，金融资产管理公司积极利用创新业务处置不良资产，推动了拍卖市场、产权交易市场的发展，丰富了金融市场品种，促进了市场体系的健全和完善。不仅如此，金融资产管理公司还积极研究和探索各种金融资产定价技术，全面开拓财务咨询、国际化处置等金融业务，提高了金融市场效率。可以说，在一定意义上，金融资产管理公司填补了中国金融市场的某些空白。目前，我们正按照国际惯例进行不良资产对外处置的招标工作，已经吸引了国际上一流的投资银行和著名的跨国公司。与国外投资机构组建合资资产管理公司，共同处置不良资产的有关事宜也正在抓紧进行。各资产管理公司还对资产证券化业务进行了深入研究，已将有关方案报送监管部门审批，有望不久在国内推出一种全新的金融品种——不良资产支持证券。

6.促进了社会信用秩序的健全和完善。信用秩序混乱是我国经济金融运行中的一大痼疾。由于特殊职责、特殊历史使命的要求，金融资产管理公司成立以来，在主张债权人权利、加强债权管理、积极追偿债务等方面的力度明显强于其他金融机构，有力地维护了社会信用，促进了市场经济秩序的进一步健全和完善。到 2001 年 9 月末，四家资产管理公司依法起诉案件总计达 3 000 多起，涉案金额数百亿元，已经胜诉近 2 000 起。与此同时，金融资产管理公司的呼吁和反映也引起了政府部门以及司法机关的重视。最高人民法院就资产管理公司收购、管理和处置不良资产所涉及的有关法律问题专门作出了司法解释。新闻媒体也发挥了重要的舆论监督功能，积极支持资产管理公司维护各种合法权益。这一系列工作对当前普遍存在的逃废债现象起到了一定的遏制和警示作用。

两年来的运作实践表明，党中央、国务院成立金融资产管理公司的决策是正确的、有效的。金融资产管理公司已经成为中国金融组织体系中的一支重要力量，并将继续在中国经济金融生活中发挥特殊的重要作用。

三、坚持走有中国特色的不良资产管理和处置之路

中国金融资产管理公司运作体制的设计，既借鉴了国际上的成功经验，也充分考虑了中国的国情。可以说，既在一定程度上符合国际惯例，又带有明显的中国特色。中国金融资产管理公司的运作体制与国际上普遍做法的共同之处主要表现在：中国金融资产管理公司是独立的法人实体，是非银行金融机构，在税收和费用上享受政府给予的特殊政策，可以综合运用多种专业化手段，进行不良资产的管理和处置。较之于共同之处，中国金融资产管理公司的不同和独特之处更多，外部环境的差异也较大。我们要正确地认识和分析这些特点及差异，不断学习和借鉴国外同行的先进经验，坚持在发展中克服困难，在改革中探索前进。

1. 在不良资产管理处置的组织架构上，国外一般设立一家资产管理公司对所有问题银行的不良贷款集中收购、管理和处置。从我国的情况看，考虑到四家国有独资银行不良资产规模较大，没有采取垄断性独家处置不良资产的架构，而是相对于四家银行成立四家金融资产管理公司，形成了一种既分工又合作的格局。从两年来的实际运作情况看，这种格局比较符合中国国情，有利于各公司利用原银行所掌握的企业信息资源，加强对债务的追索；

有利于把各家资产管理公司的管理半径控制在一个比较合适的范围里，从而降低管理成本，提高运行效率。我们要在既有的组织框架下，互相配合，互相支持，共同完成好处置不良资产这一历史性的任务。

2. 在公司治理结构和运行目标上，国外资产管理公司的运作一般采取股份制的形式，即由政府、原债权银行和其他有关方面共同出资，组建资产管理公司。公司内设董事会，负责对资产收购、管理和处置过程中的重大问题进行决策。具体收购哪些资产、收购多少、以什么价格收购，以及内部收入激励和约束安排等，都由公司自行决策。公司的运行目标也相对单一，主要是降低处置成本，最大限度地回收资产，实现利润最大化。我国资产管理公司的设立采取了国有独资的形式。相对而言，运作中的政策性要求较多，运行目标也趋于多元化，因此，相对国外资产管理公司，中国金融资产管理公司肩负的历史使命要重大得多，面临的问题和矛盾也更为艰巨和复杂。这是对我们思想水平、管理水平和业务水平的考验。我们要学会既立足当前，又着眼长远；既立足本职，又把握全局。坚持改革，坚持创新，努力把中国第一批资产管理公司办成具有国际水准的新型金融机构。

3. 在运作方式上，国外大部分资产管理公司采取的是多次循环收购，即用初始发行债券或从央行借款获得的资金收购首批不良资产，而后用处置不良资产回收的现金再购买不良资产进行处置，如此循环往复。由于循环收购中每一次收购的资产规模相对较小，因而资产管理公司需要支付的利息成本也较低。为了尽快解决国有商业银行的不良贷款问题，我国对国有银行不良资产采取了一次性大规模买断式收购，资产管理公司需要筹措的资金相对较多，利息成本也较高。更大的区别是，国外资产管理公司一般按评估价格或模拟市场价格收购不良贷款，而我国资产管理公司是按账面价值收购不良贷款。这固然对迅速改善银行资产负债情况发挥了重要作用，但无疑增加了资产管理公司的收购成本和运行压力。

按账面价值收购不良贷款不仅直接影响资产管理公司的经营成本，也给监管机关对资产管理公司的监管考核带来了一些困难。国外资产管理公司是按照评估价格或模拟市场价格收购不良贷款，因而监管机关对资产管理公司的管理和考核，包括社会公众对资产管理公司运作状况的评价有一个相对客观的市场依据。简单地说，只要资产管理公司回收现金超过不良资产的收购价格和管理成本，实现了利润，就可认定其运作基本获得了成功。

由于中国金融资产管理公司按账面价值收购不良资产，而最终不良资产的处置回收值又必然低于账面价值，这就出现了几个显而易见的"难题"，即资产管理公司究竟取得怎样的处置业绩才叫成功？由处置不良资产而形成的财政负担中，究竟有多少是无法避免而必须承担的？资产管理公司的运作究竟是减少了损失还是扩大了风险？对这些问题，监管机构和社会公众很难有一个客观的衡量标准。换句话说，中国资产管理公司在处置资产，努力实现回收价值最大化的过程中，承受着一种特殊的"道义"上的压力。这个问题如果处理不当，有可能导致资产管理公司不愿积极主动处置不良贷款，以规避资产账面价值贬损的责任。作为资产管理公司来说，我们要充分认识到，这种不良贷款的剥离收购方式是在特定历史条件下采取的一种特殊做法，不能因为怕负责任而贻误不良贷款的处置进程。我们一方面要不断建立健全内控机制；另一方面要注意提高经营运作的公开性、透明性，努力把不良资产的处置工作始终置于社会公众和监管部门的监督之下，以增加理解，消除疑惑。同时，我们也希望大家对这些银行多年难以收回的不良贷款的实际价值有一个比较客观的判断。

4. 在收购的资产质量上，国外资产管理公司收购的资产通常分为两种类型：一是收购某些发生了财务困难的金融机构的全部资产，而这些机构的资产并非全部为不良贷款，其中含有相当数量的正常资产；二是从某些正常经营的金融企业中收购不良贷款。在这种情况下，一般只收购具有盘活价值和重组潜力的资产，如抵押贷款、特别贷款（成长性较好但暂时现金流不足的企业贷款）。对已丧失价值的呆账贷款等一般不予收购，而由原金融企业直接核销。而我国金融资产管理公司收购的是从仍在继续经营的银行剥离出来的包括呆账在内的不良贷款。与国外同行相比，中国资产管理公司收购的资产质量更差，管理和处置的难度更大。中国金融资产管理公司人均管理的不良资产超过 1 亿元，人均管理和处置的债务企业户数超过 200 户，工作任务之艰巨远远超过国外资产管理公司。面对这样的情况，我们不能走盲目铺摊子、拉队伍的老路，要坚持走专业化管理、集约化经营的路子；要想方设法调动员工的积极性和主动性；要努力保持公司初创之时所形成的任劳任怨、拼搏奉献的精神风貌和工作氛围。

5. 在法律环境和资产管理公司处置权限上，国外通常在资产管理公司成立之初就通过特别立法的形式，赋予资产管理公司特殊的法律地位。例如，美国为 RTC 制定了《金融机构改革、复苏和实施法》、《RTC 完成法》，马来西亚制定了《Danaharta 法》，波兰制定了《企业与银行财务重组法》。我国成立资产管理公司后，国务院颁布了《金融资产管理公司条例》(以下简称《条例》)，为资产管理公司的业务运作提供了基本的政策依据和法规保障。当然，作为一部行政性法规，受立法层次所限，《条例》只能在现有法律规定的范围内作出一些规定，尚难以解决资产管理公司业务运作与现有法律之间的某些冲突问题。比如，根据《破产法》和《民事诉讼法》有关规定，破产案件属于特别程序，实行一审终结，当地基层法院裁定后债权人不能上诉。这导致资产管理公司对部分债务人利用假破产逃废债务行为的抵制缺乏必要的法律支持手段。我们相信，如果能有更为充分的法律保障，资产管理公司的运作必将更加有效。我们要通过实践，不断健全法制，为依法治国作出自己的贡献。

为了加快不良资产处置，提高资产回收率，世界各国普遍准予资产管理公司涉足较为宽泛的业务范围，赋予他们一些特殊的经营权限。例如，美国政府为加快不良资产处置进程，允许 RTC 为不良资产购买者提供融资或为资产购买方向银行融资提供一定的担保。韩国为资产证券化单独立法，为资产管理公司运用证券化手段处置不良资产提供操作依据。据统计，近年来，KAMCO 利用证券化手段处置的资产占其全部处置资产的三分之一。与其他国家赋予资产管理公司的经营权限相比，我国金融资产管理公司的经营和处置权限尚显不足。靠向原债务人"追债"，固然会有一定效果，但终究是有限的。我们要坚持开拓，不断创新，努力尝试采用多元化的处置手段，通过提高不良资产处置的技术含量来提高资产处置回收的效率和效益。中国金融资产管理公司在运作机制和环境上的这些特点，是由中国目前经济金融运行的实际情况所决定的。总的来说，中国金融资产管理公司运作体制的独特设计既有其优势，也有其需要进一步改革完善的不足之处。

要全面完成好自己的历史使命，中国金融资产管理公司必须充分开拓国内和国外两个市场，广泛利用国内和国外两种资源，促其参与对不良资产的消化和处置；必须不断加强业务创新，广泛运用债务重组、资产重组、兼并收购、捆绑打包、招标拍卖、发行资产支持证券、上市承销、国际招标等投资银行业务手段，加速不良资产处置，努力提高资产回收率和现金回收率；必须全力加强内控制度建设，不断完善经营机制，严格依法合规操作，防范可能出现的任何"道德风险"。

金融资产管理公司要完成好自己的历史使命，需要社会各界继续给予一如既往的关心和支持。打击逃废债，治理和健全社会经济秩序，对金融资产管理公司依法主张债权，加强债权管理和清收，意义重大。健全和完善对资产管理公司的激励约束机制，对提高员工的积极性和创造性，加快资产处置进度，减少资产处置损失，不可或缺。明确资产管理公司的长远发展方向，对资产管理公司吸引人才、留住人才，防止和避免短期行为，会产生显著影响。

中国金融资产管理公司已经成功地迈出了第一步。下一步如何走好，取决于我们能否一以贯之地实事求是，解放思想，更新观念，大胆开拓，锐意创新，严格管理。我们对办好中国的资产管理公司，推进不良资产的快速高效处置既感到责任重大、使命艰巨，同时也充满信心、满怀希望。

吸引外资参与处置国内不良资产 *

　　2001 年，华融资产管理公司经过认真的前期准备，将一批不良贷款组合成若干资产包，对国内外投资者进行了公开招标拍卖。由于参与购买者报价偏低等原因，拍卖结果并不理想，国内中标的投资者更是不多。由于此次拍卖是我国金融市场上第一次进行不良贷款的公开处置，而且引入了国际投资者，因而各方面都很关注，当时写此文就是为了回应这些关注。本文的撰写难点在于，既要具有坦诚的心态，坚持公开透明的原则，以消除人们对引进国外投资者参与处我国不良资产的一些担心和疑惑，又要考虑到保守商业秘密，顾及那些刚刚投标成功的外国投资者的种种心理感受。因此，本文虽然篇幅不长，但当时却整整花了三个晚上才写成。至于一些外国投资者处置完这些不良资产后，最终未能实现什么盈利，那是后话了。

——作者注

---

* 本文发表于 2001 年 12 月 27 日的《金融时报》。

　　日前华融资产管理公司进行了一次国际性的招标活动，向国际国内投资者公开出售了一批不良贷款。由于这是中国金融市场历史上第一次大规模向国外投资者出售债权资产，而且这些债权资产都是不良贷款，因而引起了不少人的关注。人们很想知道，通过国际招标处置不良资产有什么意义，这次招标是如何进行的，华融卖了一些什么资产，卖给了什么人，卖了一个什么价，等等。作为资产管理公司，我们有责任、有义务对自身的经营情况保持足够的公开性和透明性。为此，我就此次不良贷款的销售情况向大家作一个介绍。

一、为什么要通过国际招标出售不良贷款？

　　实践证明，不良贷款的实际价值将会随着时间的推移而不断贬损，这就是所谓的"冰棍效应"。从目前情况来看，由于种种原因，仅靠国内市场消化如此大量的不良贷款，恐难以在短时间内奏效。因此，面向国际市场，引入有实力的国际投资者参与不良资产处置是很有必要的一项措施。这也是我要说的第一点，国际招标可以加快对不良资产的处置进度。此次国际招标的一大意义是，让国际上一批最著名的投资银行、基金公司和中介机构初步了解了中国不良资产的基本情况，开启了吸引外资进入我国不良资产处置市场的大门。用国外投资者的话说，"参加这次投标是我们今后进入中国不良资产市场的一次预演和前期调研"。这次国际招标在这方面的意义将随着时间的推移显现得越来越清晰。

二是可以降低金融资产管理公司处置资产的成本。显然，批量处置和单笔处置不良贷款的成本不在一个数量级上。对于中国的金融资产管理公司来说，这一点具有特别重要的意义。因为我们所接收的资产，不像某些国家资产管理公司的资产那样具有同类性（例如专门处置房地产类贷款、汽车消费贷款等），债务人分散、偿债能力低，债权资产多样化，以及管理半径过长是我国金融资产管理公司所管理的资产的重要特点。凭借资产管理公司几千人的力量，若想对这些资产管理得比原银行几万人、几十万人更有效，那是十分困难的；如果主要依靠逐户逐笔追账讨债的办法来处置不良资产，其结果必然是进展缓慢，旷日持久，既费时又费力更费钱。只有集中批量处置才有可能降低处置历史遗留的不良资产的成本，从而最终减少财政的损失和负担。美国的 RTC、韩国的 KAMCO、泰国的 FRA，以及东欧一些国家的资产管理公司，之所以大多采用批量打包的办法来处置不良贷款，原因就在于此。

三是可以从国外投资银行、中介机构那里学到先进的管理思想和新的技术手段。既然是国际招标，就要了解和遵循国际惯例。在这次国际招标过程中，我们聘请了世界著名的会计师事务所和律师事务所担任交易财务顾问和法律顾问。从资产的尽职调查、资料整理、建立数据库，到国外路演、与投资者洽谈；从投标指南的制定，到合同文本的起草；从交易结构的设计，到多种投标方案的评选，是一个非常复杂的过程，也是一个培养人才和锻炼队伍的过程。我们从中看到了与国际水平的差距，也看到了我们的希望和方向。

四是可以推动企业结构乃至经济结构的调整。国外投资者购买不良资产后，将综合采用重组、并购、整合、转让以及清算等方式加以处置。这个过程本身就是一个所有制结构、行业结构、企业结构、产品结构调整的过程，而且是一个较少行政干预的过程，因而将是一个比较具有效率的过程。

二、如何防范风险以保证交易价格的合理性

在不良贷款处置过程中，最主要的风险来自两个方面：一是债务人、资产购买人的履约风险，二是资产管理公司自身的道德风险。尽管中国的资产管理公司开展资产处置工作才两年时间，但我们已经发现，一些债务人和资产购买人在与资产管理公司刚刚签订债务重组协议和合同后，就已经开始违约。就像以往与银行打交道时一样，他们并不认为违约是一件什么了不起的大事。这将严重影响资产管理公司按预定计划最大限度地回收资产。而在这次国际招标的过程中，由于各方都特别强调严格按照国际惯例办事，因而把许多问题解决在了签约之前，这为日后严格履约打下了可靠基础。例如，为了明确华融自身的责任和义务，我们聘请国内律师参与了有关项目的法律尽职调查，对原有的借贷合同、抵押担保文本等各种文件资料进行了认真审核，对债权债务关系存在的瑕疵，尽我们所知向投资者作了必要的披露。再如，为了加强对投资者的约束，我们聘请国外律师起草了资产销售合同、合资经营合同，其严密细致之程度是我们以往难以见到的。这就把可能出现的各种违约风险降低到了最低程度。与此同时，由于招标程序非常缜密，接受标书、开启标书、评议标书都是在公证机关以及有关部门的监督之下进行的，因而避免了可能出现的各种人为因素的影响。

为了保证成交价格的合理性，我们采取了相应措施：一是采用了事先不

设置所谓最低价但保留拒绝任何报价的权力这样一种办法，以防止出现面对不合理价位也必须"就范"的被动局面；二是对拟接受的交易价位进行了认真细致的内部预测估算。测算过程中考虑了两年来我们自身处置不良贷款的回收率和成本率，参照了财政部制定的不良贷款折现计算方法，以及国际上特别是周边国家对外处置不良资产的成交价。测算方法、测算结果经过了公司评估委员会、资产处置审查委员会的审议和总裁办公会议的研究，并听取了交易财务顾问——世界五大会计师事务所[①] 之一的安永公司的意见。为了严格保密，除了对涉及测算数据的人员提出了明确的保密要求之外，公司内定的拟接受价位几乎在最后一分钟才确定下来。这一系列遵循国际惯例的做法，不仅保证了此次交易结果是合理的，也保证了这次交易过程是经得起历史检验的。

三、这次国际招标是一次"双赢"的结果

在一定意义上，这次处置的一批资产是经过"精选"的。因为，本着对投资者负责的精神，我们对资产包中所有缺失的贷款资料、不齐备的手续进行了力所能及的追补和完善，这是通常情况下难以普遍采用的措施。因此投资者有理由相信，整个资产包的回收率不应该低于我们业已取得的成效。从另一方面看，我们又可以说这次出售的资产包的质量是接近和类似于我们整

---

① 此处是指普华永道、德勤、毕马威、安永和安达信 5 家会计师事务所。2002 年，安达信因"安然事件"轰然倒下，所以目前一般称前 4 家为国际四大会计师事务所。——编者注

体资产的质量，或者说这批资产的质量是具有代表性的。这是因为，这次出售给摩根士丹利、所罗门、雷曼兄弟和 KTH 资本管理公司投标团以及高盛公司的近 130 亿元的不良资产，分布于 18 个省市，涉及 20 多个行业约 300 户企业，其地区分布、行业分布、单户债务人金额大小，以及贷款逾期时间的长短等，都接近于华融公司全部资产的平均状况。

要说有区别，最主要的区别在于这个资产包中抵押贷款的比例约为 45%，高于我们全部资产中的抵押贷款比例约 20 个百分点。这是为了满足国外投资者的要求而作出的安排，他们习惯地认为抵押贷款的回收率会高于其他贷款的回收率。因为在西方国家，债权人可以不经过诉讼程序就直接处置抵押品，因而债权人往往对抵押贷款有一种偏好。尽管他们知道中国法律对此的规定与西方国家并不相同，但他们还是不愿轻易改变这种判断风险和防范风险的方法。同时，他们认为，中国目前的信用环境尚不理想，设定了抵押的贷款总比信用贷款要可靠一些。但两年来的实践经验表明，凡已沦为不良贷款的，其回收率的高低，其实与其最初究竟是抵押贷款还是担保贷款或是信用贷款已无太大的关系。最简单的理由就是，如果抵押是足值的，抵押品是易于变现的，那它就不可能被作为不良贷款剥离给资产管理公司。不良资产回收率的高低，关键取决于债务人或保证人目前的实际偿付能力，以及资产的变现能力。

关于这一点，在国际招标开始之初，我们进行路演的时候，就向投资者们如实作过介绍，但不少投资者仍然坚持他们的偏好。坦率地说，正是基于这一点，为了能吸引更多的投资者参与投标，在筛选资产、构筑资产包的过程中，我们有意识地放入了较多的抵押贷款。根据我们自己的判断，这对于资产包的质量并不构成实质性的根本影响。经过这一阶段详细的尽职调查，有的外国投资者已经提出希望从资产包中剔除某些"以物抵贷"资产。他们已经感到处置实物资产可能不如进行债务重组、企业重组更为便捷和有效。这可以看成是从另一方面提供的一个能够说明问题的佐证。当然，我们也认为投资者们没有理由担心抵押贷款的回收率会低于其他贷款。我们反复说过并且现在还认为：这个资产包的质量不低于我们所拥有的全部资产的质量，这个资产包的最终回收率不应该低于我们业已实现的回收率。

经过历时几个月的尽职调查，最终有 7 个投资者组成 3 个投标团，对现金买断、现金购买加分成以及现金购买加合资经营三种交易结构提出了不同报价。经过认真评议，我们决定接受摩根士丹利投标团关于现金购买加合资经营的报价。根据投资者的意愿和国际上的惯例，我们现在还不便公开披露投标的具体金额。但可以告诉大家的是，华融公司首批收回的现金是国外投资者所购买的资产本金账面价值的 10%，是本金加利息账面价值的 9%。除此之外，华融公司还拥有按一定比例分享日后资产处置收益的权利，预计最后的整体资产回收率将超过 20%。据了解，这是日本、韩国、泰国，以及东欧一些国家在首次对外处置不良资产时都没有达到过的水平。我们对能在这样的价位上成交感到满意，我们认为这是一个双赢的结果。

对华融而言，一次性处置了如此大批量的不良资产，而且达到了较高的回收水平，同时还打开了面向世界的大门，向国际一流的投资银行、中介机构学到了不少东西，扩大了中国金融资产管理公司的影响，确实是一举多得。对投资者而言，作为中国首笔不良资产交易投标的获胜者，显然存在着一定的获利空间。更重要的是，在中国刚刚加入世界贸易组织（WTO）的时候，这笔交易将是投资者成功抢滩中国金融市场的一个标志。历史将证明他们是具有战略眼光的投资者。

国有商业银行的不良贷款究竟如何处置 *

  1999 年，工、农、中、建等国有独资商业银行进行了一轮不良资产的剥离（约 14 000 亿元，由华融、信达、长城、东方四家资产管理公司接收）。由于第一次的剥离并不彻底，加之后来银行对资产质量又实行了更为严格的五级分类管理办法，因而几大银行似乎又新冒出了大量的不良贷款。鉴于此，关于几大银行必须进一步加快改革并进而改制上市已经形成共识，但对这些不良贷款应该如何处置看法不一。记得在研究这个问题的一次会议上，有关部委的领导同志为此争论得十分激烈。

  这篇文章主要是对当时国有商业银行存在的不良贷款究竟应该如何看待和处置提出了几点建议。现在看来，关于要按照市场化的原则（不再按账面价值）对既存的不良贷款再做一次集中剥离处置的想法在后来的银行改革实践中实现了。

——作者注

---

* 本文发表于 2003 年 12 月 9 日的《国际金融报》。

目前，国有商业银行正在努力加快改革的步伐。改革进程中无法回避的一个难题是，大量的不良贷款究竟如何解决才好？这个问题一天不解决，就意味着银行的风险一天没有得以完全化解，银行改制上市的目标也就一天难以真正实现。对于这一点，大家的意见是一致的。但究竟用什么方法才能迅速而有效地解决目前国有商业银行的不良贷款问题，则众说纷纭了。

有人说，为了加大国有商业银行的责任，必须依靠商业银行自身提高经营管理水平，逐步消化历史包袱，不能再进行二次剥离。但也有人说，这是一种纯粹的道义要求，国有银行现有不良贷款的成因十分复杂，完全要求银行自身消化既不合理也不可行；有人说，由于银行目前不仅资本充足率达不到《巴塞尔协议》的要求，就连净资产实际上也是负数，因此，解决国有银行的历史遗留问题，需要国家注资。但也有人说，就算国家有能力对国有银行进行一次性注资，在现行的体制下，银行资产规模每年都有两位数的扩张，如何能保证资本充足率始终达到国际化的标准；有人说，为了将不良贷款迅速移出银行资产负债表，可以将现有的银行分为集团公司和股份公司两部分，股份公司改制上市，不良贷款则交由集团公司逐步消化。但也有人说，目前中国资本市场之所以存在不少问题，一个重要原因就是不少国有企业改制上市时采用了设置母体公司接受不良资产、低效资产的做法。在一股独大的情况下，实际上很难规范母公司和上市公司之间的关系，这导致了上市公司往往要为母公司分担历史责任，结果必然是损害其他投资者的利益；有人说，四大资产管理公司处置不良贷款进展不够快、效率不够高，不宜再把不良资产交由资产管理公司处置。但也有人说，资产管理公司处置不良资产成效是显著的，应该进一步充分发挥资产管理公司处置不良贷款的专业化优势，等等。总之，对于国有银行的不良贷款究竟该如何处置，可谓仁者见仁，智者见智。这里，我谈谈自己的几点看法。

一、重点是存量如何处置，其次为增量怎样控制

解决国有商业银行的不良贷款问题，当前的重点是存量如何处置，其次才是增量怎样控制。这个看法似乎与不少同志的观点不尽一致。通常的说法是，国有商业银行要加强管理，健全机制，练好内功，提高信贷管理水平，切实防止新不良贷款的产生。我想这种说法大概主要缘于以下两点原因：一是要解决存量问题，就必然涉及既有损失的处置和弥补问题，难度较大，不敢轻言；二是对国有商业银行经营管理现状有些误解。大家知道国有四大国有商业银行目前约有 20 000 亿元不良贷款。于是不少人认为，在 1999 年将 14 000 亿元不良贷款剥离至四家资产管理公司后，国有银行在短短的 3 年多时间内又产生了如此之多的不良贷款，进而得出结论，第一次不良贷款的剥离没有多大效果，国有商业银行由于体制、机制和管理存在问题，仍在源源不断地制造不良贷款。坦率地说，我不太赞同这种说法。我们当然不能说国有商业银行现在的信贷管理没有问题，我们更不能说国有商业银行的治理结构已经完善。但我认为，对国有商业银行过分负面的看法是没有根据的，因为商业银行的状况已经开始并不断在向好的方面发展。在某些方面，我们甚至可以说并不落后于国际上的一流商业银行。例如，通过工商银行现在的信贷台账管理系统，总行已经可以对全国各地分支机构贷款发放

和回收的情况做到逐笔实时监控。工商银行的资金汇划系统已经实现全国范围内所有网点的实时清算。这样的信贷监测水平和资金头寸调度能力在国际上也并不多见。问题在于，如果说国有商业银行已经拥有这样一流的计算机信息支持系统，如果说国有商业银行已在自身经营管理水平方面有了明显提高的话，那么又如何解释国有商业银行在第一次剥离 14 000 亿元不良贷款之后，没几年又有了近 20 000 亿元的不良贷款呢？

我认为，首先，应该承认 1999 年的那次剥离不良资产并不彻底。当时由于希望银行能承担一些责任，也为了尽可能减少一些财政的压力，因而人为地设置了一个剥离额度。同时，在剥离不良贷款的过程中，还对部分企业实施了债转股。而债转股中的部分贷款当时还是可以正常付息的，这些贷款在银行并不算是不良贷款，这在本已有限的剥离额度中又挤占了相当一块。据统计，那次不良贷款剥离后，四家国有银行的不良贷款比例平均下降了 10 个百分点，但大家都知道，当时不良贷款比例肯定远远不止 10%。其次，以往对银行不良贷款的监测统计系统并不严密，也并不科学。为有效解决这一问题，国有商业银行已将原先对贷款质量进行 4 级分类的做法改为 5 级分类。这种统计方法的改变无疑是一种进步，但由于原先统计标准不严格，当时未纳入不良资产统计的一些资产现在进入了统计范围，因而统计数字出现了不小的差异（有的银行这两种统计数据的差异高达 15 个百分点）。这也给人们造成了"银行不良资产越来越多"的感觉。实际上，几大国有商业银行近年来无论是不良贷款的绝对数还是相对数都是不断下降的，当然各家银行的下降幅度不完全相同。

一个较有说服力的例证是，工商银行 1999 年后新发放的贷款中不良贷款的比例仅为 1.6%，这是接近国际水平的。所以，如果我们能够全面客观地看待和分析这个问题，那就应该说，国有商业银行目前的不良贷款数额确实很大，国有商业银行确实需要努力提高管理水平，不断完善经营机制，一定要下功夫切实防止和减少不良贷款的发生。但目前不良贷款的余额主要还是之前多年遗留下来的，而不是前次不良贷款剥离后新发生的。

当前最紧迫最重要的是要找到处置这些积淀在国有银行手中的不良贷款的有效途径和拿出弥补损失的合理方法，否则，国有商业银行的改制将难以向前推进。

二、彻底卸下不良贷款的包袱是国有银行改制上市的前提

据了解，中国人民银行等有关部门正在抓紧研究具体的国有商业银行改革方案。

最近银监会主要负责人表示，将大体分三个阶段对商业银行进行改革，首先，以各种方式处置国有商业银行的不良资产；其次，以多种渠道向国有商业银行注入资本金；再次，进行彻底的内部改造和重组。我认为有关部门如此安排国有商业银行改革的步骤是有其道理的。因为，在不良贷款的比例下降到合理水平之前，在资本充足率达到国际公认的标准之前，要吸引战略投资者入股目前的国有商业银行是很困难的，除非我们愿意支付高昂的融资成本。要上市更是不现实的，无论是在境内市场还是在境外市场，要让众多投资者共同分担国有商业银行既往形成的损失，那是很难行得通的。所以，只有资产负债结构和财务状况有了实际的改善，国有商业银行的股份制改造和上市才有可能。

究竟怎样才能迅速改善银行的资产负债表呢？无非是几种选择，一是现有的不良资产完全留给银行自身去逐步消化，资本金由银行通过自身盈利去逐步补充。这种做法当然不是不可以，但随之而来的问题是银行的改制上市目标将无法在近期内实现，背负沉重包袱的国有银行将难以应对对外开放程度越来越高、竞争越来越激烈的新形势。而且由于历史积淀的问题与新生的问题交织在一起，致使银行经营管理层的责任根本无法厘清，对银行信贷质量的问责机制难以真正确立和落实。二是仿效一些生产型企业改制上市的模式，分别设立集团公司和股份公司。将不良资产留在集团公司，让股份公司上市。我们姑且不去讨论这种改制上市模式是否规范，但这种设想显然是忽略了银行与一般生产型企业的一个重要区别。生产型企业在这样进行"改制"的过程中，它往往是在把不良资产留给母体企业的同时，也把一些负债相应划给偿债能力明显不足的集团公司（否则它的资产负债表是无法平衡的），而银行改制是难以如此操作的。股份公司可以把不良贷款留在集团公司，但无法把老百姓的存款相应划给集团公司，唯一的办法是形成子公司对母公司的债权。股份公司要在这种情况下上市，必须让投资者确信上市银行对集团公司的巨额债权是有把握回收的，而要做到这一点并不容易。三是将不良贷款一次性移出国有银行的资产负债表，帮助国有银行较为彻底地卸下历史包袱。这样做的好处是赢得了时间，使国有银行尽快站在一个新的起点上，建立起新的公司治理机制，焕发出新的发展活力。但关键是需要研究具体如何操作才是最可行和最合理的。

三、采用市场化手段处置不良贷款是必然选择

简单地说国有银行的不良贷款不能再剥离了，这一说法我并不赞成。我认为再进行一次剥离是必需的，只是采用什么方式剥离而已。应该肯定，第一次剥离对改善国有银行的资产质量和财务状况发挥了积极的作用。那次剥离的不足之处在于，一是不够彻底，未能完全解决历史遗留问题；二是按账面价值将不良贷款等价剥离至资产管理公司，虽使资产交接过程得以简化，操作成本有所降低，但这种做法的缺陷也很明显。其缺陷和不足并非是人们通常说的由于这种做法完全豁免了银行的责任，因而易于导致银行今后发放贷款时更加忽视风险的防范。事实上，发生这种道德风险的可能性并不大。很难想象现在银行的管理人员会由于预期日后不良贷款有剥离的可能，就敢于放任不良贷款的产生。按账面价值等价剥离的真正弊端在于难以锁定最终损失，有关各方难以早做准备和分期安排损失的弥补措施。等价剥离不良贷款也造成难以对不良资产的处置结果建立一个有效的合理的评估考核机制。由于目标不够清晰，导致责任风险和肩负的道义压力过大，加大了资产管理公司的工作难度。

今后我们应该积极尝试采用市场化的手段来解决国有银行现有的不良贷款问题，应允许银行按市场公允价格将不良贷款组合打包转让给投资者。所谓市场公允价格应由资产管理公司及各类投资者，也包括国外投资者竞价形成，不能采用行政手段人为确定。这样做的最大好处，一是银行可以从长期无法收回的贷款中一次性收回部分现金，实实在在地提高银行的资产质量

和盈利能力。二是将隐形的损失显性化，该由银行承担的，银行可以明确责任，明确消化期限；该由财政承担的，有关部门就可以尽早安排（例如补充注资，或者通过转让部分对国有银行的股权，套现后用于弥补损失等等）。三是由于银行只从事不良资产"一级市场"的"批发"业务，这就从机制上切断了银行信贷投放与消化不良贷款之间的直接关联，有效防范了某一个侧面的道德风险。四是由于基本锁定了最终损失，财政减少了后顾之忧，必要时可以对外说明和澄清对处置银行不良贷款所形成损失的解决办法，有助于消除战略投资者的担心和疑虑，促其在国有银行不良贷款损失处理结束前就先行进入，并按不良贷款处置完毕后的"好"银行的预期盈利能力确定股价。这不仅可以大大加快国有商业银行改制上市的进程，而且也有利于显著提高国有商业银行权益的价值。

综上所述，我认为国有商业银行的不良贷款应该再一次集中处置，或者说再一次剥离。但必须按市场化的原则进行剥离和处置，这是加快和深化国有商业银行改革必须迈过的一道坎。

四、资产管理公司在处置不良贷款中大有作为

四大资产管理公司成立只有 4 年时间，真正进行资产收购和处置也就 3 年多时间。总的来看，目前资产处置已经过半。只要配套措施进一步到位，激励约束机制进一步完善，我们可以有把握地说，将在 2006 年年底前结束第一批所收购的债权资产的处置工作，在 2008 年年底前结束转股债权的处置工作。到目前为止，剔除债转股因素，我们的资产回收率超过 25%，

现金回收率约为 20%。如考虑转股债权日后转让变现因素，我们预计最终的现金回收率可以达到 25% 左右。在处置不良资产的过程中，我们还成功地控制了成本支出，以华融公司为例，到目前为止，现金回收费用率仅为 6.9%，也就是说，每收回 100 元现金，所支付的业务费、管理费和人员费用，包括各类评估费、过户费、登记费、拍卖费、诉讼费、律师费、差旅费、办公费和人员工资等不超过 7 元钱。事实证明，中国金融资产管理公司的运作情况与国外同行业相比并不逊色。

更值得重视的是，经过短短几年的实践锻炼，我们已经初步培养了一支比较熟悉投资银行业务和金融资产管理业务的专业化队伍。在资产处置过程中，我们不断探索和积累经验。通过一系列的国际交易，通过与国际一流投资银行的交往与合作，我们学习和掌握了一套国际上处置不良贷款的通行做法和先进技术，比如尽职调查技术、国际招标技术等。这为资产管理公司下一步在中国不良资产市场上扮演更活跃更重要的角色打下了基础，为资产管理公司进一步运用市场化的手段收购、管理和处置银行不良资产创造了条件。中国银行业的改革特别是国有商业银行的改革，既是一个坚定的目标更是一个长期的过程。在这个过程中，处置银行既存的不良资产是一项艰巨而复杂的任务。我们相信中国金融资产管理公司在不良资产这一特殊的市场上，完全有能力与其他国外机构进行公平的竞争，我们没有理由输给别人。

探索新形势下资产管理公司发展的新体制[*]

　　我国四家资产管理公司自成立之日起，就面临着一些特殊的问题，例如对按账面价值连本带息"收购"来的不良资产，处置回收率希望达到多少，究竟能够达到多少，有关部门、监管机构以及资产管理公司都是心中无数的，只有笼统的一句话：要努力实现资产回收价值的最大化。同时，监管机构对资产处置中需要采取的一些市场化措施当时也还一直难以允许，例如禁止对接受的半拉子工程抵押品追加投资，只允许按"现状"处置，这不仅使得资产管理公司失去了一些资产增值的机会，而且还人为造成了一些新的损失。当时有一个典型例子，我们接受了某地的一片半拉子"别墅区"，当地政府认为这些半拉子工程有碍观瞻，于是出台了一个"通告"，要求在规定时限内必须完成所有别墅的外装修，否则一律拆除，而我们由于缺乏追加投资的权力，最终那片"别墅"全被拆除了，这样，原本已难以收回的"抵押贷款"更是瞬间成了一片废墟。

＊　本文发表于《中国金融》2004 年第 17 期。

更重要的是，当初《金融资产管理公司条例》中明确规定的是资产管理公司的存续期为 10 年，这不仅使得公司的长远发展战略无法制定，也使得公司员工队伍建设和管理面临着巨大困难，还使得不少债务人乃至一些地方政府误以为只要拖下去，逃废债就有希望。凡此种种都给资产管理公司的运作带来了一系列障碍和问题。2004 年 3 月，有关部门提出了资产管理公司处置这批不良资产的现金回收率和费用率指标，同时也明确了有关的一些政策。当时几家资产管理公司虽感到压力很大，但对于经过几年的努力有关部门最终能明确经营责任、明确管理政策还是感到很高兴，认为看到了资产管理公司的前景和方向。本文反映了当时笔者作为资产管理公司的总裁希望能进一步加快资产管理公司由政策性金融机构向商业性金融机构转型步伐的一种愿望。

——作者注

经过四年多时间，2004 年年初，有关部门提出了资产管理公司的目标考核责任制方案，要求四家资产管理公司的全部债权资产必须在 2006 年年底以前处置完毕。同时，在完成现金回收率和费用率目标的前提下，允许资产管理公司使用自有资金对确有升值潜力的不良资产适当追加投资、接受委托处置不良资产和商业化收购不良资产等业务。这意味着，政府有关部门已基本明确了资产管理公司的未来发展方向，为资产管理公司今后继续服务于我国金融体系改革与发展的特殊需要，实现自身的可持续发展提供了政策保障和条件。面对新形势，首先，资产管理公司应制订全面详细的资产处置任务计划，加强内部考核与约束机制，认真落实资产处置目标责任制，加快有效处置不良资产；其次，应继续完善运行机制，有计划地试点商业化业务，积极探索适应商业化运作的新体制，在改革中寻求更好的发展。

一、当前的金融体系改革要求充分发挥资产管理公司的作用

从国际经验来看，银行不良资产处置主要有两种模式：一种是银行自身处置模式，另一种是资产管理公司处置模式，两种模式各有利弊。从我国金融业改革发展的需要和四家资产管理公司的实际运作成效来看，继续发挥现有资产管理公司的经验和专业化优势，由其承担下一步我国银行不良资产的处置任务，是比较现实和有利的选择。

由银行自己来处置不良资产，有一定的优势，如银行拥有信贷杠杆，而且网点、人员及社会资源相对丰富，对不良资产处置有一定的推动能力。但如果银行既发放贷款，又在常规的核销不良贷款之外，再给予其批量的"削债"处置资产的权力，在机制上可能蕴藏着较大的风险，从长远来说不利于金融市场的安全和稳定。从国际上银行危机处理的成功经验来看，无论是从维持公众信心还是从银行内部经营管理和风险防范的需要来看，除动用正常拨备核销部分不良贷款外，银行需要从实体上严格划分正常业务与批量不良资产的处置业务。同时，当前如果明确规定由商业银行在自身改制进程中自己处置1万多亿元的不良资产，将涉及一系列相关法规、制度的修订、配套和完善，所需时间较长，市场震动较大，也难以防范其中各方面的道德风险。

而如果由现有的四家资产管理公司继续承担银行不良资产的处置任务，优势相对明显：一是可以充分利用资产管理公司已经积累的经验和技术，进一步发挥资产管理公司专业化和集约化的优势，提高处置效率。二是可以充分利用资产管理公司已基本成型的经营管理制度体系，降低不良资产处置的技术风险和道德风险。在4年多的运作过程中，资产管理公司从零起步，不断探索和完善自身的业务运作、内部管理和风险防范机制，已经初步建立起一套比较规范、比较有效的经营管理制度体系。如果由资产管理公司继续处置银行现有的不良资产，较之于其他机构，将更有能力和条件控制和降低不良资产处置中的技术风险和道德风险。三是可以有效利用资产管理公司现有的机构和人员，降低处置不良资产的单位成本，提高边际收益。

同时，当前我国一些证券公司、信托投资公司、保险公司等非银行金融机构也存在着一些不良资产问题，近年来不断有一些非银行金融机构关闭清算。这些非银行金融机构的不良资产处置特别是关闭清算业务，如果由专业化的资产管理公司进行运作，较之于这些机构自身处置或成立临时性的清算机构，将更为规范、有效和经济。

二、未来金融体系的发展要求进一步发挥资产管理公司的作用

现代金融对经济发展具有重要作用，一个好的金融体系不仅能够有效控制和降低经济风险，保持金融创新与金融稳定的均衡，而且能够调动社会资金，优化资金使用效率，通过资本市场和融资机制监督企业经营，扶优限劣。改革开放以来，我国经济迅速增长，经济和金融活动日趋国际化、全球

化。长期以来，我国以商业银行为主的金融体系的功能缺陷日益显现，特别是面向资本市场的投资银行功能相当薄弱。投资银行是证券和股份公司制度发展到特定阶段的产物，是发达证券市场和成熟金融体系的重要主体，发挥着沟通资金供求、支撑证券市场、推动企业并购、促进产业集中和规模经济形成、优化资源配置等重要作用。然而，我国现有金融机构组织体系中的投资银行发展迟缓，严重制约了我国资本市场的发展、社会资源的优化配置和经济结构的调整，这是未来金融体系改革与发展必须正视的一个问题。

目前，我国可以开展投资银行业务的机构主要有证券公司、信托投资公司以及资产管理公司。从证券公司的发展情况看，尽管数量不少，但普遍规模不大，而且经营管理中也存在一些问题。据统计，我国现有的 128 家证券公司注册资本总额为 1 250 亿元，平均每家为 9.77 亿元；净资产总额为 1 244 亿元，平均每家为 9.72 亿元。目前它们的业务品种也还比较单一，主要集中丁证券发行承销、证券交易经纪和自营业务等传统投资银行业务，在创新型业务（企业并购、重组等策略性服务）和延伸型业务（资产管理、资产证券化、金融衍生工具交易、投资咨询）等现代投资银行业务方面仍比较薄弱。从信托投资公司的发展情况看，同样存在规模小、实力弱、业务单一的问题。其他一些管理咨询、财务顾问公司等中介机构，规模、实力更为弱小，业务量不大，难以开展全面的投资银行业务。可以说，目前我国还没有真正意义上的规模大、功能全的现代投资银行，这种状况与我国经济和金融业改革发展的需要是不相适应的，不利于我国资本市场的发展、国民经济结构的调整和资源的市场化配置。

从我国资产管理公司的资本实力、资产规模、功能定位、业务范围和经营管理水平来看，基本具备了向大型、综合性现代投资银行发展的基础和条件。

众所周知，资产管理公司处置不良资产就是要发现、提升和实现不良资产潜在的投资价值，使这些资产所蕴含的生产效能和市场价值得以激活，而发现、提升和实现资产的投资价值正是投资银行业务的根本所在。因此，不良资产处置本身就是投资银行业务的一项重要内容，而且自 20 世纪 80 年代以来，一些国际投资银行已经把不良资产处置作为其重要的业务领域，迅速加大了对相关业务的人力、财力投入。

我国四家资产管理公司成立后，国家为了提高不良资产处置效率和效益，逐步赋予了资产管理公司较为广泛的投资银行业务手段。可以说，我国资产管理公司的业务范围包括了现代投资银行业务的大部分业务领域。同时，资产管理公司在四年多的不良资产处置过程中，资产重组、企业并购、股票发行承销、资产证券化、管理咨询、财务顾问等投资银行手段得到了广泛的应用，在这些业务领域内积累了一定的经验，基本形成了投资银行的雏形。因此，在不断完善我国金融组织体系的过程中，应该进一步促进资产管理公司逐步向现代投资银行机构发展。这样，不仅有利于提高不良资产处置的效率和效益，更有利于从整体上推动我国社会资源的市场化配置和国民经济结构的战略性调整。

三、探索适合资产管理公司发展需要的新体制

从世界范围来看，投资银行的组织模式既有美国采用的类似高盛、摩根士丹利等独立的专业性投资银行，也有德国采用的类似德意志银行这样的

全能性银行直接从事投资银行业务。具体到组织体制，国际上的投资银行大多采用现代公司制，以独立的法人财产权为核心，在资金筹集、财务风险控制、经营管理现代化等方面能够有效适应现代金融与资本市场发展的要求。

在我国，一方面，金融体系的发展和健全主要是为满足改革开放后国民经济快速发展的要求，例如专业银行从中国人民银行分立出来，专业银行转型为商业银行，证券公司、保险公司与银行分设等等。另一方面，受传统计划经济体制影响，我国金融机构与金融组织的设立多为国有企业或国有独资公司，有的虽然在形式上采用了公司制，但在组织体制与运行机制方面与成熟市场国家的公司制相距仍然甚远。

具体到资产管理公司则更为特殊。尽管《金融资产管理公司条例》明确资产管理公司的性质为国有独资公司，但本质上仍接近于一个行政化的管理机构。各家公司成立之初的管理体制、组织结构等方面基本是在复制原国有商业银行。随着金融体系改革的深化，国有商业银行已经大刀阔斧地改革了内部管理和运行机制，而资产管理公司却仍然在很大程度上保留着传统的运行机制不变。根本原因在于体制问题。目前，国家已经明确对资产管理公司实行资产处置目标责任制并允许其开展商业化业务，这为资产管理公司下一步的改革发展提供了一个好的开端和新的契机。因此，现在应该抓住机遇，创新并构建适合资产管理公司发展需要的新体制。

从国外的情况看，运作较为成功的资产管理公司大部分采取了股份制的形式。公司内设董事会，负责对资产收购、管理和处置过程中的重大问题进行决策。在收购哪些资产、收购多少、以什么价格收购，以及内部激励和约束安排等方面，公司自主决策、自主经营、自负盈亏，真正做到最大限度地回收资产，实现利润最大化。借鉴国际上资产管理公司的组织模式以及几大国有商业银行改制的做法，为适应我国资产管理公司市场化运作和持续经营的发展需要，国家应鼓励和促进资产管理公司建立科学的现代金融企业制度，支持资产管理公司积极探索股份制改革，完善法人治理结构。资产管理公司实行股份制改革，通过多元化投资主体的参与，有利于公司法人治理结构的完善，真正实现市场化经营运作，最终发展成为"产权明晰、权责明确、自负盈亏、自我约束、自我发展"的现代金融企业。这样，有利于提高国有商业银行和社会各界配合资产管理公司做好不良资产处置的积极性，加快不良资产处置速度，提高处置回收率。同时，也有利于增加资产管理公司的资本金来源，增强资产管理公司抗风险的能力；有利于把风险从体制内向体制外适当转移，建立一种不良资产处置损失的风险分担机制。

资产管理公司股份制改造有两种模式：一是整体改制模式，即直接对现有的资产管理公司进行股份制改造，改制后公司既继续承担原有政策性业务（预计三五年内可全部结束原有的政策性业务），也同时开展商业性业务。二是分立改制模式，即条件具备的现有资产管理公司可分设为母子公司，母公司的主要职能是继续负责原有政策性业务，股份制子公司专门负责通过市场化运作方式收购、管理和处置不良资产。

当前资产管理公司进行股份制改造的条件已基本具备。自从国家对资产管理公司实行目标考核责任制后，对原有政策性业务的损失已经基本锁定。国家对业已锁定的损失能够明确表示"认账"，这在一定程度上解决了资产管理公司引进战略投资者过程中最主要的障碍。资产管理公司未来的各项业务实行商业化运作，亏损由有关投资参股各方共同承担，利益由各方共享，这就为资产管理公司实行新的运营机制开辟了现实的途径。

资产管理公司的投资者既可以包括国内商业银行、证券公司、保险公司以及其他各类金融机构，也可以包括非金融行业的其他企业；既可以包括国内投资者，也还可以包括国外投资者。另外还可以通过多种市场化方式建立资产管理公司新的股权结构关系，主要包括：（1）直接引入不良资产管理领域的战略投资者；（2）通过资产管理公司对外融资后，债权人对资产管理公司实行债转股，以间接方式来建立新的股权投资结构；（3）与相关投资者开展股权置换；（4）发行可转股金融企业债券和专项投资基金等。

资产管理公司实现股份制改革需要一个过程，在正式的股份制改革启动之前，为逐步适应不良资产市场化经营运作的需要，应积极创造条件，在国有独资的状态下，完善公司治理机制，转变对资产管理公司的行政化、机关化管理办法，实行规范的国有独资公司制管理。在进一步完善资产处置目标考核责任制的基础上，准许资产管理公司在资产处置方式、业务范围、用工管理、分配和激励、资本金运作等方面进一步按市场化原则自主运作，力求责、权、利相统一。同时，国家要尽快确定资产管理公司持有的债转股资产管理和处置的考核目标；要进一步明确资产管理公司的合法股东权益，并赋予资产管理公司按照市场化原则依法自主进行股权资产处置的权力。

四、政策建议

鼓励资产管理公司探索建立适应新形势发展需要的新体制是深化我国金融体系改革，健全和完善我国金融组织架构及其功能的重要内容。资产管理公司从政策性金融机构向商业性金融机构的转型发展，是一个必经的过程，也是一个艰难的过程，既需要资产管理公司自身的努力，也需要国家相关法律和政策的支持。综合分析国外资产管理公司的几种发展模式，各有利弊，也各有成功的经验和失败的教训，成败的关键在于是否适合本国的国情。从我国经济金融改革发展的大局来看，资产管理公司在改革与发展中探索新体制应把握三个原则：一是坚持以防范和化解金融风险为根本宗旨，以处置金融不良资产为主业；二是要坚持把短期目标与长期目标结合起来，既要有利于促进现阶段政策性不良资产处置任务的顺利完成，也要有利于进一步发挥资产管理公司的专业化优势，为有序推进金融改革服务；三是坚持市场化的改革取向，建立科学、规范、先进的现代金融企业制度和组织管理模式，完善资产管理公司的市场化运作机制。

在加快资产管理公司改革与发展方面，笔者的建议是：一要修订完善有关资产管理公司的条例和规定，加快论证和出台有关不良资产处置和资产管理公司运行的特别法律。二要允许有条件的资产管理公司进行股份制改革，结合自身发展需要引进战略投资者、充实公司资本、规范法人治理、加强内部控制、拓展商业化业务等。一司一策，循序渐进地促进资产管理公司建立健全现代金融企业制度。三要支持资产管理公司业务创新，扩大投资银行功能，在市场准入、税费优惠等方面给予政策支持。四要借鉴国内外的监管经验，逐步健全并完善统一、规范的监管手段和控制标准，促使资产管理公司合法、合规地有效运行。

关于不良资产证券化[*]

——一个新的路径选择

　　本文当时没有以个人署名的文章发表，而是以记者访谈形式写的，主要还是想留有一点余地。现在看来，对有关问题的阐述分析还不够深入，之所以将其辑入这本书，主要是因为本文所谈的问题在当时我国的金融市场上还是具有一定创新意义的。10 多年前的中国，还没有银行信贷资产的证券化，更谈不上不良贷款的证券化。我们当时冒了一些风险，顶着一些压力，开始通过资产证券化方式来处置从银行剥离出来的不良贷款，并且取得了成功。虽然今天看起来这一切也许并不那么复杂，但当时的市场环境、监管环境远非今天可比。记得在一次规模不小的论坛上，一位知名学者曾当着我的面点名说，"搞资产证券化的基本前提是这个资产必须有稳定的可预期的现金流。你手里的都是不良贷款，从哪来现金流呢？你这不是要把自己身上的风险转移到其他投资者身上去吗？"我当

＊　本文发表于 2004 年 4 月 14 日的《中国经济时报》。

时只得起身作答："×× 老师，不良贷款，特别是组合成包的不良贷款当然是可以有现金流的，因为它是可以有处置收入的。只不过不良贷款的处置收入金额会小于它原来的贷款本息的账面金额而已。例如原来 100 亿元的贷款无法足额收回本息了，因而称之为不良贷款，但通过种种处置，例如向债务人追债、向保证人主张权益、处置抵押品等，也许能收回 20 亿元、30 亿元，甚至更多。如果我们以这为基础，发行 10 亿元的优先级受益权证券，这是向投资者转嫁风险还是在市场上创造了一种新的投资工具？剩余的次级受益权仍然归我们，资产的全部处置收入也不会流失。难道这有什么问题吗？"当时整个论坛的气氛因为我们之间的争论变得有些凝重。其实这正是任何改革、创新都会经历的一种场景。

——作者注

"不良贷款是可以证券化的，搞不良资产证券化对于加快不良资产处置是有效的，不良资产证券化可以给金融市场增加新的投资工具。"与 2003 年的谨慎相比，华融资产管理公司总裁杨凯生现在正积极推进不良资产的证券化。

一、不良贷款是有现金流的

实行资产证券化的资产的一个重要前提是，它必须具有稳定的可以预见的现金流。很多学者一谈到资产证券化马上想到银行的一些优质贷款，例如银行的住房抵押贷款等，因为这些资产质量是相对比较有保证的，未来的现金流是可预期的。开展不良资产的证券化，如何保证不良资产有稳定的可以预见的现金流？会不会给市场带来风险？会不会给投资者带来风险？这是很多人很关心的问题。有不少人断言，不良贷款是难以或者不能证券化的。

　　不良资产是不是就没有可预期的现金流呢？面对记者的提问，杨凯生予以否定，不良资产不能按期还本付息是事实，但与其是否有一定的可预期的稳定的现金流不完全是一回事。杨凯生认为，不良资产是一种配置不当的资源，只要不良贷款是可以处置的，是可以变现的，那么就应该承认，不良贷款是可以带来现金流的，只是它的现金流不等于它的账面金额而已。"我们经常把不良贷款和烂账等同起来，把不良资产和烂尾楼等同起来，我们之所以叫它烂账，是因为我们不可能按照原来的合同按期收回贷款本息，之所以说这个楼是烂尾楼，是因为原先的投资额可能已高于这一幢楼目前的市场价值，或者目前再作后期投资又力不从心。但是作为投资者来说，如果你是以一个合理的价格买来的这个债权、这笔资产，那么我说你所投资的是一笔应收账款，你所投资的是一座在建工程。没有理由将它说成是烂账或者是烂尾楼。从这方面分析，我认为不良贷款是可以证券化的，这从理论上讲是成立的。"

二、一个新的路径选择

　　对于目前中国不良资产的处置，在杨凯生看来，资产证券化这个问题"比较新、比较大、比较重要"，是一个"我们原来不大熟悉"的路径选择。

新。是指中国到现在还没有出现真正意义上的资产证券化，尽管这在发达的市场经济国家 20 世纪 70 年代就已经出现。

大。是指这个问题涉及我国法律法规的建立健全和完善，涉及我国的《公司法》《合同法》《信托法》《破产法》，涉及会计核算、税制安排等一系列问题。

重要。是因为加快发展资产证券化进程，尽快地在中国的金融市场上出现资产证券，不仅是为了增加发行者的融资手段、增加金融市场的投资工具，更重要的是，它对中国的金融体制改革具有积极的作用。

中国下一步金融体制改革中的一个重要问题就是商业银行的资本充足率的问题。中国经济的增长离不开银行贷款的推动，如果想保持我国国民经济有效而快速平稳地发展，那么银行的贷款势必每年都要自然增加，这肯定会导致银行资本充足率随之下降。那么银行的资本充足率怎么样才能满足监管的规定呢？加强银行贷款的流动性是解决银行资本充足率的一个非常重要的途径。杨凯生认为资产证券化也许是一个较好的出路。

最新统计显示，截至 2003 年年底，中国主要金融机构的各项贷款余额为 13.71 万亿元，不良贷款余额为 2.44 万亿元，不良贷款的比例仍高达 17.8%。如何顺利地化解这 2 万多亿元的不良资产，是提高中国银行业竞争力的关键，也被视为中国金融体制改革的一块"试金石"。对于目前中国银行业不良贷款的处理方式来说，可以用"逐户清收、挨门追讨"来表述。四家资产管理公司设立以来的处置成绩虽然是令人满意的，但相对于不良资产的庞大规模，处置速度也还需要进一步加快。

在这一过程中，资产管理公司也曾试图用批量处置、打包处置的方式，但资产包定价问题是一个难题：定高了市场不接受、投资者不接受，定低了实际上是资产的一种流失。对于一笔实物资产定价方法是比较简单的，可以搞评估，而一笔债权的评估就比较困难，在中国目前尚没有一个对债权评估的成熟方式，更何况是把成百上千亿的债权打成一个包，对包里的债权进行评估就更不容易了。那么，出路何在？国际经验说明资产证券化是处置不良资产的一个重要的有效手段。国际经验提供了一个好的借鉴。

被誉为不良资产处置的成功典范，美国 RTC（即美国重组信托管理公司）的运作得到了广泛认同。20 世纪 80 年代末，美国大量的贷款机构出现了支付困难，RTC 应运而生。RTC 接受了美国 2 000 多家发生了流动性困难、发生了支付风险的储蓄贷款机构全部的资产。从 1989 年成立到 1996 年结束，在 6 年多的运作过程中，RTC 的运作取得了明显成效。杨凯生认为其中重要的一点是，在多数情况下，RTC 并不直接面对某一个具体的债务人去追讨，并不和某一个具体的债务人对簿公堂，而是进行批量处置，而批量处置中的一个重要方式就是资产证券化。这与我国四大资产管理公司到目前为止主要手段还是"零售"的效率当然不可同日而语。韩国和被银行不良贷款所困扰的日本在解决不良资产难题时也大量采用了资产证券化的方式，也获得了相当成功。

为了加快有效处置不良资产的步伐，无论是资产管理公司手中现有的不良资产，还是在银行手中持有的不良贷款，搞不良资产证券化都是一个必须探索的问题。

不良资产证券化的第二个目的是拓宽不良资产处置的市场，这一点包含两重含义：一是吸引更多的投资者参与；二是建立更便捷的交易结构。

目前，一般的投资者要参与不良资产市场是有困难的，首先他对投资对象不是很了解。拿华融资产管理公司来说，该公司有 4 000 亿元不良贷款，有六七万户债务人，投资者难以了解到那么多债务人现在的运行情况、实际偿还能力是多少、有效资产分布在哪里等。同时，他还缺少一个有效的投资工具。当然，投资者可以直接来购买华融对某一个或某几个企业的债权，尤其是它的抵押物如一个未竣工的写字楼、一块土地的使用权等，但这必然要涉及比较大的资金量，涉及比较烦琐的资产尽职调查工作。这种处理办法对专业的投资机构来说是可以做到的，但对众多的投资者来说是有一定困难的。充分利用市场中介机构，通过中介机构对资产的调查、分析，为投资者提供充分而公允的判断依据和信息，那么就有可能把这个市场进一步拓宽，就有可能吸引更多的投资者来加入这个市场，而这也需要通过资产证券化来进行。

三、"准资产证券化"的意义

当然，这是建立在成功的尝试基础之上的认识。2003 年 6 月，华融资产管理公司在国内推出了第一单资产处置信托项目。该项目借鉴资产证券化交易模式，通过以债权资产设立信托、转让信托受益权的方式，实现了加快资产处置的目的。业界评价说，该项目的推出，使国内资产证券化从国际经验介绍和理论研究阶段进入了实际操作阶段。

尽管华融总裁杨凯生将其称之为"准资产证券化"，但他谈及此事时还是充满自豪。

华融将 132.5 亿元债权资产组成一个资产包，作为信托财产，选择中信信托公司作为受托人，设立财产信托，信托期限为 3 年。信托设立后，华融取得全部信托受益权，信托的受益权被分为优先信托受益权和次级受益权。优先受益权转让给投资者，主要向机构投资者转让，合格的个人投资者也可以认购，但底线很高，最低为 100 万元。合同约定的优先级受益权预期收益率为 4.17%，按季付息。

华融公司此次设立信托的债权资产包账面价值为 132 亿元，涉及全国 22 个省市 256 户债务企业。经中诚信国际评级公司评级后，预测包内资产未来处置产生的 AAA 级现金流为 12.07 亿元，其余现金流收入的信用等级在 AAA 级以下。以此为依据，确定优先级收益权为 10 亿元。

作为受托人的中信信托，利用华融资产管理专业化的优势以实现资产回收价值最大化为目的，把资产包的管理和处置权委托给华融。华融受托之后实现的收入由托管行工商银行受托管理，以保证投资者的安全。华融处置这块资产所产生的法律后果和风险都由中信信托以信托财产为限来承担。这个过程中，华融向中信信托支付信托报酬，中信信托向华融支付资产处置的服务费。

杨凯生认为，华融公司这一资产处置信托项目开创了一种新的模式，这充分说明了不良贷款通过有效组合可以作为资产证券化的基础资产，利用信托交易模式可以实现不良资产的资产变现和融资目的。

杨凯生建议，应该在一定范围内进行资产证券化试点，以通过资产证券化加快促进不良资产的处置。待条件成熟后，还应允许证券挂牌交易。要扩大投资者范围，对于达到一定级别的证券，应允许保险、财务公司、基金、银行进行投资。

关于托管德隆[*]

——华融处置不良资产的一次创新

    10 年前，中国金融市场上发生了一件不小的事情，那就是庞大的德隆集团轰然倒塌了。从行业上来说，由于德隆系横跨实业领域和金融领域，企业多达数百家。在实业领域，从番茄酱、水泥到重型卡车、铁合金等等，不一而足；在金融领域，则从证券公司、信托公司到商业银行，门类众多，可谓是当时一个牌照最齐全的超大型民营金融集团。从区域上来说，德隆全资拥有以及控股和参股的企业遍及西北、西南、华东等十几个省、自治区、直辖市。从债权人来说，个人债权人多达几万人，银行及其他机构债权人多达数十家。能否妥善清理处置好德隆系的问题，关系到债权人、债务人和投资者合法权益能不能得以保证，关系到有关法制原则、监管规定能不能有效执行，关系到市场秩序和社会稳定能不能切实予以维护。当时，华融资产管理公司按照有关部门的要求，秉持市场化的操作

[*] 本文以记者访谈报道的形式发表在 2004 年第 23 期的《财经》杂志上，我参与撰写和定稿。

原则，对德隆系的资产实行了托管，对德隆系的金融机构实施了停业整顿。当时这一崭新的做法引起了社会各界包括媒体的广泛关注，政府部门和监管机构也给予了高度重视。为了保证有关工作的公开性和透明度，当时作为华融公司的总裁，我接受了《财经》记者的采访，目的在于坦诚、直率地对各界所关心的问题予以回答和说明。

当时我们强调要坚持契约精神，坚持依法合规，坚持市场化运作的原则。在当时的情况下，我们努力做到了公有制经济财产权不可侵犯，非公有制经济财产权同样不可侵犯。总体说来，当时对德隆系这一庞大的民营企业集团的资产清理、处置是基本成功的。

——作者注

2004年11月16日上午，处于西北边疆的乌鲁木齐市气温已近零度。华融资产管理公司派驻金新信托公司的停业整顿工作组一行人，急忙赶往人民广场。他们是在接到"告急电话"后，专程来向聚集在那里的债权人进行解释工作。

"你们（债权人）到哪里，我们就解释到哪里。"一位工作组成员说。

一些持有金新信托集合资金计划的投资者，希望尽早取回他们早已到期的信托资金。华融派员组成的金新信托工作组百般说服之后，广场上的人群在中午时分逐渐散去。

在有关部门10月17日宣布对问题金融机构的个人债权进行收购之后，德隆债权人渐渐平复他们的激愤和惶恐。对于托管者华融而言，这是席不暇暖的两个月。仅金新信托停业整顿工作组一处，不到20名工作人员就先后接待投资者 23 000 人次。

远在新疆昌吉的天山畜牧公司，16 日当日也迎来了华融资产管理公司的工作人员。为了协调几万名奶农、170 多个奶站和德隆下属天山畜牧公司的应付款问题，维护当地社会稳定，维持企业正常运转，这是华融继金新信托停业整顿工作组、新疆德隆工作组、屯河集团工作组之后，华融专门成立的第四个新疆工作组——天山畜牧托管工作组。

这还只是华融自 2004 年 8 月 26 日托管德隆以来派出的庞大托管队伍中的一个缩影。与德隆签署《资产托管协议》后，华融立即成立了第一重组办公室，专门负责托管德隆工作。同时，华融结合德隆系资产分布情况，在 20 个省、自治区、直辖市设立了第一重组工作组，并先后向德隆系有关企业派驻了金新信托停业整顿工作组，德恒、恒信、中富 3 个证券公司托管经营工作组，德隆国际、新疆德隆、新疆屯河 3 个资产托管经营工作组等，共 7 个专项工作组。同时，制定了一系列关于德隆风险处置的规章制度，开展了实业类资产的接收、清查和托管工作，对金融类机构实行了停业整顿和托管经营，金融机构的债权登记稳步开展。

11 月 22 日，在北京白云路的华融资产管理公司总部，华融公司总裁杨凯生接受了《财经》杂志专访。他首次对外界介绍了华融托管德隆后的基本情况。

身为武汉大学经济学博士的杨凯生在华融总裁任上已有 5 年。在此期间，他以华融成功推出国内首次不良资产国际招标、不良资产处置准资产证券化等创新之举，赢得了较高的声誉。2004 年 9 月，他又再次被任命为中国工商银行副行长，并担任了党委副书记，目前仍兼任华融公司总裁一职。

2004 年 8 月，杨凯生受命托管德隆这一庞杂的金融产业帝国以来，已渐渐成为德隆的控制者唐氏兄弟之外，对德隆"迷宫"最熟悉的人之一。

一、"估算下来它们不太可能剩下什么净资产了"

曾经显赫一时的德隆系旗下公司林立，股权关系盘根错节，资产负债状况一直云山雾罩。据不完全统计，仅德隆属下金融机构的债权人就遍布全国 20 个省区市。目前，该集团尚余多少资产，资产状况如何，显然是德隆的债权人最为关心的事情。

"按照德隆内部人员的说法，如果把德隆各层级所有公司写下来，一面墙可能都写不完。我们要采取理清每个法人间关系的办法，把它梳理清楚。"杨凯生称，经过几个月的托管，华融对德隆系的资产情况已经初步做到心中有数。

据杨凯生介绍，德隆系的资产主要分为两大部分：一是实业企业，有200 多家，行业从番茄酱、水泥到重型汽车、铁合金，不一而足；二是金融企业，德隆控股、参股了多家证券公司、租赁公司、信托公司、商业银行等，门类齐全。德隆确实是一个跨地区、跨产业的大型公司。

此前，德隆的控制者唐氏兄弟曾多次对外界表示，德隆的产业价值数百亿，但一直无从证实。经过华融的调查发现，德隆的实业部分总资产确有200 多亿元，不过，"简单说一个企业的资产总量没多大意义。"

杨凯生称，总资产的账面价值与净资产的价值不是一回事，其中的差别很大，首先要考虑其负债率，看究竟有多少权益。其次要看它们的现实经营状况。目前德隆 200 多家实业企业经营情况参差不齐，有的能维持经营并有所盈利，有的经营困难，有的则资不抵债。对于华融来说，首先要分析各个企业的净资产、经营状况等，从而决定哪些企业还可以继续经营，哪些企业有重组的价值，哪些则要设法适时退出市场。

自2002年开始，德隆着手推行了一项计划，即大量设立表面上看来与德隆没有股权关系的"壳公司"，并把大量资产转移到这些"壳公司"及私人手中。由于"壳公司"并没有严谨的法律概念，对于华融而言，如何对其进行梳理和追查，是一个相当棘手的难题。

据杨凯生说，华融发现德隆设立的壳公司有几十家之多，"虽说资产清理工作很复杂，但是我们认为必须把这个搞明白。我们会一层一层剥开梳理清楚，是投资关系就是投资关系，是借贷关系就是借贷关系，是母子关系就是母子关系，是兄弟关系就是兄弟关系。"

对于德隆非金融部分净资产的规模，杨凯生表示，以净资产计算存在多种口径，有的口径统计结果可能是负数。那么全部清偿处理后，德隆自身还能有剩余资产吗？"从现在的情况看，总的看来它们不可能剩下什么净资产，是资不抵债的。"杨凯生说。

对于德隆事件的定性，外界一直存在争议。德隆发展至目前的地步，究竟是无心之过还是有意为之？杨凯生表示，华融是接受有关部门委托对德隆进行托管，或者进行停业整顿，涉及有关人员特别是高管人员如何定性问题，有关部门正在查处，最后一定会拿出意见给社会一个交代。

杨凯生从专业的角度向记者分析了导致德隆失败的两个原因。

一是违规违法经营。这在德隆参股、控股的一些金融机构里面表现得比较充分。在银监会关于金新信托停业整顿，证监会关于德恒、恒信、中富3家证券公司托管经营的公告中，都提到了这些公司因严重的违法违规，必须停业整顿或托管经营。不唯如此，德隆的实业企业也具有一些通病，如存在虚假注册投资、逃废债等情况。

二是经营发展战略存在问题。"急剧膨胀，以为做大了就能做强；以为敢于在股票市场上进行炒作，就算是懂得资本运作、实现产融结合了。这属于经营战略、发展思路上的问题。"杨凯生说。

二、参悟"市场化重组"

自 2004 年 4 月德隆风险暴露以来，"市场化重组"成为风靡一时的提法。这与此前简单的行政接管和行政关闭相比，无疑是一个重大进步。但由于中国还没有完备的破产重整法，如何进行市场化重组，局外人多不甚了了。

杨凯生对此进行了详细阐述。他向记者强调了华融承担托管工作的法律依据：其一，新疆德隆、德隆国际和屯河集团分别与华融签署了资产托管协议，一次性将其拥有处分权的所有财产交给华融托管；其二，华融托管经营证券公司，对信托公司实施停业整顿，是接受证监会、银监会的委托，是监管当局处置高风险金融机构的一种方式。

"市场化重组的含义，是说重组过程不是简单的拉郎配，不是行政撮合式，而是要引入投资者来发现和决定德隆是否有重组价值。"杨凯生称，"华融受托进去参与重组，自身不应承受损失，这也是市场化的应有之义。"

"重组成功与否，并不完全取决于我们。"杨凯生解释，这实际上取决于两个条件：一是要看有没有外部投资者对德隆的资产有重组的兴趣和意愿；二是取决于原债权人，特别是机构债权人能够承受损失的程度。如果债权人坚持不肯削债，又没有外部投资者接盘，重组就不会成功。

"华融在其中不过是负责组织、策划工作。即使我们认为重组成功对债权人和债务人都是有利的，但也并不是所有债权人债务人都会作出和我们一样的判断。"杨凯生如此给华融定位。

目前，德隆系实业企业的 14 家贷款行已成立债权人委员会以统一行动，并聘请了工商东亚证券有限公司为顾问。但对个人和机构负债亦达 200 多亿元的金融机构，尚未有进一步的方案，对此杨凯生表示：

"个人债权的收购办法已经清楚，重组过程中，我们将和机构债权人进行讨论并征求其意见。"

对于德隆这个庞然大物，是实施整体重组还是分块重组，一直是人们关注的焦点。对此，杨凯生非常肯定："整体重组很困难，因为业务结构过于庞杂。我判断不会有理智的投资者来进行整体重组，而针对局部有条件的企业进行重组是可能的。"

于是，华融在整个资产处置过程中，将根据单个独立法人的情况来分别进行处理。杨凯生再次强调了重组工作的两个原则：一是要依法合规地进行，二是要根据市场化原则进行。经过清理审计，重组、关闭、清算都有可能。

不过，倘若实行分块重组计划，仍然存在着诸多隐含的问题，诸如通过单个企业破产逃避债务的情况。毕竟德隆复杂的股权关系很难理顺。这种情况，按照国际惯例，对拥有复杂结构的集团公司，重组方一般会按照"刺破公司面纱原则"①进行处理，将其所涉及的全部资产负债作为一个整体进

---

① "刺破公司面纱原则"是指法院为了实现公平正义的目的，在具体案例中漠视（Disregard）或忽视（Ignore）公司的法人人格，责令股东或公司的内部人员对公司债权人直接承担责任。——编者注

行处置。然而，这种做法在中国现行法律条件下尚无依据。

虽然华融的托管工作目前还处在清理、审计资产的阶段，但有关"华融公司是否会贱卖资产"的疑问，已在德隆原高层一些人士中产生。毕竟，资产处置的结果直接决定了德隆自身权益的剩余情况，而且也关乎德隆原高管人员责任的大小。

对此，杨凯生予以了澄清："第一，到目前为止，华融还没有处置一笔资产，谈不上贱卖不贱卖的问题；第二，不能过分听信一些人强调德隆原有资产如何值钱。如果他们的资产真那么值钱的话，为何落到被托管的地步？这个必须要搞清楚，德隆如果有钱，就必须拿出来实实在在地偿还银行 100 多亿元的贷款，偿还证券公司的客户保证金和委托理财这么大的窟窿。如果说有钱但又不拿出来，这不是隐匿了资产吗？"

在华融进入前后，德隆原高层也曾提出过重组方案，并说努力准备偿债。对此杨凯生表示，"任何人提出重组方案，我们都是欢迎的，我们愿意认真研究。但是方案必须切实可行，不能是遥不可及的，那样是没有意义的。"

对于今后的资产处置，杨凯生表示，华融将严格遵循市场原则："第一，债权人已经蒙受了巨大的损失，德隆破产抑或重组都不能一拖再拖，而是应该在预定时间内完成；第二，最终处置的价格取决于市场，价高者得，处置价格不可能是卖主自己单方面的估价。"

三、"托管德隆和华融自身转型不是一回事"

自华融始，以资产管理公司对问题金融机构实施托管可能渐渐成为一种模式。然而关于资产管理公司的角色冲突问题，外界多有质疑。在托管德隆的过程中，华融既受德隆委托，又接受监管部门委托，而华融自身又面临着业务转型的需求，如何保证华融在重组中保持中立者的姿态，不越俎代庖甚至亲自出面重组德隆？

"华融在整个重组里面实际上没有任何一己私利。"杨凯生坦言，华融公司确实面临业务转型的问题，将转向一个商业化运作的金融机构，转型为一个具有投资银行色彩、以处置不良资产为主业的金融机构。"但是我们不认为，唯有托管了德隆之后我们才能实现这种转变；我们也不认为，我们一定要通过拥有德隆现有的金融机构，我们才能实现这种转变。"杨凯生说，"这是两回事。"

"华融肯定会坚持公开、公平、公正的原则来处置资产，推进重组。"在采访中杨凯生还特别提到了广东国际信托投资公司和粤海企业集团的重组经验，称此次华融吸取各方经验，将依靠中介机构力量、按照充分节约重组成本的原则来开展工作。目前华融已经聘请了多家中介机构对相关金融机构、实业企业进行审计；也聘请了律师事务所参与对相关法律问题的判断和分析；如果重组的话，重组协议的起草、签署过程，律师事务所肯定要参加，"中介机构是我们处置过程中十分重要的力量。"

杨凯生称，华融的做法体现了两个原则：第一，处置每笔资产都要实现价值最大化；第二，处置实业企业的过程中，要尽量保持企业正常运转，尽量避免员工下岗，尽量避免给上游原材料提供者例如农户带来困难。到目前为止，华融已向德隆旗下的相关企业发放了5亿元的过桥贷款，以维持其正常运转。"我们希望能够重组成功，这样各方的损失才可能是最小的。"

"当然也不排除重组不成功的可能。不过这也是无奈之事。我们会尽量扮演好我们的角色，尽力而为。"杨凯生说。

在如此复杂艰辛、旷日持久的重组过程中，一家国有金融公司如何能够有效地激励、监控员工？对此，杨凯生表示，"激励当然是一个企业管理的重要手段。但是恐怕一个企业真正要做好，仅仅靠所谓的激励还是不行的。"在华融各个托管部门，对包括员工的出差标准、禁止员工买卖德隆系股票等诸多细节，都有了具体的规定。"这就是我们华融的最大特点，讲究规范化，讲究先立规矩再做事情。"杨凯生称。

"我们知道，对于德隆资产的处理，社会公众会很关注，监管部门会很关注，媒体也会很关注。"杨凯生说，"所以我们所做的任何一件事情，都要经得起历史检验。"

第二部分

银行改革发展的林林总总

工商银行新起点

——工商银行股改后首次答记者问

    2005年10月28日，中国工商银行在改革进程中迈出了十分重要的一步：宣布将原国有独资的中国工商银行改制为股份有限公司。当天在股份公司成立大会后，举行了改制后的第一次新闻发布会。作为工商银行改制后的新任行长，我在新闻发布会上回答了媒体朋友的一些问题。这次与媒体的对话既反映了当时社会各界对中国工商银行改制的关注点所在，也反映了当时我对一些问题的认识和理解，更是工商银行改革发展历程中一个重要时间节点上的历史记载。

——作者注

    2005年10月28日，中国工商银行股份有限公司宣告成立。在随后的新闻发布会上，中国工商银行新任行长杨凯生就大家共同关心的问题，与境内外各新闻媒体进行了面对面的交流。

中国证券报：刚才宣布独立董事名单的时候，聘请钱颖一、梁锦松、约翰·桑顿 3 位为独立董事，主要考虑是什么？

杨凯生：这次股东大会通过的独立董事名单大家已经知道了，我相信这 3 位先生各有专长，他们参加董事会，可以为工商银行下一步建立健全法人治理结构、提高经营管理水平贡献他们的聪明才智。例如梁锦松先生曾经长期在美国曼哈顿银行服务过，约翰·桑顿曾经在高盛公司担任过 CEO，钱颖一先生是著名的经济学家，现在是清华大学经济管理学院的院长。他们加入董事会，对董事会更好地行使经营决策权会起到积极作用。

路透社：请问杨行长一个比较轻松的问题，开董事会的时候，是用英文交流还是用中文交流？

杨凯生：第一次董事会用的语言是中文。但是因为有约翰·桑顿先生参加董事会，专门给他配备了翻译，以便他能够随时地准确地了解会议内容和进程。

中国金融家：中国工商银行股份公司成立以后，您和姜建清董事长具体工作有哪些分工？有哪些不同的地方？

杨凯生：股份制银行不止一家，董事长和行长都有合理分工，有各自职责。作为行长，应该按照董事会的要求，落实董事会的发展战略，同时在监事会的监督下开展自己的工作，履行自己的责任。

中央电视台：杨行长，这次财政部和中央汇金公司分别持有中国工商银行 50% 的股权，实际本质上国有资本占 100%，为什么没有其他投资者？将来引进战略投资者有什么打算？

杨凯生：财政部和中央汇金公司作为工商银行股份有限公司的发起人，到目前为止只有他们两家股东。从这个意义上讲，工商银行目前还是 100%

国有资本，这个说法没有错。但是正像我刚才所说的，我们正在积极地开展引进战略投资者的工作，战略投资者一旦进入，公司股权结构就会发生变化。上市之后，股权结构还会进一步多元化。当然，在相当长一段时间内，我想，国有控股这个局面不会改变。

搜狐网：刚才也有一位记者提问，谈到汇金公司和财政部各占50％股权，我想知道这个是有意为之还是正好恰巧，财政部保留这么大的发言权，会不会造成多头管理？

杨凯生：这是改制过程中的一种制度安排。至于他们股权比例各占50％，在我们引进战略投资者，特别是上市之后，这种股权比例可能会有所变化。股权结构进一步多元化了，他们股权占比将有所变化。我们订立了完备的工商银行股份有限公司章程，股东按照章程行事，股东大会是工商银行股份有限公司的最高权力机构，我们董事会、监事会也都有各自的议事规则。在这个过程中，股权结构多元化以后，包括从原来国有独资变成两家注资，包括下一步战略投资者的进入，我相信股权结构多元化以后只会对治理结构带来好处，不会带来更多的干预，或者影响运行效率的提高。

上海证券报：我们拿到的新闻稿里说工商银行股改之后对外汇资本金进行了运作，保证注入资本金的保值增值，您能不能谈一下这方面的情况？

杨凯生：我们接受150亿美元注资之后，十分重视资本金的保值增值问题。注资完成不久，我们就和汇金公司达成了150亿美元的保值交易。

第一财经日报：请问上市地有没有考虑纽约证交所？

杨凯生：我们的改革一定要坚持高标准、严要求。在会计准则转换过程中，我们会注意向国际会计准则靠拢，包括向美国会计准则靠拢。但是我想说明的是，具体的上市地我们现在还没有最后决定。要随着世界经济发展状况，根据各地资本市场的情况，结合工商银行的实际状况进行研究。一旦我们研究确定之后，在适当时候我们会对外披露这个信息。

上海第一财经频道：目前国内好多优质资产都选择境外上市，现在股权改革以后，新老划段，执行全流通，中国第一大商业银行会不会选择在国内A股上市融资？另外，前段时间有消息说建行、中行在引资过程中都对境外投资者作出承诺，如果价格低于净资产，汇金将给予补偿，工商银行会不会也作出相同的承诺呢？

杨凯生：就跟刚才所说的一样，上市地还没有作出最后抉择，我们很可能在境外上市，当然也可能在国内市场同时上市，这要取决于国内资本市场的承受能力。至于如果价格低于净资产，汇金将给予补偿的说法，我没有听说过。在我们和战略投资者所签订的承诺当中，没有这样的条款，和其他战略投资者谈判中也没有谈到过这样的条款。

金融时报：与中行和建行股改相比，工商银行创新体现在什么方面？有什么特点？您作为新任行长，将如何推进工商银行股份制改革工作？

杨凯生：如果拿我们的股改方案和兄弟行作比较的话，首先，我觉得很好地体现了国务院国有商业银行股份制改革领导小组"一行一策"的指导思想。例如我们的注资方案和兄弟行有所不同，中央汇金公司给我们注入150亿美元，同时财政部保留了原先注册资本里面人民币1 240亿元，构成整个2 480亿元的实收资本，这和兄弟行做法有所差异。其次，我们是整体改制，工商银行的改制不设存续公司，这与有的兄弟行做法也有所差异。我们想在既定安排下，会进一步加快我们的改革进程，在今天股份公司正式成立以后，我们会抓紧推进下一步的改革。

经济观察报：我觉得工商银行改制还有一个特点，您在一年多以前，已经回到工商银行，完全介入工商银行改制，中行、建行新任行长都是股份公司成立两三个月以前才进入的，您提早一年多介入工商银行具体实施股改准备工作和前期股改工作，对于下一步做好工商银行经营管理工作有什么帮助？这样的工作怎么进行很好的衔接？

杨凯生：这么大一个银行的改革工作，是靠全行员工共同推动的，今天成立了中国工商银行股份有限公司，是全行 36 万员工共同努力的结果。我个人在工商银行服务 20 余年，前一段虽然到华融公司工作了几年，但也并没有真正离开过工商银行。这带来的最大的有利条件是比较熟悉和了解工商银行的状况。当然，由于在这里工作过 20 多年，这也可能会有另外一个弊端，对工商银行存在的不足、差距，可能不如外界的朋友体会得那么深。今后我会利用自己熟悉工商银行的优势尽心尽力做好自己的工作。

提问：现在国外投资者要进入工商银行的情况怎么样，据我所知之前高盛有投入，工商银行现在有没有考虑让别的外国投资者进入？

杨凯生：从 2004 年下半年开始，工商银行就启动了引进境外投资者的工作，专门建立了战略投资者资料库，以便于潜在的战略投资者对工商银行进行调查。我们跟他们进行了广泛的接洽和磋商，取得了比较大的进展，几个月前和一个战略投资团签署了备忘录。至于战略投资者的具体名单，由于我们还没有和他们签署最后的协议，现在还不便透露。我们有可能与不止一家战略投资者达成协议，这种可能性也是存在的。

提问：如果引进战略投资者，财政部和汇金公司谁会减少股份？在选定外资的时候，对已在中行、建行的投资者会不会有所限制？

杨凯生：我们初步考虑，引进战略投资者，是增加股本，而不是原有的股权持有者出售他们的股权。所以，一旦战略投资者引入之后，据我理解，财政部和汇金公司将等比例降低股权比例，不存在哪一方多降哪一方少降的问题，简单地说，增加了新股不会出售老股。对于一家战略投资者，能不能对两家以上的银行拥有股权，一方面当然取决于商业银行自身的考虑，我们要考虑同业竞争，考虑利益冲突等问题，但是我相信还要取决于监管部门的规定，监管部门如果有类似规定，这种可能性当然就排除了。

21 世纪经济报道：工商银行准备引进的境外投资者，有没有开始尽职调查？

杨凯生：我们准备引进的境外投资者，已经开始了他们的尽职调查。

经济日报：作为工商银行股份公司的新任行长，今后一年，您的工作重点怎么安排？在哪方面觉得可能会花费最多精力？

杨凯生：在未来一年内，如果仅仅说一年的话，我想我的最大任务是如何进一步使广大的投资者认识、了解对工商银行投资的价值，因为我们准备在未来一年内选择适当的时机上市，成为一个公众公司，要把工商银行具有的现实的、潜在的优势充分发挥出来，不断提高经营管理水平，提高资本回报率，降低不良贷款比例，让众多投资者感到工商银行是一个值得信赖、值得投资的公司。我想这是我未来一年最主要的任务。

东方早报：交通银行已经获准在内地设立保险公司，我不知道工商银行在这方面有什么打算？

杨凯生：在我行整体发展战略中，我们当然希望逐步拓宽我们业务领域，包括你刚才所说的保险业务领域。但是我们知道这必须经过监管部门的审批，我们将和监管部门保持密切的接触。如果监管机构允许的话，我们会积极地开展各方面的业务。

提问：工商银行股份有限公司成立以后，在内设部门方面有没有调整？有没有引进一些专业技术人才的考虑？

杨凯生：股份公司设立之后，我们会继续坚持这几年来已经在进行的一项工作，就是进一步整合我们的业务流程，在整合业务流程的过程中，也许会涉及一些部门的设立或者是归并等等。至于人才的引进问题，我相信我们会按照自己的需要引进必要的人才，当然我想说的更重要的是，我们要加强对现有员工的培训，使我们现有员工人人具有进一步成才的机会。

中央人民广播电台：我替广大客户问一个问题，对客户来说办银行卡业务，股改后有没有什么变化？另外，您个人认为这种股改对老百姓到底能带来什么样的益处？

杨凯生：作为一个具体的业务品种——银行卡来说，在我们股份制改革前和股份制改革后，到工商银行办理有关手续不会有任何变化，因为现在设立的工商银行股份有限公司，完全承接原来工商银行业务种类、业务范围。服务品种、服务方式都没发生变化。至于股改实行之后对社会公众、对广大老百姓能带来什么影响，我首先要声明，债权人，就是存款人，我们的服务对象，不需要到营业网点办理任何变更手续，所有的服务都是延续的。如果说有什么变化的话，我想主要的一个变化是，监管对我们来说更严格了，对我们要求信息披露的透明度更公开了，今后对我们服务水准的要求更高了。因此，我相信广大社会公众会从工商银行的股改中受益，这种受益就是服务水准高了。

中国金融：我想知道工商银行股份有限公司成立之后，对海外发展有什么计划？

杨凯生：我们会继续推进海外业务发展战略，首先，银监会已经批准在工商银行股份有限公司成立以后，不需要因为工商银行股份有限公司的成立办理境外已开设的任何分支机构的变更申请。其次，银监会已在 10 月 12 日以刘明康主席的名义向我行设有分支机构所在地的监管当局发出知会函通知他们 ICBC 将进行股份公司的改造，通知他们改造以后将完整地承接原先海外分支机构的业务范围和财产，不会发生任何变化。我们将会根据世界各地的监管原则的不同，及时向各地的监管机构办理各种手续，以保障境外海外业务的顺利延续。

新京报：大家能看出来，工商银行在前一阶段财务重组方面成果是非常大的，您能不能详细谈一下工商银行未来公司治理、薪酬、激励体制的变化有哪些具体方案？

杨凯生：所谓公司治理，包含的内容实在太多了，难以用几句话在这里说清楚，但是我愿意说说薪酬的问题。我想大家都很关心股份制改造以后是不是马上大幅度地提高工商银行员工特别是高级管理层的工资、薪酬待遇，不要说股份有限公司刚刚设立，就是日后上市之后，我们也不可能，或者坦率地说，我们也没有能力立即大幅度地提升我们的薪酬。在薪酬管理方面，我们下一步的目标是进一步建立健全激励约束机制，激励的力度必须和我们的盈利水平相适应，和我们人均效益相适应。同时，在这个过程中，我们要逐步地按照岗位序列，按岗定责，按岗定薪，严格绩效考核，按照业绩决定员工、决定高层管理人员的薪酬收入。

华夏时报：有传言称，建设银行上市以后将裁员 7 万人，工商银行会不会大幅裁人？

杨凯生：工商银行目前有员工 36 万人，这个数字是我们从 1997 年以来经过合理地撤并营业机构，适度地精简员工队伍形成的规模，股份公司设立以后，我们一定会更加注重我们的人均效益，这是毫无疑问的。但是我们没有大幅裁人的计划，要把改革力度和各方面所能承受的程度有机地结合起来，妥善处理好各方面关系。

稳定我国商业银行资本充足率
水平的几点思考 *

在金融危机爆发后，各国监管机构普遍加强了对银行业资本充足水平的监管。我国的一些主要银行在改制上市之后，资本充足率达到了较为理想的水平。但由于在我国金融市场上，间接融资仍然占主导地位，所以我认为银行资产规模是要不断扩张的。而这就需要银行能够持续补充资本，但应该注意的是，因我国资本市场的原因，银行要想不断增资扩股是不现实的。因此，"如何在为实体经济发展提供充足资金支持的同时，控制好自身的风险，将资本充足率水平始终稳定在监管标准之上，是我国银行较其他国家的银行更为艰巨的任务。"

在本文中，我还是坚持我一贯主张的一个观点，即一定要努力增强银行贷款资产的流动性并以此来稳定银行的资本充足率，例如将银行的贷款进行证券化。现在看来这个观点比过去已为更多人所接受。在本文中当时我对几大银行盈利增长的测算显得偏乐观了，

* 本文发表于 2010 年 4 月 13 日的《21 世纪经济报道》。

现在来看将来一段时间我国几大银行的利润增长压力还会进一步加大，通过自身盈利的积累留成来进行资本金补充显然难度更大了。此外，文中对我国银行业贷款的增长幅度也是低估了。但为了忠实于历史，这里没有做修改。

——作者注

在 2008 年这一轮金融危机爆发前，我国抓住时机对主要的国有商业银行进行了财务重组和公司制改造，并相继让它们在境内外上市。事实已证明，这一决策是正确的，几大国有商业银行的改革是成功的。这不仅表现在这些商业银行通过改制步入了良性发展轨道，风险防控和抵补能力明显增强，盈利水平大幅提升。更重要的是，可以肯定，如果没有我国银行业前几年改革的成功，在应对国际金融危机冲击的过程中，几大国有商业银行对我国实体经济运行不可能具有如此强大的支撑能力。即使勉为其难，如此大规模信贷投放之后可能带来的后遗症，也会远远比现在严重。总的来说，正因为我国银行业改革决心大、动手早、成效好，才使得我国的银行基本经受住了这一次危机的考验，中国银行业在危机中的表现才会令国际同业称道和羡慕。

现在，尽管尚不能说这一次金融危机已经结束，但海啸过后，大海终将归于平静。非常态的经济金融局面或迟或早总要恢复常态。就银行工作而言，我们当前要做的：一是要认真总结，要通过对前几年银行改革发展经验和成效的回顾总结，研究如何通过继续深化改革和加快发展来增强我国银行业的可持续发展能力；二是要未雨绸缪，要冷静分析在非常态向常态转换过程中以及转换后，在后危机时期，我国银行业可能面临的各种风险，尽早采取措施以防患于未然。

当前人们在分析议论我国银行业下一步可能面临的风险时，关注较多的是经过这一轮信贷大投放究竟会不会产生大量的不良贷款。这确实是一个值得重视的问题。在过去两年的特定情况下，应该说有一些本可以不上的项目也得到了财政资金和银行贷款的支持，有一些本应该退出市场的企业未能及时被淘汰，有一些本必须萎缩的产能继续保留了下来甚至还有所扩大。这在一定程度上可以说是为了应对百年不遇的金融危机而不得不付出的一种成本。也正因为看到了这一点，国家现在又把调整经济结构和转变发展方式作为一个重要问题突出提了出来。在下一步调整和转型的过程中，银行贷款质量无疑将经受一次严峻的考验。但也应该看到，由于各家银行风险偏好、信贷管理能力、风险抵补能力是不同的，因而未来几年它们资产质量的表现也是会有差异的。只要我国经济发展不出现陡然下降，社会信用环境不出现机制性的恶化，整个银行业的信贷风险应属可控。我认为现在更需引起重视的是，如果不能抓紧形成一个保持商业银行资本充足率水平长期稳定的机制，在可以预见的将来，我国银行业有可能由于资本限制而导致信贷投放能力的弱化，并进而影响银行对经济运行和社会发展的支持能力。这是一种系统性风险，较之具体贷款项目的失误和不良资产的形成，后果更为严重，处置更为棘手，因而更值得重视。

资本充足率是衡量银行安全性、效益性匹配程度的一个指标。它较之其他指标更能反映一个银行的"实力"与其所承担的"风险"是否相称。缘于此，巴塞尔委员会于1988年发布的资本协议，正式提出了关于资本充足率的监管思路。这个协议的出台顺应了经济金融全球化和监管标准统一化的需要，逐步为不少国家的中央银行及监管机构所接受，并进而深刻改变了世界各国大型商业银行的经营模式，促使银行的资产结构发生了转变。银行的"中间业务"在 20 世纪 90 年代后之所以蓬勃发展，与此不无关系。

但必须指出的是，面对跌宕起伏的经济金融现象，面对纷繁复杂的银行经营管理运作，资本充足率指标如同任何别的监管指标一样，也并不是绝对合理和完美无缺的。《巴塞尔资本协议》之所以要从 I 发展到后来的 II，直至今天仍在众说纷纭尚未正式问世的 III[①]，本身就说明它需要一个不断改进和完善的过程。更重要的是，一方面我们应该认识到，发展到今天，中国的银行必须遵循国际通行的各种规则和惯例，否则就无法在国际市场上立足，更遑论什么国际化；但另一方面也必须认识到，世界各经济体所处的发展阶段差异很大，银行资产结构、负债结构、业务结构和盈利结构差异也很大，在一些问题上我们还是要努力争取拿到"共同但有区别"的政策。因为一旦不经意间被人束缚住了手脚，其负面效应也将是明显的。一个典型的例子是，20 世纪 80 年代日本经济一度发展到了巅峰状态，但到了 90 年代急转直下，天上地下，恍如隔世。其原因当然可以从多个方面去分析，但一直有人认为其中重要的一点就是，在《巴塞尔协议 I》出台后，日本忽略了自身经济金融运行与其他发达经济体的一个区别，即日本以间接融资为主，经济发展主要依靠银行贷款的支撑。当时日本银行为了向西方国家的标准靠拢，为实现资本充足率达标，采取了不少措施，最终情愿不情愿地压缩了银行贷款规模，而在这经济发动机熄火的同时又遭遇了日元升值，日本经济就此陷入了长期的衰退。至今一种"阴谋论"的观点在关于日本问题上仍有一

---

① 　此文发表时，《巴塞尔资本协议III》正在修订中，未正式出台，直到 2013 年 1 月才正式发布。

定市场，认为《巴塞尔协议》和《广场协议》都是美、英等国当年给日本设下的"圈套"，意在剪除经济发展中的一个竞争对手。我倒不认为这种"阴谋论"是完全言之有据的，这次金融危机中西方一些银行特别是美国的一些银行也正是因为资本充足率问题陷入了困境，这可以作为一个非"阴谋论"的佐证。但当前我们确实需要对西方国家在这场危机后拟采取或宣称拟采取的各项政策进行全面解读和研判，在新的国际规则制定和实施过程中努力扩大话语权和保持主动权，以尽可能争取有利于我的结果。

银行资本充足率水平的高低，一是取决于其资本（包括核心资本和附属资本）的多少，二是取决于其风险资产规模的大小。现在人们常说要建立商业银行的资本补充机制，实际上，更准确的说法应该是要建立保持商业银行资本充足率水平稳定的机制。因为解决这个问题必须从扩大分子和控制分母两个方向着手才能见效。所谓扩大分子即增加资本，这对提升资本充足率具有立竿见影的效果，但无论是减少股权分红也好，还是增资扩股也好，这些办法要成为长期适用、反复使用的增资途径是有难度的。而所谓控制分母即减缓银行风险资产规模的扩张，在我国当前仍以间接融资为主的金融格局下，也不是一件易事。

我国几大银行上市以来的现金分红比例虽然不尽一致，但除个别银行外，基本都在50%上下。为了保持适当的资本充足率，2009年普遍调整为约45%的水平。这个现金分红比例再下调的空间虽然还有，但已不大。一则是股东们的即期回报要求需要满足，这一点在我国银行业的股权结构下尤为重要；二则作为已在境内外上市的银行来说，市场的压力有时甚至比来自大股东的压力要更为强大，股权分红比例过低将直接影响市场形象。从国际同业比较来看，2001—2007年，国际上的大银行例如汇丰、花旗、JP摩根、美国银行、富国银行、苏格兰皇家银行、UBS 以及渣打银行的平均分红比例分别为 61%、67%、80%、49.3%、43.25%、50.6%、37.4% 和 52.3%。即使在这轮危机中亏损的年度，也有一些银行，例如花旗、富国银行等以分红比例上一年度已经确认为由，仍然进行了"分红"。适当控制分红以增加留成固然是银行充实资本的一个重要渠道，但仅靠银行的内生性资源积累来满足其长期发展的需要是有一定压力的。

至于增资扩股，对于我国的上市公司来说，这历来是一个十分敏感的话题。加之相对于我国上市银行的体量而言，市场尤其是 A 股市场显得容量有限。可以粗略地作一测算，即使撇开中小型上市银行不谈，仅按工、中、建、交在现有基础上每年贷款平均增幅 15%（2009 年四行贷款分别增加 25%、49%、22% 和 38%），风险权重贷款增加约占贷款增加额的 85% 计（2006—2009 年，工、中、建、交四行年平均该数据分别为 84.3%、82.4%、85.4% 和 87.1%），四大行在今后 5 年内风险权重贷款将增加 15 万亿元。而按监管部门的不低于 11.5% 的资本充足率要求，5 年则共需增加资本占用 1.73 万亿元。再以工、中、建、交 2009 年净利润 3 500 余亿为基础，今后 5 年平均增长 12% 计，5 年内可实现净利润 25 000 亿元，如按 50% 利润留成作为内生性资本补充，则 5 年内共计还有资本缺口约 4 800 亿元。而且这还仅仅是测算了贷款增长所带来的资本占用因素，如果进一步考虑市场风险和操作风险（前者目前在计算资本充足率时只作了一个简单的计入，后者目前则尚未计算在内）的因素，其资本占用还将进一步增加。若再加上资本定义日渐趋严的因素，银行资本缺口将更为显著。由此可见，解决这一问题仅靠向资本市场融资，其难度显然是存在的。

再来看我国银行业有无可能通过削减贷款的投放，控制住风险权重资产（资本充足率计算公式中的分母项）增加的问题。从我国目前所处的发展阶段看，我国宏观经济有必要保持 8% 左右的增长速度，这就必然需要相应的资金投入。而我国金融体系目前的一个重要特点就是以间接融资为主，直接融资规模仍然有限（近年来直接融资规模约为企业融资总额的 20%），直接融资在短时间内尚无法成为企业的主要融资手段。银行信贷投放在一定程度上仍然是国民经济增长和社会发展的重要支撑手段。这倒不是说直到目前为止，我国银行还无法从自身经营管理的需要出发决定自身信贷投放的总量，而是说从经济决定金融的角度看，银行需要保持对国民经济增长的足够支持力度。因此如何在为实体经济发展提供充足资金支持的同时，控制好自身的风险，将资本充足率水平始终稳定在监管标准之上，是我国银行较其他国家的银行更为艰巨的任务。

综上所述，在既要面对日益强化的资本监管要求，又要年复一年地保持信贷投放的必要总量的情况下，我国银行必须努力走出一条总资产规模不无限扩大，但经营发展能力却可持续增长的新路子。也就是资本不需要无限补充，但却可持续发展的新路子。鉴于此，很重要的一点就是，银行贷款必须具有流动性，银行要能够通过转让贷款有效控制规模。现在我们放出贷款后，不管期限是 3 年、5 年，还是 10 年甚至 20 年，银行基本上一直是要持有到期的。这就使得银行总贷款规模、总资产规模不断快速扩大，从而导致银行所需资本金的不断增加。允许银行通过资产证券化，将贷款标准化、等份化后转让给投资者是解决这个问题的一个有效方式。对中国金融市场而言，这是一个比较新的事物，而对一些金融市场发达的国家而言，这已经有了几十年的历史。20 世纪 70 年代初，美国资产证券化资产占金融业资产的比例仅为 5% 左右；而截至 2009 年年底，证券化资产已达 12 万亿美元左右，与银行 16 万亿美元的资产规模已大体相当。因此可以说 20 世纪 70 年代后，美国基本经历了一个以证券化资产逐渐替代银行业资产的过程。例如，美国某大银行在 2003—2006 年间贷款年平均增长超过 13%，净利润平均增长达 19%，分红比例平均为 45%，且没有进行过外部融资，其资本充足率始终保持在 11.5%—12.5% 之间。该银行之所以能够在这样的发展格局下实现资本充足率的基本稳定，一个重要原因就是该银行在这些年内将资产不断地进行证券化。4 年内该银行发行了近 1 500 亿美元的资产证券化产品，这还不包括它出售给"两房"的住房抵押贷款，而 2003—2007 年该银行年均风险资产总额约为 4 000 亿美元。由此可见，如果不借助资产证券化手段，该银行的资本充足率要持续达标是十分困难的。

在我国，从 2001 年华融资产管理公司尝试以私募方式进行不良贷款证券化开始，到 2005 年在中国人民银行和银监会的支持下银行间市场正式推出信贷资产证券化产品，我国在近 10 年时间内共发行过一般企业贷款、个人住房抵押贷款、不良贷款、汽车租赁贷款、中小企业贷款等 17 期信贷资产证券化产品。尽管我国金融市场并未因此产生新的风险，而参与实际操作的商业银行也切实体会到了资产证券化所带来的释放资本和调整资产结构的作用，但随着 2008 年 11 月最后一个信贷资产证券化试点项目发行的结束，我国信贷资产证券化的进程就停了下来。究其原因，主要是人们发现这场来势凶猛席卷全球的金融危机似乎与资产证券化有关。有人认为，次贷危机就是因为住房贷款证券化引起的；不少人认为，正是由于贷款可以通过证券化卖出去，所以银行有意无意地降低了放贷标准；也有人认为，由于证券化资产是若干笔资产打包后再进行等分的，其基础资产的质量不仅投资者无法判断，就连中介评级机构也是难以准确识别的；还有人认为，由于资产证券化产品可以不断交易，这就扩大了市场风险等。

对此，我的看法有两点：一是贷款证券化业务必须开展，否则由于资本的刚性约束，银行将无法实现真正的可持续经营，更不用说可持续发展了。事实上，次贷危机发生后，尽管美国资产证券化发行总量的确有了较大幅度下降，但美国一些单级证券化产品在 2008 年后还一直在发行。据统计，在美国，2008 年和 2009 年包括汽车贷款、信用卡贷款、住房贷款、设备贷款和学生贷款等资产类型在内的资产证券化产品的发行量仍分别达 1 395 亿美元和 1 509 亿美元，2010 年前两个月也已有 185 亿美元的发行。可见，即使在金融危机下，作为一个常规的金融工具，资产证券化仍然具有很强的生命力。我们应该从这一现象中得到启示。二是我们必须精心设计适合我国金融发展水平的资产证券化产品及其制度框架，以切实防控这一类产品的推出所可能带来的各种风险。这需要我们有一些创新性的思路，包括对国际上通行的有关资产证券化业务监管思路的调整和改变。

现在，一定要保持我国银行业资本充足率稳定在一个较高水平上，对这一点大家不会有不同的认识。但要允许银行通过贷款证券化来稳定资本充足率，人们感觉有不确定性，感到其中风险不小。我认为只要坚持好两条原则，总体风险就是可控的。这两条原则就是既要有助于银行资产规模的瘦身，又不至于增加全社会的金融风险；既要坚持各类证券投资者风险自担的市场化规则，又要防止银行由于贷款可转让而滋生放松贷款审查管理的道德风险。为实现这两条原则，要特别注意以下两点：

一是贷款证券化产品的结构应该简单明了。目前暂不要推出任何贷款证券化的合成衍生产品。2005—2008 年，我国一些商业银行所做的资产证券化试点就是一种简单的证券化产品。这类产品的主要风险就是源自证券的基础贷款资产的信用违约风险，从理论上讲，贷款的风险总额不会因为证券化转换后而发生放大。证券化产品到期后，银行与证券持有人的市场风险损失加上信用风险损失的总和应该不大于贷款原有的损失。因此，可以认为简单的证券化产品只能转移风险、重新分摊损失，而不会放大风险、放大损失。只有在发生"衍生反应"或"链式反应"时，才会进一步放大风险和损失。所谓"衍生反应""链式反应"，是指单级证券化产品成为其他更复杂的复合产品的一部分，那样的话，证券化产品的损失有可能通过复合产品引致市场上更大的损失。一个简单的例子就是证券化产品作为另一笔贷款的抵押品，而证券化产品的基础贷款又与复合产品的贷款具有较高的相关性，证券化产品价值的下降就有可能导致不同贷款违约风险的相互交合，从而引发更大的损失。还有就是将不同的证券化产品进一步组合进行再证券化，所谓担保债务凭证 CDO，甚至 CDO^2 就是比较典型的例了。再证券化、多次证券化带来的最大问题就是使得投资者、中介机构甚至证券发行人自身对证券基础资产的质量都难以准确判断，这显然不利于市场各方以及监管机构对相关证券化产品风险的识别和计量。但如果只开展单级资产证券化业务，其风险特性与普通的贷款和证券没有本质的区别，其风险应该是可控的。

二是信贷资产证券化的相关会计政策应予调整，否则不利于防控贷款证券化过程中的道德风险。关于资产证券化的会计处理，国际会计准则理事会和美国财务会计准则委员会分别在《金融工具确认和计量》（IAS39）和《金融资产的转让与服务以及债务消除的会计处理》（SFAS140）中都有相关规定，总的要求就是，要"通过风险报酬是否全部转移来判断证券化资产可否终止确认"，即只有基础资产的风险和收益全部出售了才可以从发起人的资产负债表上将证券化了的基础资产剥离至表外。2005 年，为配合信贷资产证券化试点工作，我国也制定了《信贷资产证券化试点会计处理规定》，其中也提出"发起人已将信贷资产所有权上几乎所有（通常指95%或以上）的风险和报酬转移时"，"发起人放弃了对该信贷资产控制"时，"应当终止确认该信贷资产"。这些规定的出发点都是为了通过"真实销售"，一方面使得放入证券化资产池的基础资产不受发起人的债权人的任何追索，极端地说，即使一家银行破产了，它通过资产证券化已售出的贷款的收益和风险已全部归特殊目的实体（SPV），银行的债权人不能再向SPV追索，这进而就可以保证证券投资人的权益；另一方面也使得任何投资者在购买资产支持证券后，无论遭到多大的损失，也不能向基础资产原先的持有银行主张任何权利。这就是资产证券化过程中所谓的"破产隔离"原理。无论"真实销售"原则也好，还是"破产隔离"原理也好，其初衷无疑都是正确的。若没有这两个原则，就无法真正厘清任何资产支持证券的交易前后手的权利和义务，都可能陷入无休止的相互纷争或诉讼，资产支持证券在市场上就不可能有生命力。但如果把这一原理简单化，无疑也是有问题的。在这一轮金融危机爆发后，资产证券化业务经常被诟病的一点就是，银行因为可以通过贷款证券化将有关贷款的风险全部转移出去，而有意无意地放松了贷款管理，降低了贷款门槛，最终导致了风险的积聚和爆发。我国在2008年停止银行贷款证券化的试点，想必也正是因为担心这一点。

其实，证券化的资产出售后究竟有没有大的风险，关键是看资产未来的现金流收入能否足额偿付证券化债券的本息。如果把对投资者公开发行的债券本息额控制在资产可预期的现金流总额内，那么从理论上讲这个债券风险就是不大的。债券本息总额占可收回的现金流总额的比率越小，风险就越小。一笔贷款也好，一个贷款包也好，在标准化、等分化的过程中应该将其分为不同的几个层级，不同层级间的风险和收益率不一样。现在的会计处理规定等于是提倡甚至强制要求证券化基础资产的出售人必须把打包的资产进行证券化后全部卖出去，最多只能允许持有一小部分（比如不超过 5%），这实质是让资产出售者把风险全部转移了（当然同时也把收益全部转移了）。正如前面所述，这样做的出发点是"真实销售"和"破产隔离"，有其合理性。但我认为中国在推行资产证券化的初期，应该明确规定，向投资者发行的证券数量与资产的账面价值必须有合理的比例关系。即应该规定出售贷款的银行必须持有部分风险级别相对较高的与原有贷款相关的债券。只要会计上处理恰当，这与"破产隔离"和"真实销售"原则并不冲突，还可以使得在市场上发行和流通的债券的风险处于较低的状态。相应地，当然也应该规定银行持有的这部分债券必须纳入债券投资科目核算，不得作出表处理，其风险权重也应该作必要的调高。而要这样做就需要对会计准则的有关规定作一些调整。例如将我国《信贷资产证券化试点会计处理规定》中关于发起的银行自己所持有的高收益证券（即整个资产包回收现金流的最后分配部分，也就是最高风险的那一部分证券）不得超过 5%，否则整个资产包就不能出表的规定作一个反向的调整，即改变为"银行所持有的最后参与分配的部分，不得少于贷款面值的 5%，一般不超过 10%"。甚至还可以根据不同银行的管理水准和不同资产包的质量确定更高的比例，否则证券就不得发行。这实际上是强制银行对有关证券进行了信用增级；而且由于银行投资的是收益权靠后的高收益（高风险）证券，其风险权重必然高于贷款平均风险权重，所以一个资产包中只要银行持有的部分超过一定比例，就无法达到其降低资本占用的目的。这就能够有效防止银行故意将不良资产集中起来，以账面价值向投资者转让（当然如以合理低于账面价值销售应该是允许的。这本身就是处置不良资产的一种方式）。但需要注意的是，在坚决防控银行道德风险，确保投资者合法权益的过程中，也不应该让任何人形成一种错误预期，即投资于银行贷款支持证券是没有风险的，任何风险都应由银行承担。如果那样的话，就不是真正的投资行为了。

总之，我们要充分认识到保持银行业资本充足率稳定在一个合理水平上的必要性和重要性，要以更开阔的视野来审视解决这一问题的各种方法和途径。推行贷款证券化不失为一个选择，这既关系到我国银行业的未来，更关系到国民经济发展的未来。

金融租赁的实质究竟是什么 [*]

在本文中，我撇开了所谓"金融租赁"和"融资租赁"的区别（实际上在英语中都是 Financial Lease，并无不同，只是在我国由于监管体系、财税政策等原因，才使两者之间似乎有了差异），我在本文中着重谈的是企业信用和资产信用、租赁业务和传统信贷业务的联系与区别。我认为，只有对此有了足够的认识和理解，中国的金融租赁业务或是融资租赁业务尤其是银行系的租赁业务才能够避免简单地成为扩张信贷总量的又一个渠道。金融租赁业务的发展固然会增加社会信用总量，但我认为发展金融租赁业务更是为了发挥它不同于银行信贷业务的独特价值和优势。

——作者注

---

[*] 本文是 2010 年 5 月 5 日我在天津参加第一届中国金融租赁高峰论坛时的一个发言记录稿。

工银租赁成立的 5 周年，是我国金融租赁行业迅猛发展的 5 周年，在这 5 年里，整个行业取得了令人瞩目的成绩，而且保持了良好的发展势头。我们要深刻认识金融租赁业的作用和价值，敢于承担银行系金融租赁公司的使命与责任，把握历史机遇，推动整个行业持续稳健发展。

一、金融租赁的独特价值和优势

在相当长的时间里，我国对金融租赁在社会经济发展中的作用和价值缺乏足够认识。金融租赁产生于 20 世纪 50 年代，至今已有 60 余年的发展历史，这么多年中始终保持着较快的发展势头，特别是在美国、英国和德国等西方发达国家，金融租赁已成为继信贷、资本市场之后的第三大融资工具，在经济生活中发挥着十分重要的作用。为什么金融租赁会有这么强的生命力，因为它具有传统金融工具所不具备的一些独特价值和优势。

首先，金融租赁为企业创造了一种新的融资方式。金融租赁的出现，摆脱了以往简单地注重企业信用的传统金融理念，将企业的部分营运资产独立出来，着眼于这些资产本身的投资和运营，从而产生了"资产信用"这一新型理念和一系列新型的技术工具。这就为企业增加了投融资的能力，同时也扩大了金融服务范围，使一些新兴企业或中小客户可以享受到一种特殊的融资服务，获得发展的机会。

其次，金融租赁为企业提供了深层次的金融服务。以往金融机构与企业的合作，主要以资金交易为载体，双方有着明确的边界，难以互相渗透。金融租赁却是以租赁物为载体，相比银行传统的信贷业务，租赁业务更有可能深入到产业研发、制造、销售的全过程，更有利于银行为企业客户提供商业机会，降低交易成本。例如在国外飞机、船舶、工程机械等行业，金融租赁已成为制造商的主要销售途径，在为生产制造企业的生产销售提供支持的同时，也将为下游客户的设备采购提供服务。

再次，金融租赁细化了社会分工。现代经济的发展就是社会分工不断深化的过程。现代公司组织的出现，使企业股权的所有权与经营权实现了分离；而金融租赁的出现，又使得企业资产的所有权与使用权出现了分离。例如，在全球航空业，约有60%以上的飞机采用了租赁方式，甚至出现了没有自己飞机的航空公司；在国外航运业，随着船舶租赁的发展，使得以往"船东"的角色裂变为船舶投资人、船舶管理人和船舶经营人等多种角色，促进了专业化分工。这无疑有助于各类企业核心竞争力的培育和社会生产力水平的提高。

此外，金融租赁直接支持了实体经济发展。作为现代经济的核心，金融要想更好地服务实体经济，就要提供足够的金融产品，并确保其可以积极有效地作用于实体经济。金融租赁正是一种具有融资与融物双重特性的金融产品，它以融物代替融资，从而保证资金直接进入实体经济，同时还减少了派生的货币供给，有利于避免引起通货膨胀，这一点正是保持社会经济正常运行与健康发展所需要的。

在我国发展金融租赁，除了上述一般性意义和作用之外，还具备一些特殊的价值。

首先，发展金融租赁是经济结构调整的需要。当前我国经济发展的主要问题是深层次的结构性矛盾。发展金融租赁业务，一方面，可以改变我国经济发展对间接融资过度依赖的局面，促进社会投融资结构的调整；另一方面，也可以发挥租赁这一以物为载体的新型资本流动方式的作用，平衡经济周期波动过程中的供需矛盾，促进行业结构、区域结构和城乡结构的调整。

其次，发展金融租赁是民族产业振兴的需要。例如我国民航业中约有65%的飞机以租赁方式引进，其中绝大多数来自于国外租赁公司。发展我国民族飞机租赁业，不仅可以摆脱对国外租赁公司的依赖，促进航空公司运力的健康发展，还可以支持国产大飞机的研制、生产和销售，从而进一步增强我国航空业的自主权。再比如2011年，我国工业增加值已达22.05万亿元，成为全球制造中心，但也存在进一步发展的融资瓶颈。如果仍采取传统方式，一味增加信贷规模，不仅会加大融资企业的财务压力，增加供货企业的库存和应收账款，也会增加我国商业银行业的信贷风险。采用融资租赁的方式，可以提高对企业产品销售的金融支持，促进企业良性发展，同时也降低了融资风险。

再次，发展金融租赁是支持中小企业发展的需要。在我国，中小企业是支持社会经济的重要力量，也是维护社会稳定的基础力量。但是，中小企业融资难却是一个老问题，多年来难以得到妥善解决，其中一个重要原因就是缺乏适合我国国情、符合中小企业特点的金融产品。金融租赁可以为破解这个难题找到一个途径，利用租赁基于"资产信用"的理念和方式，通过对租赁资产的所有权控制，可以克服中小企业信用风险"难识别、难控制、难防范"的障碍。我国中小企业平均寿命较短，在传统的信贷模式下，融资期限错配，极易形成风险。而利用租赁，可以在一家企业退出市场时，将租赁物转租给其他企业，从而有效防控融资风险。

二、我国银行系金融租赁公司成绩显著

2007 年 3 月，银监会颁布了修订的《金融租赁公司管理办法》，允许商业银行试点设立金融租赁公司，之后在监管部门的指导、帮助和支持下，以工银租赁为代表的金融租赁公司，面对复杂的国内外宏观经济形势，持续稳健经营，取得了显著成绩。

从对经济发展的贡献看，近几年，金融租赁公司，特别是银行系金融租赁公司，充分发挥融资租赁的融资与融物相结合，以融物实现融资的产品特性，深入结合产业链，有效连接市场各方。一方面，在解决企业自身发展资金需求的同时，对其产品销售提供金融支持，促进制造企业持续发展；另一方面，通过投资带动消费，缓解经济周期波动过程中的供需矛盾，积极推动重大项目建设，调整优化产业与投资结构，取得了显著成果。

从对商业银行发展的贡献看，以工银租赁为例，除对工商银行的财务贡献外，工银租赁还在增强市场竞争力、稳定优质客户、增强对客户的服务能力、促进产品创新等方面，发挥了重要作用。同时，还发挥了金融租赁的物权控制优势，降低了业务风险，促进了银行业务结构的优化，带动了清算汇划、投资银行、私人银行等业务的发展。此外，工银租赁还在业务协同、资源共享、绩效考核等更多领域为工商银行稳步推进综合化经营，作出了许多有益尝试。

实践证明，商业银行设立金融租赁公司，不仅把银行稳健经营的企业文化引入了租赁业，有利于我国租赁业的持续健康发展，同时，通过租赁业

务的发展，也对商业银行综合化经营产生了积极的推动作用。

三、把握好行业的新起点、新机遇、新发展

经过近 5 年的发展，我国金融租赁行业有了很大改观，整体实力不断增强，正处于一个新的发展起点。从金融租赁公司看，特别是银行系金融租赁公司，要进一步实现健康、快速发展，关键是要处理好以下几个问题。

首先，充分发挥租赁的特点和功能。租赁与信贷及其他一些金融业务有相似点，但也有其独特的价值和作用。如果把租赁业务作为"类信贷"业务经营，简单套用信贷的做法，或仅仅是把租赁作为信贷的补充，就会偏离正确方向。如何把握好租赁的特点？我认为重点要从资产的投资、管理和运营的角度做文章，而不能习惯性地从企业信用融资的角度出发，因为这是租赁区别于信贷的最主要特点，从这样一个大思路出发，我们就会不断孕育和完善一种更适合租赁特点的新的经营思路和管理体系。

其次，始终坚持"有所为、有所不为"。金融租赁是与产业密切结合并高度相关的，要办好金融租赁必须对产业有更深刻的了解和把握。银行系租赁公司对金融领域比较熟悉，但对产业领域并非非常清楚。从历史上银行涉足新业务领域的教训看，我国当前的金融租赁业仍处于探索阶段，最容易犯的错误就是"遍地开花""无所不为"。因此，要始终坚持专业化的发展路子，不要搞散了，搞宽了，对重点行业，要先掌握，逐步涉足，进而做精、做强。

再次，合理把握与母行的协同。银行办租赁，不只是着眼于租赁公司

的财务贡献，更关注租赁对母行其他业务的带动作用。同时，还要建立好母子公司间的"防火墙"，避免风险的相互蔓延。这就需要母子公司之间有一种合理的、正常的、有效的协同机制，更好地形成发展合力，并且避免母行对子公司的不正常干预，确保其独立的治理结构，支持和帮助其按照租赁行业的规律去经营和发展。

最后，还要稳步改善政策环境。金融租赁是金融、产业和贸易的结合，具有很强的跨行业特点，因而面临着增值税、产业许可、产权登记等一系列政策问题。同时，它又是货物流与资金流的凝结，两者都是全球流动的，因而又存在关税、进口环节增值税、出口退税及外汇管理等一系列政策问题。现在谈政策问题，不是说要争取更多的"优惠政策"或"鼓励政策"，而是要有合理的政策、符合国际惯例的政策。只有这样才能真正发挥好金融租赁行业的作用和价值，使得经济和社会发展更多地从中受益，也确保它能沿着正确的轨道前进。

我国金融租赁业正站在新的起点，面临新的机遇，进入新的发展时期，我衷心希望社会各界的朋友们继续关心、支持租赁行业的发展，为提升金融租赁公司的竞争力，振兴我国民族租赁业，共同携手努力！

完善小微企业认定标准
将支持小微企业政策落到实处[*]

> 近些年来，小微企业发展受到了重视和关注，有关部门也制定了大、中、小及微型企业统计的口径。但我一直认为，有关企业分类划定的标准不够合理，这将在一定程度上影响各方面准确掌握小微企业贷款增减的真实情况，并进而影响有关宏观调控政策的有效贯彻。
>
> ——作者注

现在大家对支持小型微型企业（以下简称小微企业）的发展都很重视，各方面出台的一些政策措施正在逐步显现效果。银行近年来也都加大了信贷结构调整的力度，努力增加了对小微企业的信贷投放量。2011 年工商银行新增小微企业贷款 2 240 亿元，贷款余额达到 6 860 亿元，增幅达 49%，高出全行贷款平均增幅 35 个百分点。如果把对个体工商户和私营企业主的贷

---

* 本文是 2012 年 3 月 8 日我在全国政协十一届五次会议经济、农业界别联组会上的发言。

款也都计算在内，2011 年工商银行小微企业贷款新增 3 035 亿元，余额达到 9 500 亿元。这是工商银行历史上对小微企业贷款增加最多、支持力度最大的一年。与此同时，工商银行目前小微企业贷款质量也是良好的，不良率仅为 0.66%。这些年来，支持小微企业发展的实践使我们更加深刻地认识到，小企业有大天地，银行支持小微企业发展既是服务经济工作大局的需要，也是实现自身可持续发展的战略举措，在服务小微企业发展中，大银行应该有也可以有大作为。

但是，在支持小微企业发展中，我们也遇到了一个具体问题，这就是如何准确把握小微企业认定标准的问题。目前有关部门制定的关于大、中、小及微型企业统计的口径是根据不同的产业分类，以企业从业人员、资产总额或营业收入作为划分大中小微企业类型的依据。上述指标中，只要有一项低于所设置的指标下限，就认定是小微企业。

根据工商银行的统计测算，如按上述口径计算，工商银行 2011 年年末小微企业包括个体工商户和私营企业主的贷款余额将从工商银行统计的 9 500 亿元大幅增加到 16 300 亿元。这似乎是一件好事，但其中有些问题需要认真研究。例如，目前一些地方政府融资平台、房地产开发企业以及不少项目公司的资产规模、融资余额很大，但一是这些公司一般人员较少；二是由于处于项目建设期，这些企业有的营业收入目前还很低，而按有关统计口径，这些企业也都可划入小企业范围。比如，有的房地产开发公司总资产达几十亿元，仅在工商银行的贷款就有近十亿元，但由于项目仍处于开发建设期，当年营业收入很少，因此它也要列入小企业范围。还有的地方政府融资平台，总资产可能高达几百亿元，在工商银行的贷款余额有几十亿元，当年营业收入也不少，可能达十几亿元，但由于职工人数仅有几十人，也被划为小型企业。据统计，按这一标准，仅在工商银行就有类似这些情况的 263 户、328 亿元的房地产企业贷款，837 户、3 984 亿元的融资平台贷款被划为小企业贷款。

不是说银行对上述房地产企业和地方政府平台公司就不能够、不应该给以必要的支持，事实上我们也给了它们一些融资，但将它们也认定是小企业显然不够合理。这一划型结果与通常的小微企业概念存在很大差异，会影响国家支持小微企业发展政策的落实效果，影响各方面准确掌握小企业贷款增减的真实情况，也影响银行对宏观调控政策的贯彻。

我们认为，近年国家出台了很多对小微企业的扶持政策，鼓励银行大力发展小微企业贷款，主要对象不应该指的是上述这些企业和项目。

因此，建议国家有关部门本着准确传导国家扶持小微企业发展政策的原则，进一步明确小微企业金融信贷扶持政策的适用对象。如企业的划型口径一时不便作调整，也应从大口径的所谓小微企业贷款总额中剔除前述领域的贷款，并据此对银行支持小微企业的情况进行统计、监测和评价。这有利于进一步明晰小微企业信贷政策扶持方向，真实反映、正确引导和有效激励银行做好支持小微企业的信贷工作，使真正需要扶持的小微企业能够享受到国家的优惠财税政策和金融政策的特殊支持。这也有利于正确引导社会舆论，形成全社会共同支持小微企业发展的良好环境。

我国应警惕金融创新不足
可能引致的风险 *

对于本世纪以来的这场全球金融危机，当时一种较为普遍的看法是金融创新过度所引致。这固然有其道理，但我认为中国的金融市场情况与美国等国家有很多不同之处，不能简单地采用西方国家为应对此次危机而采取的一些措施，我们还是要注意加快金融创新。这篇讲话是在全国政协会议上的大会发言，受发言时间所限，现在看来有些事情讲得似乎还不够透彻，但我的主要观点也算是表达清楚了。

——作者注

这次国际金融危机使我们清醒地认识到，那种过度的、脱离实体经济运行需求的金融创新，以及缺乏有效监管的金融创新将会带来严重后果，认识到这一点无疑是十分重要的。同时，我们也必须注意到，创新是金融发展

---

* 本文是 2012 年 3 月 9 日我在全国政协十一届五次会议第二次全体会议上的发言。

的重要推动力量，作为一个发展中国家和新兴经济体，我国金融市场无论是其广度还是深度都还发育得不够。例如，至今为止，我国融资结构仍然是以间接融资为主，直接融资为辅，这是我国与西方发达国家，特别是美国经济金融运行的一个很大区别。因此我国简单采用西方国家为应对此次金融危机而采取的一些措施，放慢金融创新的步子，也有可能带来始料不及的风险。

在当前实体经济运行中，尤其是小微企业生产中反映突出的一个问题是融资困难，它们都希望能获得更多的资金支持，而与此同时，银行也感到压力很大，难以满足企业的一些需求。之所以存在这个问题，原因固然是多方面的，但我国金融市场创新不够，企业的融资渠道过于单一，无疑是一个重要的原因。

2011年，我国各类金融机构的贷款占社会融资规模的比例高达75%左右，同期企业债券和股票融资占比只有14%，直接融资与间接融资结构比例失衡的问题十分明显。同时，有些融资表面看上去似乎是直接融资活动，例如企业发行中期票据、短期融资券，这些都统计在直接融资活动中，但这其中超过一半又是由商业银行投资和持有的，实际上也是一种间接融资。各类企业生产运行主要依赖于银行贷款投放支持，从一个侧面反映了我国的金融创新不足，资本市场发育水平不高，企业融资工具还太少。如果我们不加快创新，不设法推出更多的融资和投资工具，不仅越来越难以适应实体经济发展中日益多元化的金融服务需求，而且也使大量的信用风险不断向银行体系聚积，这种状况是不合理的，长此下去是有风险的，不仅不利于银行的稳健经营，更会影响到整个经济的可持续发展。

目前我国银行体系人民币贷款总量已达55万亿元，而且从我国目前所处的发展阶段看，今后一个时期我国经济仍需要保持较快的增长速度，这必然要求银行继续保持相应的贷款资金投入。但值得注意的是，由于金融创新不足，缺乏贷款二级市场，无论是贷款证券化市场还是贷款直接转让市场都还没有形成，造成了我国银行的贷款资产是缺乏流动性的、是无法交易的。银行贷款发放出去之后，只能在手中一直持有至到期，这就意味着银行贷款余额每年必然要以一个相当的速度递增，但银行贷款总额的增长是有极限的，它不仅要受到银行自身管理能力的制约，更重要的是还要受到银行资本多少的刚性约束。尤其是这次国际金融危机爆发以来，提高银行资本充足水平更是成为加强金融监管的主要课题。如何既能持续满足资本监管要求，又能不断为实体经济发展提供必要的资金支持，是我国银行业面临的一个严峻挑战。

我国资本市场扩容能力受到市场发育水平的制约，而我国上市银行的体量又非常之大，这就决定了我国上市银行单纯在资本市场上通过增资扩股，以保持自身资本充足水平不低于监管标准，并不是一件容易的事情。在这样的情况下，要提升银行支持实体经济运行的能力，就必须加大金融创新力度，想方设法使银行走出一条资产规模不无限扩大但能对实体经济运行具有持续支撑能力的新路子。

因此，我们建议，一是要积极拓宽企业的直接融资渠道。下决心解决企业发债由多个部门多头审批，多头监管的实际问题，扩大公司债券的发行规模。二是要允许银行贷款实行证券化。要通过证券化让银行贷款可以转让，可以交易，从而解决依赖银行的资产总量无限增长的传统发展方式，进而提升具有可持续的信贷投放能力，至于其中可能存在的一些风险是可以通过技术设计加以防控的。

总之，在吸取国际金融危机教训，切实加强对金融创新活动的监管，有效防范滥用金融创新这一概念可能带来的风险的同时，也要防止因噎废食，坚持市场化的改革取向不动摇，高度警惕停止创新、延缓创新所可能带来的风险。这不仅是我国银行业保持和巩固这些年来之不易的良好发展势头的需要，更是我国实体经济可持续发展的需要。

勿把实体经济和金融业对立起来 [*]

何谓实体经济，其实至今并无一个权威而又准确的定义，但在我国，近几年来存在着一种特殊语境，人们似乎已经习惯把金融业包括银行业与实体经济看成为两个相对应乃至相对立的领域，并进而提出了金融业要努力支持实体经济发展的要求。毋庸讳言的是，这其中蕴含着希望我国银行业更多更快增加信贷供给的意思。我认为这不仅在理论上存在着一定的逻辑问题，更重要的是，这种认识不利于建立健康的银企关系，不利于防控金融风险，也不利于经济的持续稳定发展。当然，由于关于银行业要支持实体经济的发展不仅是一个约定俗成的说法，而且已成为一种政策精神，所以在写此文时，总觉得有点力不从心，难以深入透彻地分析。

——作者注

---

* 本文发表于 2013 年 1 月第 3 期的财新《新世纪》周刊。

2008 年的国际金融危机爆发以来，一些西方国家特别是美国关于要重视实体经济的呼声多了起来。

之所以出现这种情况，主要是因为此前美国金融市场上衍生品交易量过大，一些金融衍生品层次过多，结构过于复杂，与实体经济运行的关联度越来越模糊。而监管部门、金融机构和众多投资者对这些金融交易活动的内容及其风险大多又是不甚了了，或者说是只知其然，而未去深究其所以然。

在这样的情况下，这些国家提出金融活动要更多地回归实体经济，要避免过度投机以控制风险是有道理的。当然，如果把这次金融危机的缘由全部归之于所谓的虚拟经济活动，未必找准了病因。一些国家社会制度的不合理，一些国家经济结构乃至全球经济结构的不平衡，一些国家货币政策的不正确，以及国际货币体系的不完善可能是导致危机的更深层次问题。

值得注意的是，在现阶段，究竟应该如何正确分析中国金融活动的性质，如何正确看待中国实体经济和金融行业的关系，这是一个十分重要的问题。有些专家学者认为，金融业、银行业属于虚拟经济，是与实体经济相对立的。笔者认为这种看法有失偏颇，在理论上站不住，与实际也不相符。

尽管对什么是实体经济至今并没有一个权威的、标准的定义，但有人关于"生产商品和提供服务的经济活动是实体经济"的提法，比那些认为"实体经济一定要有物质性投入和物质性产出"的说法更加合理。

这里姑且不去讨论教育、文化、艺术、体育等精神层面的一些生产、服务和消费活动是否属于实体经济，应不应该加快发展（笔者认为应该属于，也应该加快发展），仅就金融业而言，它是第三产业中的重要门类，它本身就是社会经济生活的实际组成部分。随着人类社会化大生产和专业化分工的进程，金融业一方面从生产部门中逐步分离出来，另一方面又渗透到物质产品、精神产品生产、分配、交换、消费的全过程中。没有金融业，人类的生产、消费只能处于物物交换的原始状态，社会化大生产将无法进行。邓小平同志提出的"金融是现代经济的核心"的重要思想，正是对金融业与实体经济关系的精辟概括。

有人对党的十八大报告提出的关于要"深化金融体制改革，健全促进宏观经济稳定、支持实体经济发展的现代金融体系"的要求理解得不全面，不透彻，简单地认为，既然要求金融要"支持实体经济发展"，那说明金融本身就不属于实体经济。

我想问的是，那前半句话中金融要"促进宏观经济稳定"，难道金融运行就不是宏观经济运行的一部分了？可以用一个最简单的例子来说明这一逻辑关系。装备制造业是实体经济的一部分，我们提出要不断发展新型材料，以支持装备制造业的发展，难道因为这一点，新型材料的研发、生产就不属于实体经济了？这显然是说不通的。

实际上，作为实体经济的重要组成部分，中国的金融业在服务和支持实体经济发展方面发挥了重要的作用。

仅以银行业为例，从 1979 年至 2011 年的 33 年间，中国银行业信贷余额从 2 040 亿元增加到 54.8 万亿元，占 GDP 的比重从 1979 年的 50.2% 提高到 2011 年的 116%。当然，经济增长过度依靠银行信贷是否健康，这种模式是否可持续，是需要认真研究的另一个问题。但总体来看，33 年间中国银行信贷余额每增加 1 个百分点，就推动了 GDP 总量增长 0.9 个百分点。这些数据充分说明了"百业兴则金融兴，银行稳则百业稳"的道理，同时佐证了金融业与实体经济是血液、肌肉和骨骼的关系，它们之间不仅谁也离不了谁，还共同成为社会发展和国民经济生活的有机组成部分。

金融业是否属于实体经济，还需提及的一个问题是，发展金融衍生品是不是就是在搞虚拟经济？

这些年来，在西方金融市场发达的国家，出现了很多以不确定性为交易对象的金融衍生品，其中比较典型的就是以违约的可能性为交易对象的金融产品。应该说，其中有些衍生产品应用得好是具有风险对冲功能的，例如利率、汇率调期互换的一些产品，这些产品不应该也不可能消失。

事实上，自这轮金融危机爆发以来，这些产品的交易活动在美国等西方发达国家并没有减少很多。但有的产品，特别是以衍生品为基础的一些再衍生品，例如 CDO 的平方，甚至 CDO 的立方，确实带来不少问题，这些产品在相当程度上已经游离于实体经济之外，将它们冠之以"虚拟经济"是恰当的。

现在，中国的金融市场还不太发达，目前基本上没有这些基于衍生产品的再衍生品。

当前我们所要做的应该是，一方面，要深入研究这些产品可能带来的风险，吸取其他国家的教训，不应该也没必要去搞那些结构过于复杂，连发行机构自己都难以说清楚的产品，那对实体经济的发展没有什么积极意义；另一方面，要坚定不移地深化金融改革，推动金融创新，要认识到中国的金融市场还需要更多的金融产品，中国的实体经济还需要更多的金融服务，中国的投资者还需要更多的投资工具。

延缓金融创新和金融改革不利于防范金融风险，金融工具少了也不利于实体经济的发展。不要把西方在这一轮金融危机中的一些应急反应看作是常态，他们的一些说法我们不一定要照学，他们的一些做法我们不一定要照搬。我们要坚定不移地走具有中国特色符合中国实际的金融改革、创新和监管之路。

中国银行业的运作模式与挑战 *

　　2013 年 3 月，美国国会参议院外事委员会共和党首席成员 Bob Corker 参议员带领美国国会参议院外事委员会代表团访问中国。当时全国人大外事委员会、中国人民对外友协等部门希望我们会见这个代表团，就中国的经济金融形势与美国国会的先生们进行一次交流。2013 年 3 月 28 日，我会见了 Bob Corker 一行。与美国国会的先生们打交道通常要比与美国政府部门以及金融同行们的对话更费劲。他们对中国的了解不仅远少于我们对美国的了解，也远少于美国银行业对我们的了解。有机会与他们进行更多的交流是不无裨益的。

——作者注

　　2013 年 3 月 28 日，中国工商银行行长杨凯生会见了美国国会参议院外事委员会共和党首席成员 Bob Corker 参议员一行，就中国宏观经济、商业

---

* 本文是 2013 年 3 月 28 日与美国参议员 Bob Corker 的会谈记录稿。

银行运营模式以及全球银行业资本监管等议题进行了交流。

杨行长：今天很高兴能与各位见面，您不是第一次来北京吧？

Mr.Bob Corker：我 7 年前曾经来过北京。

杨行长：北京和整个中国一样，需要多来几次才能真正了解它。

Mr.Bob Corker：非常感谢您接待我们。7 年前来北京时，我正在竞选美国国会参议员，当时美国国内对中国的崛起及与中国经济相关的话题非常关注，为更好地了解中国并为竞选做准备，我来到了北京。7 年之后故地重游，我看到了许多变化，特别是经济发展非常迅猛。其实在这次访问贵行之前，我刚与工商银行股东之一、高盛的前主席 Hank Paulson 及其他议员就中国银行业的发展进行了讨论。作为美国国会参议院银行委员会的成员之一，这次与您见面主要是想更深入地了解中国银行业的运作模式，中国的银行如何做投资决策，以及中国银行业近年来的发展变化。

杨行长：Hank Paulson 是工商银行的老朋友了。在高盛打算参股工商银行的时候，最终就是 Hank Paulson 做的决策。我清楚地记得，他曾经在这个会议室坐在您现在坐的位置上，我们还在隔壁的会议室举行了高盛入股工商银行的签约仪式，那个会议是我主持的，我们董事长和他签署了协议。Paulson 应该对中国银行业近年来的发展有深刻的体会，他们参股工商银行是赚了钱的。

我首先简单介绍一下工商银行的情况。工商银行目前是全世界市值最大的银行，利润额也是全球第一。昨天下午，我们刚向市场发布了 2012 年业绩报告，工商银行 2012 年资产规模达到了 28 140 亿美元，税后利润约 380 亿美元。从这些规模指标上可以看出工商银行在国际金融市场上的影响力。尽管大部分人把工商银行描绘成是中国政府拥有的银行，但我认为这个描述不是很准确，准确地说，工商银行是一家在上海和香港两地同时上市的银行。当然，中国财政部是工商银行第一大股东。上市以来，工商银行是完全按照上市银行的模式运作的，我们每季度要向市场披露季报，每半年要披露半年报，每年要披露年报。我们的机构投资者、市场上的股民以及媒体的监督让我们始终感受到经营的压力。每次面对媒体、投资者及分析师之前，管理层都要提前做好功课，就像要接受考试的学生一样。庆幸的是，工商银行这几年业绩较好，每次"考试"都能顺利过关。

工商银行之所以能取得这么好的业绩，成为中国及全世界最大的银行，是因为中国的银行经营机制发生了很大变化。比如说，所有贷款及投资决策全部按照银行自身的决策程序进行，任何人不得干预银行的贷款投放，就算是政府领导人也不会随便干涉。在十多年前，朱镕基先生任国务院总理，我当时是工商银行的副行长，当时他就说绝对不允许任何人干预商业银行的运作，十多年工商银行就是这么一路走过来的。

昨天，我们向市场公布了截至 2012 年年底工商银行的不良贷款率为 0.85%，这在全球也算是优异的水平。之所以能保持这个水平，是因为我们始终坚持市场化的改革取向和商业化的运作模式。我知道世界上不少朋友很关心下一步中国银行业会不会遇到更大的困难，因为他们感到中国经济发展的可持续性受到了挑战，并认为这会影响中国银行业的发展态势。

改革开放 30 多年来，中国经济一直保持了快速增长态势。在过去许多年里，中国 GDP 年均增长超过 10%，我们也怀疑这种模式能否持续下去。作为一个银行管理人员，我个人的判断是：第一，中国的经济可以持续增长；第二，高增长率可能会有所下降，也许中国 GDP 的增长率会进入个位数的正常增长期。但增长率不会在 5%—6%以下，应该会稳定在 7%左右或高于 7%，如果中国经济增长率维持在这个水平，中国银行业的发展空间仍是巨大的。当然，我也愿意与您讨论中国经济及中国银行业目前存在的一些问题。

我觉得，就中国经济来说，它的发展模式需要改变和调整。比如说，这些年来中国的经济发展过多地依赖于资源消耗，这种模式是不可持续的，必须改变。这种资源依赖型发展模式在相当程度上对环境造成了影响。比如说，您这次来北京看到的天空不是蓝色和晴朗的，这在一定程度上就是由多年经济发展模式带来的后果。再举一个例子，目前在中国一些产业存在产能过剩，这也是必须调整的，产品必须升级换代，落后的产能必须淘汰。还有一个例子，在目前中国经济发展中，实体经济的运行过多地依赖于间接融资，也就是银行贷款，而从资本市场获得资金的占比较小，这种模式也是需要改变的。

作为银行来说，现在需要关注的是经济转型，比如过剩产能的淘汰，落后的高能耗生产能力逐渐减少并退出市场等，这个过程可能给银行在这些企业贷款的质量造成压力。这都是中国经济和金融下一步发展所面临的挑战。好在中国政府，包括中国金融监管机构已经意识到这个问题。你们也知道，2012 年召开的中共十八大明确提出中国经济发展模式需要改变。最近召开的全国人大会议也把改变经济发展模式作为一个重要目标。比如说，中国城镇化速度将要加快、城镇化水平将有所提高，这是中国保持发展的一个重要途径。虽然有些专家评论中国的城市化率已经达到 50%，但按照户籍来计算，真正的城市化率仅有 30% 多，所以提升的空间仍很大。刚才您提到 7 年后再到中国感觉变化非常大，这是毫无疑问的，北京、上海、广州确实变化非常迅速，城市也变得很现代化，但是如果您去看看中国的中部和西部，还会看到比较落后的农村。所以中国经济下一步发展的潜力是巨大的，内需市场潜力也是巨大的。如果我们做好城镇化的建设、做好内需的提升，那么中国经济在相当一段时间内保持可持续发展是没问题的。

Mr.Bob Corker：非常感谢您刚才全面、高度概括的介绍，特别是有关经济转型的介绍。我无法想象作为全球最大银行的行长，同时见证着中国经济发展和转型的步伐，能坐在您的位置上，我替您感到兴奋。无论是资本市场还是信贷，都是社会发展演变不可或缺的部分，我觉得您对您的工作肯定感到很有成就感。

就像您在最开始说的一样，很多美国人对中国的银行系统充满好奇，也有很多疑问。我想要了解中国政府持有工商银行多少股份？这对工商银行有什么优势？

杨行长：中国财政部直接持有工商银行约35%的股份。您可能还知道，中国有一家重要的投资管理公司——中投公司，具有主权基金性质，它也持有工商银行约35%的股份，与财政部的持股加在一起，总共有70%左右。实际上，把这两家机构的持股放在一起有道理，分开算也是可以的，因为它们在工商银行董事会分别派出董事，并不是委派同一个代表。因此，把工商银行定义为政府拥有控股权的公众公司还是比较准确的。

刚才您问了一个有趣的问题，那就是这样的管理模式的优势是什么。由于中国政府拥有工商银行控股权，使工商银行在公众和客户中的信用提升了很多。人们把对政府的信任无形中体现在了对工商银行的信任上。这次可能没有时间了，但下次您来拜访的时候可以陪同您去参观一些工商银行的营业网点，并与其他小型银行的网点进行对比，您会发现工商银行的营业厅里总是有人在排队，但在其他银行的营业厅中，您可能会看到环境虽然不错，但里面的客户可能就没有那么多。有媒体会经常批评我们，说工商银行总是解决不了客户排队的现象，客户总是需要等待很长时间。有时候我们会向媒体检讨，但有时候如果被频繁提问，我们也会解释说这是客户自行选择的结果。所以说对工商银行而言，政府控股是工商银行的股权结构特点，也是其信用优势，我们在公众的心目中享有较高的信用地位。

Mr.Bob Corker：中国政府有没有要求贵行针对个别行业、产业提供贷款，并要求信贷投放规模与城镇化率一致或与国家增长形势一致？

杨行长：没有。从20世纪80年代中期开始就没有这种情况了。我已经在工商银行工作了近30年，担任总行一级的管理职务也已经超过17年，我个人的体会是，我们只在20世纪80年代之前遇到过您描述的情形，80年代中期以后就很少有您所说的政府干涉了，这些年来更是没有这种情形了。我们坚持商业银行的运作原则，特别是作为上市公司，这是基本要求。比如说，工商银行现在给中小企业的贷款占企业贷款的比重已经超过75%，个人贷款增速也高于企业贷款增速，这证明了我们自主经营的模式。目前中国政府对银行业的管理主要是通过中国银监会进行监管，但监管机构不干预对企业、个人及项目的具体贷款投向。

Mr.Bob Corker：因为目前贵行已经在公众心目中建立了很高的信任度和声誉，您认为中国政府有没有可能在未来某个时点完全退出控股权，并把股份卖给个人及其他非政府机构投资者。我想问工商银行会不会有一天成为一家非政府控股的银行。

杨行长：中国政府目前对部分企业及银行拥有一定的股权，这是事实。对哪些企业进行长期持股，对哪些股权可以转让、出售或减持，中国政府也在进行相关研究。比如，中国的一些企业包括工商银行在内，在香港上市，会有部分股权由社保基金持有，这就是中国政府对企业直接控股的一种间接退出。也就是说，这部分股权不是财政部所持有的，而是通过社保基金持有作为社会公众的社会保险。从 20 世纪 90 年代开始，中国政府实际上已经出售了很多企业的股权。目前，无论是产值还是就业人口比例，民营企业在中国市场的占比都超过了 50%。就银行而言，政府对许多银行也没有控股权，而且还有银行是 100% 的私营银行。关于对工商银行的股权，我曾经说过如果算上中投公司的话政府持有 70%。我想这说明了两个问题：一是说明中央政府对工商银行的业绩是满意的；二是说明中国的财政状况良好，目前手中还不缺钱。我相信，如果我们像目前的某些欧洲的银行那样，政府早就把我们的股权出售了。

Mr.Bob Corker：美国刚刚通过了《多德—弗兰克法案》。因为美国、欧洲、中国的银行系统有很多不同的地方，您认为今后会不会出现统一的银行监管标准，现实性有多大。

杨行长：在银行业中，《巴塞尔协议 III》是当前较为公认的监管标准，是包括美国在内的西方国家带头制定的。但现在我们看到了一个奇怪的现象，美联储刚宣布了美国的银行将推迟执行《巴塞尔协议 III》，欧洲央行也宣布将在 2014 年以后才考虑让欧洲的银行执行，迄今真正宣布现在就开始执行《巴塞尔协议 III》的只有 11 个国家，而中国是这 11 个国家之一。中国银监会出台了一个类似《巴塞尔协议 III》的法规——《新资本管理办法》，这个办法不但与《巴塞尔协议 III》接轨，个别条款上比《巴塞尔协议 III》还要严格。我们理解，这与目前中国的银行经营状况较好有关，但是很遗憾，我们看到制定规则的人让不是制定规则的人先遵守规则，这是一个非常奇怪的现象。当然我很高兴告诉您工商银行完全符合《巴塞尔协议 III》的

13 大类指标。

Mr.Bob Corker：美国的银行觉得《巴塞尔协议 III》的规定太复杂了。中国的银行资本充足率比美国的银行要好得多，所以可不可以理解为这个法案对中国的银行影响不会很大。

杨行长：不完全是这样的。据我了解，《巴塞尔协议 I》仅有几十页的内容，《巴塞尔协议 II》有几百页，《巴塞尔协议 III》及有关文件有几千页，如果不是银行从业人员或律师，很难弄明白这些复杂的内容。我不抱怨制定规则的人，但我担心这几千页的文件是否真的能防止美国的次贷危机和欧洲的主权危机重演。实际上，一个国家的经济发展模式是不是能在生产和消费中取得平衡，这是一个更重要的问题。中国政府现在正在努力解决不平衡、不可持续发展的问题，只有解决了这些问题，才能保证银行的安全稳定，不然即使有《巴塞尔协议 IV》或《巴塞尔协议 V》也预防不了下　次危机。

Mr.Bob Corker：目前美国国内就银行业规模的大小产生了不少争论，有些人认为银行如果规模过大，一旦发生危机，将严重影响美国经济的各个方面。作为全世界最大的银行，我在这里想问您对于美国大型的银行，例如摩根大通、美国银行、花旗银行及富国银行有什么建议。

杨行长：这一轮金融危机爆发后，出现了一个著名的观点，即"大而不能倒"（too big to fail）。在此我想举一个例子，一架像波音747一样的大飞机，如果发生空难，伤亡人数肯定比一架小飞机的伤亡人数要多，但大飞机发生空难的概率可能比小飞机要小。因此，从一定时期来看，小飞机发生空难的次数及伤亡的总人数可能比大飞机更多一些。防止空难的办法不应该是限制大飞机的制造、飞行，而是加强对飞行安全的管理。大飞机、小飞机都要安全飞行才好。目前看来，大飞机飞行得更平稳，飞行的距离也更长，所以出国到美国的时候我还是会坐大飞机。因此，问大银行好还是小银行好，这是个好例子。

Mr.Bob Corker：再次感谢您抽出宝贵的时间会见我们。我相信高盛一定对能够入股工商银行感到非常高兴。对我来说这次访谈很有启发，让我从不同角度更加深入了解了中国银行业。

杨行长：我再次对各位朋友的来访表示欢迎和感谢。我们交谈的时间并不长，但是我感觉到我们很坦诚地交换了意见，我希望今后我们会有更多的交流，只有通过交流才能相互了解。中美关系是世界上重要的双边关系，1979年中美刚刚建交的时候，双边经贸额只有25亿美元，而现在已经接近5 000亿美元了，这是一个巨大进步，也是新的起点，所以让我们共同为中美关系的发展作出贡献。

刍议民间资本发起设立银行 *

在我国，这些年来对银行尤其是大银行一直有不少诟病，不少人总认为这是缘于国家对银行业的垄断，总觉得通过利用民间资本办更多的银行，特别是办一些中小型民营银行就可以解决问题。我认为这存在着认识上的误区，如不加以厘清，不仅会对银行业的改革发展带来一些新的问题，也会对民营资本的投资决策产生不利影响。本文力图就有关问题作一些认识上的澄清。我也曾就这个话题，在全国政协的有关会议上谈了我的观点，一些民营企业家委员表示十分赞同。

——作者注

在十八届三中全会通过的《中共中央关于全面深化改革若干重大问题的决定》（下称《决定》）中有一条重要内容，即"完善金融市场体系""扩大

---

* 本文发表于 2013 年 12 月 16 日的财新《新世纪》周刊。

金融业对内对外开放，在加强监管前提下，允许具备条件的民间资本依法设立中小银行等金融机构"。这个精神对于扩大金融业对内对外开放，增加金融服务的普惠性，建立公平开放透明的市场，增强金融市场的活力具有重要意义。《决定》发布后，各方面积极性都很高，不少民间资本的持有者都在准备投资设立银行。但现在需要做的是，先要把《决定》的相关精神理解全、理解透，要把相关的配套措施设计好。

一、允许民间资本依法设立中小银行的必要性

其实，这些年来，我国已允许民营资本参股银行。例如，目前在工、农、中、建、交五大行中的非国有资本占比超过20%，民间资本在全国12家股份制商业银行中的资本占比为42%，在145家城市商业银行中的资本占比为54%，在农村金融机构（468家农商行、122家农村合作银行、1 803家农信社）中民营资本占比已超过90%，在村镇银行中民间资本占比达73%。因此，以为中国的银行业全都是国有的，银行业是国家垄断的，这种说法并不符合实际。

既然这样，十八届三中全会通过的《决定》为什么还要提出这个问题呢？

一是尽管我国银行的股权结构中民营资本已有一席之地，但过去对民间资本可以发起设立银行的政策一直不明确。除民生银行，其余现有的民营资本进入银行业基本都是陆陆续续通过改制、参股、增持、收购等方式逐步形成的。这次《决定》明确提出可以"发起设立"是一个突破。

二是由于工、农、中、建、交等银行中国有股本规模较大，总体来看，整个银行业 3 000 多家银行中，民间资本总的占比不到 20%，对于一个应该属于开放性的行业而言，这还是偏低的。我们既然是搞市场经济，就应该实行统一的市场准入制度，为各类投资主体提供公平的市场环境和公平的投资机会。在银行市场准入方面，如果今后实行负面清单的管理办法，显然民营资本在这方面不应该受到额外的限制。

三是民营资本设立开办的银行多了以后，有利于增强市场的活力，可以从提升适应市场需求能力和金融人才的配置效率等各方面，促进乃至倒逼大中型银行尤其是国有控股银行加快改革。这次《决定》的有关精神就是要从顶层制度安排上解决这一系列问题。

二、民营资本发起设立银行的目的

民营资本发起设立银行的目的是什么呢？这个问题既关系到有关部门改革政策的设计把握，也关系到民营资本自己的投资决策。过去说门太小，不让进，有"玻璃门""弹簧门"，现在门开大了，民营资本进不进？为什么进？怎么进？这几点仍有必要搞清楚。

如前所述，明确提出允许具备条件的民营资本依法发起设立中小型银行，最根本的目的是建设一个公平的市场环境。除非列入负面清单的，否则各类投资主体对什么行业是否投资，投资多少，都应该是自主决策的。在一个开放的行业中，各类投资主体应该在同样的环境下开展经营，接受同样的监管，承担同样的责任和义务。这关系到是不是遵循市场经济的一般规律。

关于这方面的问题，《决定》已经说清楚了。现在要注意的是，在贯彻落实《决定》的过程中，要避免一些误读误判。

例如，有人理解允许投资办银行是为了给民间资本打通一条更好更能赚钱的投资渠道。如果这么简单认识，那就确实要注意了。且不说办银行风险如何，办银行要有承担风险的准备，就拿盈利能力来说，有人一直以为办银行赚钱容易，甚至可能获取暴利，也就是说，投资于银行肯定会有高回报。这个看法并不符合实际。

据统计，在中国规模以上工业企业和银行业的平均资本回报率水平相差并不大的情况下，规模以上工业企业的平均资产利润率约为 7%，中国银行平均资产利润率低于 1.3%（全球银行业的资产回报率平均只有 1.13%）。2013 年1—9 月，中国规模以上工业企业的利润总数为 40 452 亿元，约为中国银行业利润总数 11 216 亿元的 3.6 倍，而中国银行业的资产总额却是工业企业的 2 倍。这说明了什么？说明在投资于工业企业和银行业的资本回报水平大体相当的情况下，工业企业与银行业的资产利润率却有很大差异。也就是说，不能仅看到哪一家银行的利润绝对数大，关键是它资产规模大。银行业是高杠杆率的行业，银行利润是高度规模依赖型的。这就随之带来一个问题，银行的资产规模取决于银行资本金的大小（经营银行有严格的资本充足率、一级资本充足率、核心一级资本充足率等要求，即只有具备了一定的资本金，才能允许达到相应的资产规模），也就是说，办银行想要高额利润，必须有相当的资产规模，而资产规模大又要求资本必须大。这样又带来另外一个问题，目前中国准备腾挪多少、能够腾挪出多少民营资本从实业转向金融？用什么样的节奏，什么样的方式腾挪？这无论是宏观设计，还是企业的投资决策，都要把握好才行。

还有一个大家比较关心的问题，就是民营资本办银行能不能有助于解决小微企业"融资难""融资贵"的问题？目前全国小微企业贷款余额 13.24 万亿元，是全国总贷款余额的 27.8%。工、农、中、建、交 5 家银行给小微企业的贷款约有 4.22 万亿元，占全国小微企业贷款额的 32%；12 家全国性的股份制商业银行给小微企业的贷款有 1.86 万亿元，占 14%；城市商业银行有 1.98 万亿元，占 15%；农村商业银行、农村合作银行、村镇银行、农信社有 3.19 万亿元，占 24%。从这些统计数据可以看出，如果能更多地动员一些资本办一些中小银行对扩大金融服务的覆盖面、解决"融资难"问题，肯定是有一定作用的。

至于"融资贵"问题就不那么简单了。截至 2013 年 10 月末，工、农、中、建、交等大银行贷款利率平均为 6.35%，12 家全国性的股份制商业银行为 6.45%，城商行为 7.17%，可以看出小银行贷款利率比中型银行要高 72BP（基点），比大银行要高 82BP。另外，农村合作银行平均利率为 7.95%，村镇银行为 8.47%，小贷公司更高达 15.96%。可见，由于管理成本等多方面原因，利率水平一般情况下肯定是与银行规模成反比的，这也是国际金融市场上的普遍现象。因此，中小银行不仅可以办，确实也应该办，但以为办一些中小银行就可以解决企业"融资贵"问题的说法，似乎不能成立。

此外，投资办银行能否有助于解决这些民营企业自身发展的资金需求问题？有的企业抱怨从银行获得贷款不容易，以为自己投资办了银行，银行有了存款，自己就有资金了，今后发展就有办法了，可以不再求人了。这是一种很大的误解。首先，法律法规关于银行对单一客户，对单一企业集团的贷款集中度有严格限制。《商业银行法》规定"对同一借款人的贷款余额与商业银行资本余额的比例不得超过 10%"。同时，法律还规定"一家商业银行对单一集团授信余额不得超过该商业银行资本净额的 15%"，否则将视为超过其风险承受能力。对股东则明确"商业银行对股东贷款的条件不得优于其他贷款人","同一股东在商业银行的贷款余额不得超过商业银行资本净额的10%，股东关联企业的借款人在计算比率时应该与该股东在银行的借款合并计算","持股5%以上的股东及持股5%以上的自然人股东的近亲属都是关联方","银行不得向关联方发放无担保贷款。银行不得接受本行的股权作为质押提供授信，银行不得为关联方的融资行为提供担保"等。

最近银监会又出台了一个新的规定，即《银行业金融机构董事、高管人员任职资格管理办法》，提出了"担任金融机构董事（理事）和高级管理人员职务必须具有独立性。如果具有以下情况，则视为不符合条件：本人及其近亲属合并持有该金融机构5%以上股份，本人及其所控股的股东单位合并持有该金融机构5%以上股份","金融机构拟任、现任独立董事还不得存在下列情形：本人及其近亲属合并持有该金融机构1%以上股份或股权；本人或其近亲属在持有该金融机构1%以上股份或股权的股东单位任职；本人或其近亲属在该金融机构、该金融机构控股或者实际控制的机构任职"等要求。总的来说，监管法规对银行出资人在该银行获得授信，或是在该银行行使经营管理权不仅有限制，而且在一定程度上要比对其他的企业和自然人的限制更为严格。我国的这些现行规定虽不能说没有一点修改余地，但其中大多都是市场化国家的通行做法，有的还是巴塞尔委员会的统一要求，主要目的是防止关联交易、内部人控制可能带来的金融风险。

所以，在贯彻落实党的十八届三中全会关于民间资本可以发起设立中小型银行这一精神过程中，一定要全面、深入、准确地理解。这既是在顶层设计有关政策和监管规定时需要注意的，也是民营资本持有者、企业家们在自己投资决策时需要考虑的。

关于我国银行业需要澄清的几个问题 [*]

这些年来，很多人对我国的银行业似乎一直有不少的议论乃至指责，他们既有来自国外的，也有来自国内的；既有来自媒体的，也有来自部分专家、学者的。笔者认为，在社会与经济的转型阶段，银行业作为一个经营管理状况外溢性特别强的行业，受到人们格外关注是正常的。在经济金融体制改革不断深化的过程中，银行的管理能力、服务水平在某些方面滞后于各方面的期望和要求，从而导致各种诟病是自然的。但质疑和批评应该是冷静说理的，心平气和的；提出的建议、所出的主意应该是建设性的，具有可操作性的，符合社会主义市场经济改革方向的。笔者在这篇文章中主要就究竟怎么评价我国几大银行的改革成果、我国银行业究竟存在不存在垄断、我国的银行业究竟是不是暴利行业、银行与实体经济究竟是不是相对应乃至相对立的两个方面等四个问题阐述了自己的观点。当时（2014 年 5 月）已决定 6 月初我将要做一个不小的手术，

* 本文全文刊发于 2014 年第 6 期《中国改革》杂志，财新网曾将本文分为四个部分在其网络上发表。

吉凶未卜。我给自己定了一个目标，即在进手术室之前一定要完成这篇文章。结果赶在我上手术台前终于完稿，6月1日这篇文章正式刊出。之所以讲这个故事，倒并不是为了标榜自己如何敬业，只是想说明在那个时候赶写完的这篇不短的文章，确实是说出了自己这几年来一直想说的一些话。在即将躺上手术台的那个时候，自己说话的勇气比平时要大一些，功利色彩比平时要淡一些。

——作者注

这些年来，社会各界对我国的银行业似乎一直有不少的议论乃至指责。其中既有来自国外的，也有来自国内的；既有来自媒体的，也有来自部分专家、学者的。笔者认为，在社会经济转型阶段，作为一个经营管理状况外溢性特别强的行业，银行受到人们格外关注是正常的。在经济金融体制改革不断深化的过程中，银行的管理能力、服务水平在某些方面表现得滞后于各方面的期望和要求，从而导致各种诟病也是自然的。但应指出的是，其中有些质疑、批评，应该更符合实际一些，有关观点应该具有更充分的事实依据和数据支撑，而不能以讹传讹和想当然。质疑和批评应该是冷静说理的、心平气和的；提出的建议、所出的主意应该是建设性的，具有可操作性的，符合社会主义市场经济改革方向的。总之，不应该是带有既定成见的、情绪化的。

这里，笔者试着就大家关心的关于我国银行业的几个问题，谈谈自己的看法。

一、究竟如何评价我国几大银行的改革成果

这个问题的答案应该是肯定的、明确的，但似乎也有人一直持怀疑态度。其实不需作更久远的回顾，只要看看最近 10 年前后的变化，问题就很清楚了。在不到 10 年的时间里，工、农、中、建、交五大行的不良贷款率从 20%—30%，下降到了 1%—2%，平均资本充足率从 7.95% 左右提升到了 13% 以上，年度利润总额从 2002 年的 1 085 亿元增加到了 2013 年的 7 851 亿元。但也有人认为，这些还不足以说明问题，他们质疑在当初国有银行改制上市的过程中资产是不是贱卖了？时至今日，这些银行改制过程中剥离不良贷款的成本（实际上更准确地说，这相当程度上是我国经济体制改革过程中，一大批工商企业卸下历史包袱并进而改制所需要支付的成本）究竟能不能覆盖？国有银行改制后究竟能不能带来经营管理水平的提高，带来治理机制的改变？这些问题确实需要认真回答。

交通银行是 2004 年引入战略投资者的，2005 年和 2007 年先后在香港和上海上市；中国银行 2004 年进行了股份制改造，2006 年 6 月和 7 月分别在香港和上海上市；建设银行是 2004 年进行股份制改造的，2005 年、2007年先后在香港、上海上市；工商银行 2005 年完成了财务重组和股份制改造，2006 年引入了战略投资者并于当年 10 月成为第一家在上海、香港两地同时同股同价上市的银行；农业银行 2009 年改制为股份有限公司，2010 年分别在上海和香港挂牌上市。以此为标志，我国五大银行全部完成了从国有独资银行向在境内外上市的公众持股银行的历史性转变。

事非经过不知难，现在有的人在谈起这些"故事"时，并不知道其中曾有多少艰辛和不易，甚至往往还有一些不屑，认为从国有独资银行变为国有控股的上市银行，并不会发生什么根本性的变化，这实在是不了解情况的偏颇之见。例如，在这五大银行上市前的财务重组和股份制改造过程中，都由境内外的律师事务所、国际会计师事务所和评估师事务所进行了工程浩瀚的尽职调查及资产评估。仅工商银行的法律尽职调查资料就达80余吨，这些材料作为重要档案至今保存在工商银行巨大的资料室中。这种具有国际水准的尽职调查和评估工作，不仅摸清了家底，促进了我国大型银行的产权清晰，更重要的是为改制后明确经营管理责任，建立现代企业制度打下了重要基础。举个具体的例子，由于历史原因，工商银行原先在全国各地几万宗营业场所的房屋、土地既有当年分设时从人民银行承接过来的，也有国家划拨的，还有出价购买了部分使用权的，更有租用的，总之权属大多不够明确，手续不够完备。通过改制上市前的财务重组，97%以上的房屋、土地办妥了权属证明。仅这项具体事务的工作之复杂、难度之大就远非局外人所能想象。当然，更值得回顾的是，在当时，由于不少投资者对中国的国有银行改制能否成功持怀疑态度，因此能否在改制前期引入在国际市场上有影响力的战略投资者，继而能够在上市时吸引更多的机构投资者进入，便是对改革方案的设计是否正确、操作能否成功的重大考验。各家银行在这方面都竭尽全力开展了有关工作。就拿工商银行来说，我们在境内外广泛接触了各类投资者，努力向全世界展现中国经济金融可持续发展的前景，宣传我国银行的投资价值，以争取获得全球市场的认可。

后来有人说几大银行上市是不是让国外投资者赚了大钱？为什么好处不留给国内投资者呢？提出这样的问题，完全是不了解当时的情况。首先那时国内的 A 股市场很难能完全容下体量如此之大的几大银行，需要通过适当引入国际战略投资者并在境内外市场一起上市才能完成这几大银行的改制。实际上，几家银行上市前引入的国外战略投资者的投资比例仅有十几个百分点，最低的只是个位数，其余国外投资者均为上市时报价购买进入的。应该看到这些国际战略投资者进入的股权比例虽不高，但在当时对上市公开发行的成功起到了重要的"增信"作用。而且必须指出的是，几大银行引入国外战略投资者都是溢价的，价格都是高于净资产的，平均 PB 值（市净率，简单地说是股价与净资产价值之比）超过 1.19 倍，例如工商银行就达到了 1.22 倍，而目前几大银行的 PB 值均跌破了 1。因此所谓引入战略投资者时定价是否合理的问题似乎无须更多讨论了。另外在上市过程中我们也十分希望能够引入更多的国内机构投资者，但谈何容易，在资本市场上是不能强买强卖的啊。当时有关部门规定 H 股与 A 股必须同股同价发行，为了更多地吸引国内外投资者参与，我们做了大量的前期铺垫性准备工作，并在国内、国外进行了广泛的路演。经过在国内从北到南，从东到西的奔走以及在全球几大洲的路演下来，最终获得了超额认购几十倍的结果。回想起来，如果那时国内投资者能够更踊跃、更积极一些，我们的定价将会更理想。当然，最终总体发行是成功的，工商银行、农行都创下了全球 IPO 融资额的历史纪录。后来，几大银行的市值随着银行盈利能力的增长先后都曾有过不小的上升，有的国外投资者抓住机遇进行了转让套现操作。于是有人质疑境外投资者发了财，国有资产流失了。殊不知，作为上市银行，各方股东的机会是完全均等的，不可能只有其中某一方股东的股权增值获益。就拿国有股东来说，五大银行上市以来，净资产增加了 29 136 亿元，约增加了 3.6 倍，国有股权获利超过 27 500 亿元，其中现金分红约 11 000 亿元（股改上市前由

于微利乃至亏损，国家并未从银行获得多少利润回报）。改制上市以来，与
2003 年相比，五大银行的应税能力提升了 4.5 倍以上。仅从这几个方面测
算，五大银行的改制成本（剥离 20 000 多亿元不良贷款，加上冲销原有部
分国有资本和外汇注资折合 5 000 亿元人民币，等等）已经覆盖。如果加上
华融、信达、长城、东方四大资产管理公司处置几大银行改制过程中剥离的
不良资产的回收结果来说，改制成本则更是已消化完毕。

　　至于几大银行上市后管理水平究竟有无提高，可以从多方面来予以说
明。其中最为显著的进步就是银行全面风险管理机制得以完善，建立健全了
各类风险的识别、计量、预警以及监测的技术模型和操作方法。近年来，经
过监管部门长达 5 年的持续跟踪、评估和验收以及国际机构的检查，目前已
经批准我国几大银行正式实施资本管理高级方法。这标志着按照巴塞尔委员
会的统一标准，我国主要银行风险管理的框架、原则、技术以及 IT 系统建
设等各方面已与国际规范接轨。这在 10 年前是难以想象的。还有不少人很
关心这些银行上市后，董事会、监事会究竟能不能发挥作用？是不是"徒有
其表""形同虚设"。大型上市银行的法人治理机制情况到底如何？董事会、
监事会和管理层是否真的在各司其职？建议关心这些问题的朋友，如果有机
会可以听听香港联交所、证监会和内地银监会、证监会及其上交所对上市银
行公司治理机制、内控情况以及信息披露情况的评价，相信一定会有助于大
家了解真实情况。人们应该承认，在探索具有中国特色的银行治理模式方面
我们确实已经迈开了实质性的步子。同时也建议大家可以听听这些银行的董
事们，尤其是境外独立董事的意见，他们中不少人曾任过全球性著名银行的
高管或国外银行监管机构的高级职务。他们的看法也会有助于我们更全面地
了解国有控股大型商业银行改制上市后的经营管理状况和法人治理情况。

事实已经证明，我国在这一轮金融危机爆发前，抓住难得的窗口时机，果断推动几大国有银行改革，其决策是正确的，也是有效的。没有这一改革打下的坚实基础，没有几大银行经营状况的根本改善，那就很难想象面对这次国际金融危机的冲击，我国经济能有如此大的回旋余地，宏观调控能有如此大的操作空间。

二、我国银行业究竟是否存在垄断

所谓垄断（无论是卖方垄断还是买方垄断）通常表现为一个或几个大企业凭借自己的优势，不断排挤或吞并其他中小型企业，并进而取得市场上不合理的定价权。形成垄断的原因主要是由于资源垄断或政府干预而带来了市场进入的障碍。那么据此来看，关于我国银行业存在垄断现象的说法是否有道理呢？

首先，不得不说清楚的是，在任何一个国家，银行都是特许经营的行业，开办银行都必须具备一定的资质，都必须获得监管部门的许可。在一些人奉为自由市场经济圭臬的美国，开设银行的审批手续并不比我国简单。因此不能说，因为无法随意办银行，办银行必须经过监管部门的严格审批就是国家垄断银行业的表现。其次，可以再进一步看看我国银行业目前的资本结构，目前工、农、中、建、交五大银行中非国有资本的占比超过了20%，民间资本在全国性的12家股份制商业银行中的占比约为42%，在145家城市商业银行中的占比约为54%，在农村金融机构（468家农商行，122家农村合作银行，1 803家农信社）中民营资本占比更是超过了90%。因此简单地说经过 30 多年的改革开放，我国银行业仍然还是由国有垄断是不符合事实的。相信会有人进一步问，既然如此，中共十八届三中全会为什么还要特别提出"在加强监管前提下，允许具备条件的民间资本发起设立中小型银行等金融机构呢？"其实这并不矛盾。应该承认过去我国法规上虽未禁止民间资本发起设立银行，但对这一点一直不够明确。除民生银行等少数实例外，其余的民营资本进入银行业主要是陆续通过改制、参股形成的，直接发起设立的不多。

中共十八届三中全会明确提出民间资本可以"发起设立"银行等金融机构，是从顶层政策上进一步明晰这个问题，彰显了坚持市场化改革取向的决心。对于银行业来说，我国民营资本在其中的占比应该还有提升的空间，国有股份的占比也还有下降的余地，这不会影响到国家对银行业的管理。因而，虽然我国的银行业目前已不能说是由国有资本垄断的，但对其实行更为开放的市场准入制度，为符合条件的各类投资主体提供更公平的投资机会既是应该的，也是可行的。

也许有人会问，虽然从股本结构来看，不能说我国的银行业完全是国有垄断的，但工、农、中、建、交五大银行规模如此之大，认定我国银行业存在大行垄断的结论应该是能够成立的吧？我们不妨再来作一点分析。

世界上衡量一个国家的大银行究竟大到了什么程度，往往是考察其银行业的集中度，其中最主要的指标是资产 CR5（Concentration Ratio 5），即一国前五大银行（TOP5）的资产占该国银行业总资产的比例。

为了说明这个问题，我们可以将美国、日本、德国、法国、英国、意大利、加拿大、澳大利亚、西班牙、荷兰等经济体量排名居前的 10 个发达国家，以及巴西、俄罗斯、印度、南非等 4 个金砖国家的银行业集中度（资产 CR5）与中国作一些对照和比较。笔者发现，尽管由于统计口径存在一些差异，依据不同方法得出的数据存在一些高低误差，但经过对近年来各国有关数据的分析，可以得出的结论方向是一致的。在这 14 个国家中，除了印度之外，其余各国前五大商业银行的资产占该国银行业资产的比例都高于50%，尤其是 10 个发达国家银行业 CR5 的比例相当高，最高的澳大利亚、荷兰超过了 90%，德国、加拿大超过了 80%，西班牙、法国、英国、意大利超过了 70%，美国、日本也在 50%—60% 之间。值得注意的一个现象是，这些国家的银行业集中度，基本都是在 20 世纪 80 年代之后随着金融自由化进程的加快而明显提升的。看来事情并不像有的人所想象的那么简单，以为只要银行市场进一步开放了，中小银行将纷纷涌现，大银行的市场占比必然会随之下降。

此外，更值得研究的是，在这些国家，银行业集中度的高低似乎与金融市场的稳定水平存在着一定正相关性。例如银行业集中度最高的澳大利亚、加拿大、荷兰在这一轮金融危机中，银行业体系就表现得相对更稳健一些。在美国，在 20 世纪 80 年代末储蓄信贷机构危机爆发之前，银行业资产 CR5 一直低于 15%，在那场危机之后，美国银行业的资产 CR5 快速上升。而在这一轮金融危机后，美国的资产 CR5 更是从 2007 年的 44%，上升到了2010 年的 48%，2012 年达到 61%，2013 年达到 63.2%。我们曾与美国一些著名的银行家以及监管官员交换过意见，他们似乎都无一例外地认为这一现象还会继续下去，美国银行的数量将会继续减少，银行业集中度还会进一步提高。这些情况，尤其是每轮危机后银行业集中度就相应提升的趋势究竟说明了什么？这与现在人们常常挂在嘴边的所谓要警惕银行"大而不能倒"的理论又是一个什么样的内在逻辑？这些都需要我们认真进行研究和分析。简单的人云亦云并不能有助于真正揭示经济金融生活的内在规律。

在金砖国家中，巴西、南非、俄罗斯的银行业集中度近些年来也一直在持续上升。如巴西银行业资产 CR5 从 1990 年的 50% 提高到了目前的 70%，南非从 1990 年的 77% 提高到了目前的 90% 以上，俄罗斯从 1995 年的 39% 提高到了目前的 50% 以上。唯有印度银行业集中度有所下降，从 1995 年的 44% 下降到目前的 40%，但印度一家大银行的占比（CR1）相比其他国家要高得多。

如果把这些年来世界上无论是发达国家还是新兴市场国家银行业集中度不断提升的趋势与我国的现象作一下比较，不难发现，中国银行业的市场集中度走向与世界各主要经济体是相反的，我国银行的资产 CR5 这些年来是快速下降的。

从 1998 年至 2013 年第三季度，我国五大银行的资产占比从 63% 急剧下降到了 44%，下降了近 20 个百分点，而且目前这一势头仍在增强。姑且不去讨论这一与全球市场走向不一致的现象究竟是对是错，其对中国社会经济发展的影响究竟是正面因素为多还是消极作用为多，但起码可以得出的结论是，那种认为我国银行业存在着大银行垄断的判断并没有多少道理。那种认为由于大银行市场占比高了就必然会影响金融市场活力的说法也并不符合全球市场的实际。至于说到我国大银行的股本结构中，国有股权占比是否过高了，那就是另一个问题了。目前，五大国有控股银行已全部是在境内外上市的公众公司。笔者认为，五大银行股权结构进一步调整的空间和渠道都是存在的。但从全球各国情况来看，股权结构与行业集中度关联似乎不大，实际情况已经清楚表明，在私有化体制下的那些国家，银行业的集中度要明显高于我国。因此我国五大银行目前的体量是否过大，是否存在对市场的垄断，与这几大银行的股权结构有无可能作进一步调整并不是一个命题。

在进一步深化我国金融体制改革的政策设计中，政府有关部门和监管机构有必要认真思考这些问题，有志于设立和兴办银行的民间资本持有者在投资决策时也需要认真思考这些问题。

三、我国银行业究竟是不是"暴利"行业

近些年来，我国银行业持续较高的盈利能力一直广受关注，其中质疑多于肯定，批评多于表扬。笔者认为这种现象并不正常。首先，应该肯定经济决定金融，银行业的利润增长是我国经济这些年持续平稳较快增长的一个映射。银行利润的增长，尤其是国有控股银行的利润增长是对国家的贡献，是对股东、投资者的贡献，也是履行社会责任的重要表现。

目前，在大型银行的股权结构中，国家控股比例超过了 70%。也就是说，这些银行每创造 1 元钱利润，至少有 0.7 元是国家的直接收益。自股改上市以来，五大银行共实现税后净利润约 39 300 亿元，按 70% 比例计，其中国有股获利超过 27 500 亿元，国有股权从中获得现金分红达 11 000 亿元，国有净资产增值超过 3.6 倍。与此同时，其他股东与国有股东是同股享有同权的，在权益分配上不可能有任何区别，同样也是银行盈利的受益者。

近几年来，社会上对银行盈利存在一些争议，其中最主要的有两种批评声音：一种认为银行的利润多主要是因为中国目前利率尚未完全市场化，银行的存贷款利差太高；另一种认为银行的利润多主要来自收费项目太多。

其实，我国银行尤其是大型银行近年来的利润增长并不是来自于高息

贷款。根据中国人民银行现行利率政策，在目前利率尚未完全市场化的情况下，人民币存款利率是有上限的，即不准商业银行高息揽存；贷款利率是有下限的，即不准搞不顾风险的不正当竞争。同时，贷款利率的上限和存款利率的下限则是放开的，也就是说，理论上讲是允许商业银行可以上浮贷款利率和下浮存款利率的。就拿 2013 年为例，实际执行结果是，我国几大银行当年新发放的人民币贷款中，执行下浮利率的约占 17.18%，执行基准利率的约占 34.25%，即 51.43% 的贷款执行的是基准利率和下浮利率，而执行上浮利率的只占 48.57%。

有人总是认为，现在中国银行业的利率还没有彻底市场化，中央银行还实行利率管制，所以目前银行盈利高是利率政策保护的结果，不完全是正常的经营结果。而事实上，世界前 10 大银行的数据对比显示，2013 年，我国五大行的平均净利息收益率水平是 2.5%，而美国的富国银行是 3.39%，花旗是 2.88%，美国银行是 2.46%。这些银行所处的环境是利率已经市场化了的，但它们的净利息收益率并不低于我国的几大银行，况且它们还是在美国量化宽松的货币政策尚未完全退出的情况下所实现的这个利差水平。因此不能简单地说，我国银行这些年利润增加较快就是因为我国利率没有市场化，就是政策保护的结果。否则就无法解释在利率市场化程度还远不如今天的 20 世纪八九十年代，我国银行业的盈利能力为什么那么低呢？看一看世界一些主要国家和地区的银行在利率市场化过程中的情况也能说明一些问题。在利率市场化的最初阶段，不少银行大多经历了利差有所缩小的一个阶段，但很快就出现了不同的变化。有的利差水平上去了（例如美国），有的则下来了（例如日本以及我国的台湾地区等）。看来利率市场化的进程与银行利差水平是有关的，但并不是简单的线性相关。如果认为下一步利率市场化之后，存款人的收益率必然会上升，借款人的成本必然会下降，银行的利差必然会收窄，未免过于简单了一些。

关于银行收费问题，目前银行收费分为两类，一类是政府规定价或指导价，另一类是市场化定价。按原有规定，银行收费中约有90%以上是由市场定价的，不到10%的则需由政府审批定价。但目前由于种种原因，有关部门对商业银行的服务收费管理已越来越严格，例如前不久颁布的《商业银行服务价格管理办法》明确规定，各商业银行总行要定期向监管部门报送服务价格报告，要求商业银行凡出台收费调整事项至少要提前3个月进行公示，如涉及收费优惠的，也要提前明确标注优惠措施的生效和终止日期，等等。总之，目前我国银行根据成本、风险、市场竞争和客户承受能力以及综合回报水平等因素进行服务定价的自主权还不高，与国际大银行相比，我国银行非利息收入在整个营业收入中的占比也还处于较低水平。

据了解，从非利息收入占营业收入的比重来看，2013年，我国上市银行平均为23.1%，而巴克莱是59.22%，苏格兰皇家银行是44.42%，德意志银行是53.54%，JP摩根是55.16%，BNP是46.95%，富国银行是48.91%，汇丰集团是45.02%，美国银行是52.48%，花旗集团是38.73%，桑坦德银行是34.76%。这里固然有我国银行与西方主要银行业务范围不同即综合化程度不同的原因，但即使剔除银行综合化经营所带来的收入影响，仅看手续费佣金收入占营业收入的比重，2013年，前10家国际大银行平均为27.63%，同样显著高于我国银行的19.57%。

我们应该承认，目前我国银行业的收费也确实存在一些需要整顿和规范的问题。举个例子，对一个客户的一笔贷款，银行原本可以将利率确定到某一个水平，例如7.2%。但银行为了体现自己中间业务发展的业绩，就人为将利率定为 6%，另 1.2% 作为所谓的"财务咨询费""融资顾问费"，变成了中间业务收入。总的来说，虽然这并不能增加银行的利润，也没有增加客户的实际成本，但这种为了应付考核，片面追求所谓中间业务发展业绩的做法是一些银行经营指导思想不端正的表现。客户对此有意见，监管部门予以查处和纠正是有道理的。应该说这些银行这样做是图了虚名招了实祸。但总体来看，今后随着我国银行金融产品供给能力和服务能力的提升，银行有关新的收费项目应该还会出现。关键是银行要有严格的收费规则，收费项目及标准应公开透明。需报批的必须履行报批手续，凡收费就必须提供相应的服务。真正做到了这些，相信社会公众对银行服务收费的理解也会进一步增强。

说到这里，也许有人还会质疑，银行这些年利润不菲，既不是来自利差保护，又不是来自乱收费，究竟是来自哪儿呢？一些企业经营困难而银行盈利状况却不错，究竟是什么原因呢？我们可以看一看 2013 年度的有关数据，我国 16 家上市银行的资产回报率（ROA）平均为 1.23%，规模以上工业企业的 ROA 平均是 7.39%；16 家上市银行的资本回报率（ROE）平均为 18.93%，规模以上工业企业的 ROE 平均为 12.78%。如果说仅通过这样对比，还很难就银行业的盈利是否正常作出判断的话，那还可以进一步作一点分析。我认为，实事求是地说，这些年银行的利润增长主要来自银行资产总量的迅速扩张、资产质量的相对稳定、技术手段的不断改进以及经营成本的严格控制。

一是银行业资产总量的迅速增长拉动了利润相应增加。到 2013 年末，我国银行资产规模与 2004 年相比增长了 119 万亿元，在不到十年间，相当于增长了 3.7 倍。在这样的情况下，如果银行利润不能相应增长是不正常的。

当然，我国社会经济发展所需的资金主要依靠银行贷款，致使银行资产规模不断扩张，直接融资、间接融资的结构一直难以有效调整这是另一个需要讨论的问题。据笔者所知，一些银行尤其是大银行的管理者并不希望看到自身银行规模的持续扩张，他们对其中蕴藏的风险隐患是有担心和忧虑的。

二是前些年银行资产质量的相对稳定推动了利润增长。从 2006 年到 2013 年，我国银行不良贷款余额从 12 549 亿元降到 5 921 亿元，不良率从 7.09% 降到 1.0%，这带来的直接效果是信贷成本率（减值计提与贷款总额的比值）从 2006 年的 0.7% 下降到 2013 年的 0.54%。信贷成本率的明显下降，又进一步带动资产减值准备提取与拨备前利润的比率明显下降。2006 年，我国银行这一比例高达 25.5%，2013 年则下降到 14.88%，下降了 10.6 个百分点。因此可以说是宏观经济的平稳加之银行信贷管理水平的提升，促进了银行这些年信贷资产质量的改善，并进而有效拉动了银行的利润增长。目前由于宏观经济增长的趋缓，银行业信贷资产质量出现了一定的波动，这对银行的盈利能力提出了严峻挑战。从 2013 年以及 2014 年一季度的情况看，银行利润的增幅已出现了明显下滑。这恰恰从另一个方面验证了银行业前几年利润的高速增长是我国经济持续发展的一种联动反映。

三是银行技术手段的改进推动了利润增长。我国几大银行目前电子银行的业务替代率已经将近 80%，即每 100 笔业务中，只有 20 余笔业务是在物理网点的柜台上办理的。工商银行的电子银行业务替代率更是已经达到了 82%。也就是说，如果没有强大的网络支撑和技术保障，仅工商银行一家就需再增加近 3 万家物理网点才能完成目前的服务量。经过测算，电子渠道办理业务的平均成本每笔是 0.49 元，而在柜台办理业务平均成本每笔是 3.06 元，相差约 6 倍。而 10 年前，我国银行电子银行替代率只有 15% 左右。毫无疑问，目前利润的增加是银行前期电子化建设、信息网络建设大量投入的结果，是技术进步的结果。例如工商银行从 2000 年到目前为止，每年对 IT 系统建设的平均投资已连续 15 年都超过了 50 亿元。这样巨大的投入如不能形成足够的回报，那倒真是失职了。

四是严格的经营成本控制保证了银行的利润增长。我国的银行业尤其是大银行的成本收入比自股改上市以来呈稳中有降的态势。2006 年成本收入比平均是 45.14%，2013 年是 30.79%，下降了 14.35 个百分点。而同期，国际银行业的成本收入比从 56.5% 上升到 66.5%。事实证明，我国银行严格控制成本是拉动利润增长的另一个重要原因。

综上所述，笔者认为，我国银行尤其是大银行如能实现盈利能力的可持续增长，是好事，是对国家、对股东、对社会公众应尽的责任，如果因此反而受到指责是没有道理的。

四、银行与实体经济究竟是不是相对应乃至相对立的两个方面

关于这个问题，去年笔者曾经写过一篇文章，有些观点我还是愿意重复一下。

这一次金融危机爆发以来，一些西方国家特别是美国关于要重视实体经济的声音多了起来。

之所以出现这种情况，主要是因为此前美国金融市场上衍生品交易量过大，一些衍生品层次过多，结构过于复杂，与实体经济运行的关联度越来越模糊。而众多的投资者乃至金融机构包括监管部门对这些金融交易活动的

内容及其风险多是不甚了了，大多是只知其然而未去深究其所以然。这就带来了很多问题，后来也引发了不小的风险。

因此，在这样的情况下，这些国家有人提出金融活动要更多地回归实体经济，要避免过度投机以控制风险是有道理的。当然，如果把这一轮金融危机的缘由全部归之于所谓的虚拟经济活动，也未必是完全找准了病因。一些国家的社会制度例如社会福利制度有不合理的地方，一些国家乃至全球经济结构存在着不平衡现象，一些国家货币政策失误带来了负面影响，以及国际货币体系的不完善等，恐怕是更深层次的问题。

当前值得注意的是，在我国现阶段，究竟应该如何正确分析我国金融活动的性质，如何正确看待我国实体经济和金融行业的关系。现在有些专家学者认为金融业、银行业就是属于虚拟经济，是与实体经济相对立的两个方面。这种看法未免有失偏颇。在理论上并不完全站得住，与实际情况也不尽相符。

尽管对什么是实体经济至今并没有一个权威的、标准的定义，但笔者认为有人关于"生产商品和提供服务的经济活动是实体经济"的提法，比那些认为"实体经济一定要有物质性投入和物质性产出"的说法更加合理。

金融业是第三产业中的重要门类，它本身就是社会经济生活的现实组成部分。随着人类社会化大生产和专业化分工的进程，金融业一方面从生产部门中逐步分离出来，另一方面又渗透到物质产品、精神产品生产、分配、交换、消费的全过程中。没有金融业，人类的生产、消费只能处于物物交换的原始状态，社会化大生产就无法进行。邓小平同志关于"金融是现代经济的核心"的重要思想，正是金融业与实体经济关系的精辟概括。

实际上，作为实体经济的重要组成部分，中国的金融业在服务和支持实体经济发展方面一直发挥着重要的作用。仅以银行业为例，从 1979 年至 2013 年的 35 年间，我国银行业信贷余额从 2 040 亿元增加到 76.63 万亿元，占 GDP 的比重从 1979 年的 50.2% 提高到 2013 年的 134.7%。总体来看，这 35 年间我国银行信贷余额每增加 1 个百分点，就推动了 GDP 总量增长 0.37 个百分点。当然，经济增长过度依靠银行信贷是否健康，这种模式是否可持续，我国经济运行中资金投入的效率是否应该进一步提高，那是需要另外研究的问题。但这些数据充分佐证了金融业与实体经济是血液、肌肉和骨骼的关系，它们之间谁也离不了谁，都是社会发展和国民经济生活实实在在的有机构成部分。

金融业是否属于实体经济，还需提及的一个问题是，发展金融衍生品是不是就是搞虚拟经济?

这些年来，在西方金融市场发达的国家出现了很多以不确定性为交易对象的金融衍生品，其中比较典型的就是以违约的可能性为交易对象的金融产品。应该说，其中有些衍生产品应用得好是具有风险对冲功能的，例如利率、汇率调期互换的一些产品，今后这些产品不应该也不可能消失。事实上，自这轮金融危机爆发以来，这些产品的交易活动在美国等西方发达国家也并没有减少。但有的产品，特别是以衍生品为基础的一些再衍生品，例如 CDO 的平方，甚至 CDO 的立方，确实带来了不少问题，这些产品在相当程度上已经游离于实体经济之外，成为一些金融机构以及一些投资者之间的对赌游戏，将它们冠之以"虚拟经济"是恰当的。现在，我国的金融市场还很不发达，目前基本上还没有这些基于衍生产品的再衍生品。

当前我们所要做的应该是：一方面，要深入研究这些产品可能带来的风险，吸取其他国家的教训，目前不应该也不必要去搞那些结构过于复杂，连发行者自己也说不清楚的产品，那对实体经济的发展没有什么积极意义；另一方面，要坚定不移地深化金融改革，推动金融创新，要认识到我国的金融市场还需要有更多的金融产品（例如信贷资产的证券化等），我国的实体经济还需要有更多的金融服务，我国的投资者还需要更多的投资工具。延缓金融创新和金融改革不会有利于防范金融风险，金融工具少了不会有利于实体经济的发展。

目前，一些人之所以认为我国的银行业似乎与实体经济是相对立的，还有一个重要的原因就是，简单地将所谓企业融资难融资贵的问题归咎于银行。如前所述，这些年来，银行的信贷增幅一直是高于 GDP 增幅加上 CPI 增幅之和的，如果再加上社会融资总量中由银行投资的企业债券等，银行资金进入实体经济的数量就更可观了。在一定意义上可以说，我国企业生产经营对银行信贷的依赖已经过度。鉴于此，我们对银行必须实施严格的资本管理，坚决抑制银行信贷规模和资产总量的无限扩张；对实体经济必须努力降低其负债率，也就是杠杆率。唯有这样，我国的经济金融才能真正进入可持续发展的健康轨道。

说到这里，也许有人又会单独抽出小微企业融资问题来讨论，因为这个问题事关就业、事关民生、事关社会的和谐稳定，是一个方方面面都非常关注的事情。我们还是要用数据来说话。目前工、农、中、建、交 5 家银行给小微企业的贷款约占全国商业银行对小微企业贷款总额的 31.6%；12 家全国性股份制商业银行给小微企业的贷款约占 20%；145 家城市商业银行给小微企业的贷款约占 16%；468 家农村商业银行、122 家农村合作银行、1 803 家农信社以及村镇银行、小贷公司给小微企业的贷款约占 32.3%。从这些数据可以看出，不同规模、不同层级的银行机构虽有不同的市场分工和客户定位（这是市场经济条件下所应该的），但都为小微企业的发展提供了一定的服务，作出了自己的贡献。简单地批评有的银行，特别是认为大中型银行不愿意给小微企业提供服务是有失偏颇的。而且需要指出的是，这些年来为了督促和鼓励银行尽自己的最大可能为小微企业提供信贷支持，有关部门还出台了一系列政策和措施。例如财政部在考核国有控股银行的经营业绩时，专门设立了对中小微企业贷款在贷款总额中的占比的考核指标，如果低于有关要求，将直接影响到考评得分。银监会在关于商业银行资本管理办法中规定，在计算风险权重时，一般公司贷款权重为 100%，而将一些小微企业贷款风险权重设定为 75%。在实施内部评级法时，考虑到小微企业分散性的特点，将相同违约概率下的小型企业的相关性确定为大型企业的 80%。也就是说，在同样的资本占用条件下，对小微企业可发放的贷款规模会多于中型企业特别是大型企业。一个简单的道理是，同样的资本占用可发放的贷款越多，银行的盈利则可能增加得越多。因此除了基于对风险的更多考量之外认为银行主观上就是不愿意为小微企业发放贷款的说法理由并不充分。

至于"贷款贵"的问题，有些观点在我其他一些论及银行存贷利差问题时已有涉及，就不再赘述了。这里仅对各类银行所发放的贷款利率水平作一个分析。截至 2013 年年末，大型银行新发放的人民币贷款利率平均为 6.39%，12 家全国性股份制商业银行为 6.86%，城商行约为 7.7%。可以看出，小银行贷款利率比中型银行要高 84 个 BP，比大银行要高 131 个 BP。另外，农村合作银行、村镇银行发放贷款的利率约为 10%，小贷公司约为 20%。可以得出的结论是，由于管理成本以及资本逐利性要求的差异，一般说来贷款利率水平与银行规模是成反比的，这也是国际金融市场上的普遍现象。因此，在谈及所谓的实体经济融资成本高的时候，还需从多个角度作全面的分析。

　　当然也应该指出的是，我国银行业前一阶段的确有某些业务操作对实体经济的运行并没有什么实质性的积极意义。例如有的银行为了规避监管要求，在一些特殊时点上进行同业间的资产买入返售（售出回购），其中有的就是游离于实体经济需要的。对类似这种完全是为了应付监管规定和银行自身时点考核要求而进行的业务操作应该加以限制和规范。日前，中央银行、银监会等部门对此已提出了明确要求，各家银行都应该认真执行。

　　笔者之所以对上述几个充满争议的话题进行分析，不是简单地为银行辩解，更不是担心有什么人动了银行的"奶酪"，触及了银行尤其是大银行的利益。事实上，作为一个在银行系统工作了 30 年的金融从业人员，我对大银行经营管理机制缺乏足够的活力是有切身体会的，对银行亟须进一步加快转型发展的紧迫性也是深有感受的。但我始终认为，对经济金融问题的剖析要更加理性，对银行问题的讨论要更加专业。对任何事物都需坚持辩证地看、全面地看、历史地看，思想方法上的任何简单化、片面性都是有害无益的。

进入新常态需要解决过剩产能和
过度信贷问题*

　　新常态，简单表述就是一种不同以往的具有趋势性的、不可逆的发展状态，进入新常态意味着中国经济已进入一个与过去30多年高速增长期不同的新阶段。我的看法是，新常态绝不仅仅指中国的 GDP 增长速度与前几十年相比将要有所降低，而且是指我国的发展方式将要更注重遵循经济规律、自然规律和社会规律，进入新常态后，我们不仅要提高对 GDP 增速可能下滑的心理承受能力，更要下功夫解决好可能影响我国经济社会可持续发展的一系列问题，例如产能过剩和信贷过度的"两过"问题。"两过"问题如果解决不好，意味着我们付出的 GDP 下滑的代价并没有取得应有的成果。

——作者注

---

*　本文是 2014 年 9 月 11 日我在夏季达沃斯之夜论坛上的演讲稿，发表于 9 月 12 日《第一财经日报》。

　　自从国家决策层提出我国的经济运行将呈现一个新常态的判断以来，无论是经济实务工作领域还是理论研究领域，人们普遍都接受了这个判断，都认为我国过去 30 多年的经济增长态势将发生重要的变化。现在的问题是，中国经济的新常态究竟应该是个什么状态，为了平稳地进入这个状态，我们需要抓紧做一些什么。

　　不少人在谈到新常态时，往往都是指中国的经济增长将从过去 30 年平均增长 10% 左右降下来。如果说有什么不同的话，也只是人们对中国未来一个时期经济增长的潜力区间究竟会落在哪个范围的看法不尽一致而已。有的说仍可保持 8% 以上，有的说大体在 7%—7.5%，还有的说在 6%—7%，甚至也有人认为会掉在 6% 以下。我的看法是，所谓新常态，首先意味着与原来的状态有所不同，这其中肯定包括了增长速度的变化，甚至也可以认为，新常态的提法本身就包含着希望大家对 GDP 增长速度可能下滑的情况要保持一个平稳接受的心态的含义。但新常态也绝对不仅仅是指经济增长速度将要下落或者是下落到多少。我认为所谓的新常态有两层含义，一是"新"，就是说与原来的发展模式相比，下一步要更突出强调遵循经济规律，遵循自然规律和遵循社会规律；二是"常"，就是说与前些年的状况相比，更要注重解决影响可持续发展的问题，使经济发展的态势更加正常，进而使健康较快发展的趋势可以延续更长的时间。因此，所谓的"新常态"既是对一种经济发展状况的概括性描述，也是对即将面临的下一步发展阶段的一种宏观要求和期待，应该是包含很多内容，具有深刻含义的一个重要表述。

　　我们现在需要做的是，如何去解决那些仍然存在的不利于可持续发展，即不利于顺利进入新常态的障碍和问题。十八届三中全会通过的《中共中央关于全面深化改革若干重大问题的决定》从 16 个方面列出了 60 项改革任务，在一定意义上就是要解决我国社会经济发展进入一个新时期、呈现一种新态势后所面临的种种问题。

我这里只谈两个具体问题：一个是产能过剩问题，另一个是信贷过度问题。我认为这"两过"问题如果解决不好，新常态的基础就不会牢靠，真正的可持续发展就难以实现。

一、产能过剩问题

压缩过剩产能的问题已经提出多年了，各地各部门在这方面确实也下了很大功夫，花了很大力气。但近几年来，这个问题可以说是越发严重了，产能过剩的范围已从过去常说的钢铁、煤炭、水泥、电解铝、平板玻璃、造船等行业扩展到许多所谓的新兴产业，目前几乎找不到几个不过剩的行业了。2013 年年末，国家统计局统计的我国工业企业产能综合利用率基本低于 80%，2014 年一季度进一步降为 78.3%。有的行业甚至低于 70%，这已经属于绝对过剩了，也就是说这些行业如果不下决心淘汰一批产能，即使整个经济周期再次进入上升阶段，其中的一些企业也很难有复苏的机会。

现在的问题是，一些过剩行业投资减少不明显，生产仍在增加。例如 2014 年虽然整体经济呈现一定的下滑趋势，但 2014 年 1—7 月粗钢产量同比增加 2.67%，水泥产量同比增加 3.69%，平板玻璃产量同比增加 6.23%，电解铝产量同比增加 7.46%。这并不是这些行业的产能利用率有所提高，有关企业的经营环境有所好转的反映，相反只是进一步加大了库存压力，直接影响了工业品的出厂价格，拖累了企业效益（2014 年 6 月份出厂价格同比下降 1.1％，已连续 28 个月下降）。钢铁行业亏损面在 23％以上，玻璃行业亏损面超过 25％，电解铝行业约有 80％的企业陷入亏损。因此可以明确地说，我国产能过剩的问题仍然严重存在。这种情况之所以长期以来难以从根本上解决，不能简单地认为是人们对压缩过剩产能的认识不足，仍然在盲目地追求产值，追求 GDP 等等。我认为，在目前情况下，为了压缩过剩产能，既要加大地方政府和有关部门的责任，也要抓好顶层设计和顶层推动。例如除了需要从国家层面进一步抓紧健全完善有关环保、节能、技术标准、安全生产等方面的法律制度，并不断增强其严肃性和权威性以控制产能的扩张之外，也要考虑到治理过剩产能确实需要付出巨大的成本，有些事非上下联动、不统筹协调是难以解决的。譬如一个省为了压缩过剩产能，将减少多少财政收入，需不需增加上级财政的转移支付，需要增加多少转移支付；一个地区为了压缩过剩产能，将有多少企业员工（包括上、下游受影响的企业）可能下岗失业，如何安顿这批人员，需要拿出多少钱来；一批企业关门停产，其资产如何处置，不少企业产权结构已经实现多元化，有的企业当时建设、投产也是经过了政府有关部门审核批准的，如市场不好，经营不善，其损失当然应由企业自己负责，但现在如果是政府因压缩产能责令其关门歇业，其有关股东的损失如何"埋单"；在过剩产能的压缩调整过程中，银行的债权如何处置（20 世纪 90 年代国企改革时，因为当时的银行主要还是国有独资的，因此对国企改革过程中的不良贷款通过政策性剥离和处置来卸下这些企业的历史包袱是可行的，但如今一些主要银行都已经股改上市变成了公众公司，那些过剩产能相关企业的股权结构也早已产生了很大变化，原来的一些处置办法已经难以继续沿用），等等。

总之，压缩过剩产能不仅要求人们增强对 GDP 适当下行的心理承受能力，更重要的是，要算清每个行业、每个地区需要为此支付的成本究竟是多少。从宏观上来说，压缩过剩产能既是一个减收的过程，也是一个增支的过程，这些成本（有些是有形的，有些是无形的）究竟以什么方式来承担，准备在多长时间内分摊等等，都是十分具体也十分棘手的难题。但如果这些账不算清楚，不搞明白，就很难真正解决好过剩产能的问题，就很难说是真正步入了比较健康的新常态。GDP 增速下滑的"学费"付出就很难收到应有的成果。

二、信贷过度问题

如果说对压缩过剩产能，大家的看法还是比较一致，只是苦于困难较多，难以短时间见效的话，那么对"信贷过度"的问题，可能意见就不会那么相同了。但信贷过度确实是妨碍我国经济发展确立新常态的另一个必须解决的问题。

到 2014 年 6 月底，我国的总债务与 GDP 之比已经达到 251%，而在 2008 年这一数字只有 147%，仅 2013 年一年就上升了 20 个百分点。更重要的问题是，与世界上总债务水平也比较高的美国、英国、日本等国家相比，我国的总债务的结构不尽合理。在我国，尽管大家对地方政府融资平台的风险十分担心，但总的说来，我国政府负债率并不算太高，居民负债率更是很低，但企业负债率则非常高。我国企业债务占 GDP 的比重超过了 120%，而美国约为72%，日本约为99%，意大利约为82%，澳大利亚约为59%，加拿大约为53%，德国仅为49%左右。在西方发达经济体中只有西班牙的企业负债率高于我国。当然这里固然有我国资本市场尚不够发达，间接融资占比必然偏高的原因，但不能不承认我国企业的生产经营，乃至GDP增长过度依赖银行信贷是一个很大的问题。2014年7月，曾有不少人认为银行出现了"惜贷"现象，但实际上2014年1—7月，我国金融机构新增人民币贷款仍然达到6.13万亿元，远高于2012年、2013年同期的5.4万亿元和5.78万亿元。2014年1—7月，全社会金融机构新增贷款与新增存款之比（贷存比）达到85%，工、农、中、建四大银行2014年以来的新增贷存比更是达到了146%。这显然是太高了。从历史数据看，1990—1999年的10年间，我国一共新增贷款7.94万亿元，年均新增只有0.79万亿元；2000—2008年9年间，我国新增信贷22.76万亿元，年均新增贷款迅速上升到2.53万亿元；而2009—2013年的5年间，我国新增信贷为42.1万亿元，年均新增贷款更是猛增到8.42万亿元，一些年份甚至达到了近10万亿元。也就是说，从2009年以来，平均每一年的新增贷款就超过了1990—1999年10年新增贷款的总和。

看到这些数据，我们固然可以说有国民经济总量扩大的因素，也有所谓金融深化的原因，但必须承认，从宏观上看，我国的经济增长对银行贷款的依赖是过度的，我国的企业从银行的融资是过度的。我国应该下决心进行去杠杆化，降低企业的资产负债比例。尽管做这件事很难，甚至很痛苦，但迟早是要做的。现在经常听到企业融资难、融资贵等报怨，我认为对这个问题需要深入剖析，全面看待。要正确看待银行信贷的功能和作用，办银行有明确的资本充足率约束，办企业也应该将本求利，不能总是希望通过做无本生意，完全靠借钱企业就能发展，就能获利。无论是国企还是民企抑或外资企业，如果其"老板"（股东、出资者）认为一个企业市场前景不错，希望能够经营下去并且进一步发展的话，是需要以不同方式不断地向其注入资本的（增加所有者权益），而不能仅仅寄希望靠银行贷款就可以"做大做强"；如果股东对某个企业前景并不看好，那就应该设法退出市场；如果想增加对某个企业的资本金投入，但又感到力不从心，那就只能"风物长宜放眼量"，暂时先脚踏实地进行"简单再生产"，不去追求"扩大再生产"。总之，无论在什么样的情况下都不应该一味地去要求银行不断对企业垒加贷款。否则不仅不利于企业的长远发展，更无助于调整经济结构，而且还会造成金融风险的不断积聚，最终导致经济运行的系统性麻烦。现在有不少人对银行应该支持实体经济发展的理解不够全面，总以为这句话的含义就是银行要进一步给企业发放更多的贷款。这是一个认识上的误区。

总之，"过剩产能"和"过度信贷"是我国经济进入新常态过程中，必须面对和解决的两个问题。我们应该按照党的十八届三中全会通过的《决定》所要求的，充分发挥市场对资源配置的决定性作用，妥善处理好为解决当前问题而采取的权宜之计与为了坚持社会主义市场经济改革取向而必须确立的长远之策的关系。既努力解决好当前经济运行中面临的一些具体难题，又切实避免为日后新常态的建立和可持续发展增加新的障碍。

推进我国票据市场的健康发展 *

2014 年我们组织力量用了近半年时间编撰了《中国票据市场投资报告（2014—2015）》，大体梳理了我国票据市场发展的历程和现状。在当年的《财经》年会上发布了这一报告。我在会议上就报告的发布作了一个简短的发言（即本文）。

——作者注

很高兴有机会与大家交流关于中国票据市场发展的一些看法。前不久我们开展了《中国票据市场投资报告（2014—2015）》的编撰工作，希望我们报告的发布以及今天的交流和讨论，能对促进票据市场下一步的创新和规范发展产生一些积极作用。

众所周知，票据的历史源远流长。世界上最早的票据向前追溯，甚至可以说是诞生于我国的唐宋时期。经过一千多年的演进，现代票据市场已经

---

* 本文是 2014 年 11 月 27 日在财经年会上的讲话。

发展成为直接联系各国金融与经济运行的重要纽带，是各国货币市场的重要组成部分。自 20 世纪 80 年代以来，中国票据市场保持了较为强劲的增长态势，参与主体日渐增多，交易日趋活跃，产品创新日益丰富，市场深度和广度日渐提升。从人民银行《货币政策执行报告》披露的数据看，在 2001 年到 2013 年的 13 年时间里，企业签发的商业汇票金额已由年 1.27 万亿元增长到年 20.3 万亿元，增幅达 15 倍，年均增幅 26%；金融机构票据年贴现量由 1.76 万亿元增加到了 45.7 万亿元，增加了约 25 倍，年均增幅 31.2%。

下面，我想和大家交流四点看法。

第一点，关于票据市场与影子银行的关系。

从产生的时间看，改革开放之初人民银行就开始了我国票据市场的培育和建设。影子银行的概念则是伴随着近些年来金融发展与创新的深化，特别是这一次金融危机之后才出现的。当然我国的票据市场近年来随着传统银行体系之外的一些中介机构及其业务不断萌生与壮大也发生了不小的变化。在主流票据市场持续发展的同时，近年来具有影子银行特征的票据业务确实在不断发展，比如非银行类金融机构资金投资票据资产、从事票据中介业务以及通过互联网开展票据业务等。这几年来游离在银行体系之外的票据是逐渐增多的。

在中国票据市场的培育、发展和成长过程中，商业银行曾经是，现在依然是一支主力军。监管部门对票据市场监管的重点依然是银行类金融机构的票据业务。其他非银行机构作为传统银行体系的补充，在我国票据市场的建设中，在票据业务的发展过程中，正在发挥着越来越大的作用。我的看法是，依法合规开展的票据业务究竟是否属于影子银行倒并不是一个主要问题，关键在于无论什么人、什么机构从事票据业务都要合规、有序，在金融创新的同时必须避免对正常金融秩序的冲击，避免对正规票据市场的扰动。只有这样票据业务才能更有效地服务于实体经济发展。

第二点，关于票据市场发展的重要意义。

首先，票据市场为企业提供了便捷的支付结算和融资工具，服务和支持了经济发展。现在人们常说的中小企业、小微企业融资难、融资贵，这是各国经济发展过程中面临的共同问题。票据融资在一定程度上比一般贷款的门槛要低，不仅操作便捷、流动性强，而且融资成本也相对较低，能够在一定程度上解决中小企业的融资需求，因此它成为受中小企业欢迎并广泛应用的一项金融工具。人民银行近年来的《货币政策执行报告》显示，从企业结构看，由中小型企业签发的银行承兑汇票约占银行承兑汇票的三分之二。这既是市场需求的反映，也是银行对中小企业予以支持的结果。中央银行将尚未贴现的由银行承兑的商业汇票纳入社会融资总量统计是有道理的。

其次，票据市场活跃了银行间交易，有利于促进商业银行转变经营方式。票据业务已成为银行类金融机构的一项重要资产业务，票据业务不仅有利于满足客户的多样化融资需求，而且有利于银行调整资产负债结构、拓宽银行的资金运用渠道、提高资产收益。近年来，随着我国金融领域改革进程的不断加快，票据市场规模迅速扩大，市场的参与者已由商业银行逐步扩展至政策性银行、外资银行、城乡信用社、企业集团财务公司等各类金融机构。这也反映出各类金融机构开展票据业务具有其自身的需要。

第三，票据市场在健全社会信用制度和完善货币政策传导机制方面具有重要作用。我国票据市场主要以银行信用为支撑，市场上流通的商业汇票仍以银行承兑汇票为主。近年来，部分信用资质较好的大中型企业直接签发的商业承兑汇票也已经有了一定的规模，这促进了商业信用的培育，也巩固了社会信用基础。同时，在票据市场的发展过程中，人民银行通过调整再贴现利率以及再贴现业务的对象和范围，在推动票据市场建设和发展的同时，更有效地发挥了再贴现作为货币政策基础工具的作用。

可以看出，票据产品在发挥支付结算功能的同时，其所承载的信用和融资功能已经不断深化，票据市场已经成为我国货币市场的重要组成部分。

第三点，关于票据市场发展的风险问题。

在我国票据市场快速发展的同时，尤其是伴随我国经济进入新常态，作为货币市场的一个子市场，票据市场面临着复杂的风险形势。长期以来，我国商业汇票品种结构不够均衡，对银行信用过度依赖，使票据市场风险过度向银行体系集中。目前受金融脱媒和利率市场化加速推进等因素的影响，银行资金成本不断抬高，票据业务的利率风险有所加大。同时，随着各类票据市场参与主体的迅速增多，由于票据审验、保管等基础工作以及真实交易背景审查等监管要求落实不到位等原因，操作风险和合规风险也正在加大。

我们相信，在坚持成熟有效的风险管理做法基础上，随着社会信用体系的逐步完善，随着票据托管机构专业服务的不断发展，以及电子化票据的深入推进，票据市场的风险应该可以得到有效控制。

第四点，关于票据市场的未来发展趋势。

与国际相对成熟的票据市场相比，中国票据市场在发展过程中仍然存在一些需要进一步厘清的深层次问题。比如票据的无因性与真实交易背景的关系平衡问题、票据市场的发展仍然高度依赖银行信用、票据的电子化水平和标准化程度仍然不高，等等。这些问题在一定程度上制约了我国票据市场容量的扩大，一定程度上也影响了投资风险的分散和市场的稳定。

我们认为，未来票据市场管理机制需要进一步创新、社会信用体系的建设需要进一步加强。只有这样票据业务对实体经济支持作用才能得到进一步发挥。我们也认为，随着我国经济进入新常态，在未来一定时期内，金融机构信贷总量增长的速度将恢复常态，票据贴现规模的增长也将趋于平稳，在这个过程中票据市场的创新和深化空间将不断扩大。从这个角度看，票据市场的投资品种、参与主体以及市场容量将得到进一步扩充，各类票据业务中介机构的发展也将进一步规范化、专业化和互联网化。它们在货币市场中的作用也将进一步得以提升。

也谈谈对贷存比指标的看法 [*]

　　1995 年我国公布施行《中华人民共和国商业银行法》，其中第三十九条规定商业银行贷款余额与存款余额的比例不得超过 75%。这一法律条文 20 年来对规范我国银行的经营行为、防止信贷无序扩张发挥过积极的作用。当然也一直有不少人对其持有批评意见。尤其是在经济下行压力增大的时候，例如 2014、2015 年间，这种声音更多、更响了。我认为与其他所有的监管指标一样，贷存比指标不是完美无缺的。但它也有其自身的特点和作用，简单地予以否定恐不尽妥当。寄希望通过取消贷存比指标而解决所谓"融资难"的问题是不可能的。这篇文章发表于 2014 年末，当时面对各方面呼吁取消贷存比限制的声音，此文的观点似显得有点另类了。2015年 8 月 27 日全国人大常委会决定修改商业银行法，删除了关于贷存比的监管要求，随后银监会相应决定将贷存比指标由监管指标调整为监测指标。各种议论似可归于平静了。但此次编辑本书，我思

---

* 本文发表于 2014 年 12 月 15 日的《第一财经日报》。

之再三，还是将这篇关于贷存比的短文不加修改地列了进来，立此存照吧。

——作者注

　　一段时间以来，社会上对贷存比监管指标（即商业银行贷款余额与存款余额的比例不得超过 75%）有不少批评。在当前经济下行压力加大，各方面期盼银行能进一步增加贷款投放的情况下，这种批评的声音似乎更多了。有的认为这是我国具有计划经济特色的一个指标，应该废弃了；有的认为这个监管指标出自 1995 年颁布的《商业银行法》，如今时过境迁，应该修订了；有的认为既然有了资本充足率这一重要的风险监控指标，特别是巴塞尔委员会推出了包括 LCR（流动性覆盖率）和 NSFR（净稳定资金比例）等流动性风险监控指标之后，贷存比指标就没有什么意义了，应该取消了。更有的认为如果不废止贷存比指标对银行信贷的约束，企业融资难、贷款难的问题就难以解决，等等。我认为，和其他任何一个银行业的监管指标一样，贷存比并不是一个完美无缺的监管指标，但我也不能完全赞同上述的这些批评意见。

　　贷存比指标并不是只有我国使用。据了解，目前美国、荷兰、比利时、阿联酋等国家以及我国香港地区都把贷存比作为对银行的风险监测指标，不少国际上的大型银行也把贷存比作为自身内控指标并及时对外披露有关数据。韩国更是在今年将银行的贷存比由监测指标调整成了监管指标。欧盟虽然没有对单个银行实行贷存比监管，但是已将欧盟范围内银行整体贷存比作为欧盟系统性金融风险的监测指标，英国也将贷存比作为该国系统性风险的监测指标。总之，尽管这些国家和地区情况不尽相同，所设定的指标内容略有差异，而且对贷存比这一指标的使用力度也不一样（有的作为监测指标，有的作为监管指标），但以为只有我国才关注和重视贷存比指标的说法是不符合实际的。至于说贷存比指标是计划经济的产物更没有多少道理，事实上我国将贷存比作为银行业统一的监管指标是在 1995 年才正式提出的，在那之前，特别是在计划经济年代倒还真没有相应的规定。

当然，我也并不认为凡国外采用了的监管手段我们就一定要采用，凡国外没有采用的监管方法我们就一定不能使用。目前，贷存比指标不是国际相关机构（例如金融稳定委员会）和国际相关协议（例如巴塞尔资本协议）的统一要求，不是必须共同遵循的国际标准，我们确实有权决定是否采用和如何采用这一监管指标，关键是看对其立废存弃的必要性如何，看其对我国防范银行业的风险，对保持经济平稳可持续发展究竟是利大还是弊大。

贷存比指标与资本充足率的作用并不相同。有人认为资本充足率指标已经可以有效地约束银行的信贷扩张，再执行贷存比监管似乎多余了。应该肯定这两个指标之间确实存在着一定的内在联系，但它们的作用并不能相互取代。与贷存比指标相比，资本充足率指标包含的内容更丰富，反映银行的风险更全面，但贷存比指标可以防止在单纯的资本充足率监管下，银行为了追求监管资本的充分利用，将资金过多投向低风险权重贷款，那也会造成资产和负债的不恰当错配。信用风险绝不是银行面临的唯一风险，这是此轮全球性金融危机给我们的一个重要启示。在 2008 年，西方一些大银行的资本充足率并不算低，但在它们的负债结构中客户存款普遍偏少，有的不足 50%，有的甚至只有 15%—20%，它们的资金主要来源于金融市场，来源于同业拆借，因而在市场出现了一些风吹草动之后，这些银行几乎同时失去了流动性，同时陷入了困境，从而形成了系统性的风险。所以办商业银行，既要重视自身的资本水平，什么时候都不能忘记有多大资本，才能相应发展成为多大规模的银行；也要重视客户在自己这儿究竟有多少稳定的存款，任何时候都要牢记有多少可靠的资金来源，才能开展多大规模的资产业务。资本不足办银行是危险的，资产负债的不合理错配同样也是危险的。我们要认识到在我国商业银行的负债结构中，客户存款占比高在一定意义上是一种优势，不应轻易从机制上去动摇这个基础。

三、贷存比指标与 LCR（流动性覆盖率）、NSFR（净稳定资金比例）相比较，有其特点和优势。也许有人会说，巴塞尔委员会在此轮金融危机后推出了 LCR 和 NSFR 两个指标，就是在信用风险之外，加强了对银行流动性风险的监测和监控。这两个指标一经使用，贷存比指标就没有什么意义了。这种说法不无道理，但有失偏颇。

虽然这三个指标在一定程度上都反映了银行的流动性风险水平，但与 LCR、NSFR 相比，一是贷存比指标简单、直观，无论是银行内部控制还是外部监管都便于对其高频度监测和随时使用，而 LCR、NSFR 指标的内容及其数据采集、计算的复杂性明显要高于贷存比，这对监管效率的提升无疑是有影响的。历史的经验已经证明，过度依赖模型和计量技术的监管指标，其有效性往往是值得质疑的。

二是巴塞尔委员会推出 LCR、NSFR 的时间还不长，其合理性、科学性还待进一步验证。这两个指标的假定条件大多是基于西方国家和欧美银行业的经验，许多地方并不合乎中国实际。例如究竟什么是银行的"稳定资金"来源，什么是银行的优质"流动性资产"？这似乎从字面上看都不难以理解，但如果要真的使用 LCR 和 NSFR 指标，却确实不简单。最简单的例子就是中国银行业的活期存款与欧美银行业的活期存款，其稳定性就大不一样。据分析，中国银行业的活期存款沉淀率一般都在70%以上。这与欧美银行活期存款的稳定性显然不应该是同一个水平。还有不合理的是，现在有的国家和地区的监管机构竟然对中国的银行持有中国国债或准国家信用的债券，也不认可是具有高流动性的优质资产。这当然可能是带有政治偏见因素，但说明LCR和NSFR指标尽管其计算公式似乎很严谨甚至烦琐，但实施起来人为裁量的空间还是很大的。相比之下，贷存比指标就相对要简单透明得多了。

三是与贷存比指标一样，LCR和NSFR并不能完全解决银行业为了规避监管而出现一些套利行为。对贷存比指标的一个重要的批评，就是它有可能导致银行在某些关键时点（月末、季末、年末等等）人为拉高存款。应该说这种现象是存在的。但LCR和NSFR也并不能完全消除银行的一些监管套利行为，例如对一些企业、机构合同约定的定期存款，但银行在实际操作中允许其在提前支取时利息不受损失，这就与活期存款并无多大区别了，但却可能造成银行所谓稳定资金来源的虚增，等等。实际上任何监管指标都不是万能的，任何时候都不要期望某个监管指标会是只有利而无弊的。只有通过多侧面指标的相互补充、相互制衡才有可能做到相对合理、相对有效一些。

此外，我们还需引起重视的是，在多个反映银行流动性风险水平的不同指标中，一些指标之间是具有联系和互补作用的。例如LCR与我们比较熟悉的流动性比例指标，主要是用于对银行短期流动性风险水平进行观察和监管，它们两者之间具有一定的互补性。而NSFR和大家正在反复讨论的贷存比指标，主要是用于对银行中长期结构性流动风险进行观察和监管，它们两者之间具有一定的互补性。而且巴塞尔委员会对NSFR指标的要求是，各相关国家应不晚于2018年开始使用。因此NSFR指标至今国际上尚无一个国家正式采用，我国也还未在监管实践中正式引入这一指标。在这样的形势面前，需要思考清楚两个问题。一是在尚未采用 NSFR 等指标的情况下，如果现在就完全放弃贷存比监管，可能会形成对银行业流动性风险监控特别是中长期结构性流动风险监控的缺失。二是如果提前积极主动地采用 NSFR 等指标，相对贷存比指标而言，对我国商业银行的经营管理只会带来更大的压力。总之，一些改革思路的设计以及出台时间、出台顺序如若不当，恐会带来意想不到甚至事与愿违南辕北辙的后果。

简单放开贷存比指标并不能解决企业的融资难问题。首先，截至 2014 年第 3 季度末，工、农、中、建四大银行的贷存比指标为 65.2%，全国性股份制银行的贷存比约为 71%，其他中小金融机构的贷存比为 64.8%。与 75% 的法定限额还都有一定距离。因此起码可以说，直到目前为止，我国的主要银行、主要的贷款投放机构尚没有因为受到贷存比监管所限而影响到它们的实际放贷能力。不能简单地说贷款难是由于贷存比指标的管理而造成的。其次，从动态来看，如果贷款与存款能基本保持相同的增速，银行贷存比就可以保持相对稳定，而不会出现明显上升，贷存比就不会轻易超标。值得重视的倒是由于贷款的不断增加，必然会拉动银行整个风险加权资产的较快上升（例如 2013 年五大行风险加权资产 RWA 的平均增长率就达到了 29.31%），资本充足率的缺口将很快显现。加之目前银行盈利水平在不断降低，银行自源性资本补充的能力也在随之下降，因而必须意识到下一步真正制约我国银行贷款投放能力的不是贷存比指标，而是资本充足率指标。而且更重要的是，如果说贷存比指标只要我们愿意，那通过修法程序就可以放宽乃至取消有关限制，但资本充足率是巴塞尔委员会的统一要求，甚至是经过 G20 国家元首一致认可了的一种监管机制，我们自己调整的余地是十分小的。因此要保证我国经济发展、企业经营能够获得持续的资金投入（这里暂不讨论我国企业的负债率是否已经偏高的问题），出路只能是加快金融改革，那就是要加快发展多层次资本市场体系，加快调整直接融资和间接融资比例，加快银行信贷资产证券化，努力使银行的资产具有流动性，使银行的资产规模不再无限扩大，等等。靠取消贷存比不仅解决不了这些问题，在现在的条件下，相反还有可能加剧既有的这些矛盾。

五、在现行法律框架下，监管机构对贷存比指标的执行可以有所作为。作为 1995 年颁布的《商业银行法》，对贷存比的规定是比较原则的，只是规定了贷款余额与存款余额之比不得超过 75%。经过近 20 年的改革和发展，我国商业银行的资产、负债业务，存款、贷款业务，无论在性质、范围、分类等各方面都发生了不小的变化。在不突破现行法律规定的前提下，监管部门可以就有关业务统计口径作出必要的解释和规定。在 2014 年 6 月，银监会发布了《关于调整商业银行存贷比计算口径的通知》，其实质内容就是缩小了分子项（贷款），扩大了分母项（存款），降低了银行的贷存比数值。中央银行日前也对金融机构的有关统计口径作了一些调整。这在一定程度上都是增加了监管操作的弹性，也是对社会各方面关切的一种回应。我认为在不断深化改革的过程中，有关的调整空间依然是存在的。但无论是具体监管指标的变动，还是《商业银行法》的修订，根本上还是要有利于我国金融业的长远稳定，要有利于我国经济社会的可持续发展。切不可为了一时之需而放弃一些基本原则。在经济下行压力较大，稳增长任务较为严峻的形势下，尤其要注意不能对我国银行业经过多年努力，花了巨大代价好不容易才建立起来的风险理念和信贷文化形成不良影响，那所带来的损失可能是长远的和难以弥补的。

信贷资产证券化应该加快推进 [*]

　　人们通常把开展信贷资产证券化看作是金融创新的一项内容。如果从资产证券化在我国起步较晚，至今仍缺乏完备的法规框架和足够的操作经验，只能稳步推进的角度而言，这个说法是对的。但如果因为其属于"创新"，因而只是把它当作可急可缓的事情试试而已，则是不行的。我们需要看到中国金融市场间接融资至今仍然占据绝大份额的现实情况，为了避免银行业因资产规模不断扩大而造成资本充足率不断下降并进而丧失新的贷款投放能力，就必须要让银行的贷款具有流动性，可转让、可变现。其重要的方法就是要将银行的信贷资产证券化。这是我们推进信贷资产证券化的急迫性所在。

——作者注

---

[*]　本文是 2015 年 5 月 9 日在中国资产证券化领军者论坛上的讲话。

现在，人们在谈及我国的资产证券化尤其是信贷资产证券化业务的发展历程时，往往都是从 2005 年启动试点讲起的。实际上还可以向前再追溯一下，例如在 2002 年当时的华融资产管理公司就曾经通过对不良贷款等债权资产实施证券化来进行不良资产的处置和变现。记得当时还曾有专家朋友质疑说，资产证券化的一个重要原则就是这些资产要有可预期的稳定的现金流。已经是不良贷款了，这样的资产怎么能够证券化呢？我当时的回答是，不良贷款当然有可预期的现金流，只不过是它的现金流会低于其原先的账面值。只要资产分层合理，证券发行额合理，自留风险合理，不良贷款也是可以证券化的。后来我们做了近百亿不良贷款的证券化，发行很成功，而且换手率还不低，说明是受市场欢迎的，最终结束得也很顺利，没有出现什么问题。

回顾这一段往事，是想说明既然不良贷款都可以证券化，何况是一般的信贷资产呢？关键是产品设计要得当，管理办法要科学。

2008 年，全球金融危机爆发后，人们一度曾较多地将危机爆发的原因归咎于美国房地产次级贷款的证券化，我一直不太赞成这种看法。那时我曾经专门写文章（《从一个新视角审视次贷危机》，《经济观察报》2008 年 9 月）谈过如何看待资产证券化的问题，提出在我国既要防止滥用金融创新的名义所可能带来的问题，也要注意在吸取次贷危机教训时，坚持金融创新，要让银行的资产具有流动性，让银行的贷款可转让，可交易。其有效的办法就是信贷资产要能够证券化。时至今日，经过十几年的探索，很高兴地看到，我国的信贷资产证券化已经迈出了重要的步子，仅 2014 年，市场就发行了 66 单贷款证券化产品，金额近 2 900 亿元，超过了 2005—2013 年全部发行额的总和。可以看出，2014 年是我国信贷资产证券化取得重要进展的一年，但相比于去年 9.8 万亿新增贷款来说，证券化率还只是不到 3%，如果和整个市场约 90 万亿的贷款余额相比那更是微不足道了。因此，应该说，我国信贷资产证券化市场的发展还是很有潜力空间的。

为了促进资产证券化业务的健康发展，现在需要着力解决什么问题呢？除了产品的设计要科学（资产包的结构要清晰明了，不能搞多次证券化，不能搞资产包的"平方""立方"），监管的措施要跟上（美联储、美国证监会当时对次贷证券化都疏于监管），会计处理（过去要求资产全部出表，现在要求自留一定比例的风险）、税务处理要合理之外，更重要的还是对一些问题的认识和理解要进一步廓清。

一、我国开展信贷资产证券化的主要目的是什么？

多数人的说法是为了增强流动性，也有人说是为了调整银行的资产结构，分散风险，还有人说是为了增加市场上的投资工具，等等。这些说法当然都是对的，但其实在我国通过信贷资产证券化以释放银行的资本占用应该是一个十分重要的目的。因为与美欧等发达市场国家相比，我国的间接融资比例过高。也就是说，要想跨越中等收入陷阱，较长时间保持一个中高速的经济增长速度，银行的贷款每年都会有一个相当高的增长幅度。例如从 2009 年以来，每一年我国银行业新增的贷款就超过了 90 年代 10 年所增贷款的总和。最近几年，每年新增贷款相当于 21 世纪初前 5 年所增贷款之和。这样的贷款增速是不是完全合理那是另一个需要讨论的话题，但摆在面前现实的问题是面对这么快的资产增速，银行业的资本充足率水平如何能持续始终达到监管标准呢？《巴塞尔协议Ⅲ》关于资本充足率的规定是 G20 国家首脑峰会认可并要求巴塞尔委员会、金融稳定理事会监督实施的，我国是需要执行的。中国的银行业体量巨大，上市银行想在资本市场无限止的增资扩股是不可能的。要避免银行业因资本充足率不够而丧失新的贷款投放能力，重要的一条出路就是要让银行的贷款资产具有流动性，让贷款可转让、可变现。具体的方法就是将信贷资产证券化。有些朋友总以为只要取消了贷存比、取消了贷款规模管理就可以让银行具有更强的信贷投放能力。最近银监会负责人已经宣布要将贷存比指标由监管指标调整为监测指标，这是对各方面有关吁求的一种积极回应。但我们也应该看到这些措施实际上无法解决资本充足率水平必将随着银行信贷总量不断扩大而逐步下降的问题。所以为了保证银行有可持续的支持实体经济发展的能力，当务之急是进一步推进银行信贷资产证券化，并且在推进的过程中不断完善相关的法规、制度，不断积累防范风险的经验，不断提升监管的能力，从而稳定住银行的可持续发展能力——这不仅是为了银行的发展，更是为了整个国民经济和社会的可持续发展。

二、如何看待信贷资产证券化后可能出现的风险？

应该明确指出的是，世上没有哪一种投资产品是只有收益而没有风险的，贷款证券化产品同样如此。我国十分注意汲取一些国家在推进资产证券化过程中所出现过的经验教训，一直采取了比较谨慎的做法。例如在资产证券化试点初期，为了保证有关业务能够平稳发展，尽最大努力避免出现问题，银行总是挑选一些相对优质的贷款、一些比较有把握的贷款来进行证券化，监管部门也提出过这方面的相关要求，这在一定的发展阶段有其必然性和合理性。但坦率地说这种做法不宜固化、机制化，否则这样的贷款证券化是不会真正有生命力的。目前银行做贷款证券化的积极性并不太高，原因固然是多方面的，但只能挑选优质资产进行证券化无疑是一个原因。当然要解决这个问题还有一些相关的问题需要解决，例如刚性兑付的做法能否真正打破，金融市场上真正的无风险收益率能否落在一个合理水平上，从而能有真正相应的风险定价机制，等等。

为了防止风险，在这一轮金融危机之后，各国监管机构对信贷资产证券化的认识有了较大的变化，从过去简单化的要求有关资产完全出表，以实现发行者与证券化资产完全的风险隔离，到现在要求发行者必须自留部分风险，尤其是次级层的证券。这个要求是合理的，我在 2008 年的那篇文章中也曾提过这方面的建议。但目前总的看来，巴塞尔委员会对自留部分风险资产的资本占用规定过于苛刻，这也许对间接融资比例不高、资本市场比较发达的一些西方国家影响还不大，但对于中国这样仍然是以间接融资为主的新兴市场来说，则会明显制约银行资产证券化后资本释放功能的发挥。当然，我们丝毫也不能对信贷资产证券化所可能带来的风险有任何的忽视，例如除了对发行者自留风险部分必须规定必要的资本占用比例之外，还要进一步明确证券投资主体的范围，限止不同发行者间过多的互持，还要对信息披露的真实性、及时性作出严格规定，等等。在这些问题上需要不断摸索，才能真正找到适合我国实际的，防控风险和促进发展的平衡点。

美国信贷资产证券化的几点启示 [*]

　　本次演讲时我国的信贷资产证券化正在迈开新的步子。但我认为直至今天，究竟如何保证我国的信贷资产证券化业务健康顺利发展，仍然有不少问题需要解决，而美国的信贷资产证券化可以给我们提供一些可资借鉴的东西。

——作者注

　　今天我想谈谈美国信贷资产证券化可以给我们带来的几点启示。美国银行业和一些金融机构搞信贷资产的证券化已经有三四十年的历史了。其中有不少成功的经验，有一些重要的创新。但在这个过程中，也不乏失败的教训，付出过不小的代价。这些年来，尤其是 2008 年爆发的这一轮金融危机以来，人们，包括专家学者，也包括金融机构自身，还包括监管部门都从不同角度进行了一些总结，并提出了一系列旨在加强管理，防范信贷资产证券

---

* 本文是 2015 年 6 月 13 日在清华五道口金融家大讲堂的演讲。

化所可能带来的风险的措施，例如规定原信贷资产持有者在对贷款资产证券化后应该持有一定比例的留存风险，并且对自留风险的资本占用作出了严格的规定；又如不再鼓励、不再提倡对证券化资产进行多层级的再证券化，等等。对这些措施的出台的缘由及其利弊，大家已有很多讨论，我也曾谈过一些观点，就不再重复了。今天只想从另一个角度，谈谈从对危机后美国银行业、美国证券化市场的观察所得到的几点启示。

国际货币基金组织（IMF）在最新发布的《世界经济展望》报告中，预计美国2015年和2016年的经济增速都将提升到3.1%。当然我们现在还很难说IMF的这个预测到底能准确到什么程度，但看来美国经济的确出现了复苏势头。值得我们关注的是在这个经济复苏和增长的过程中，美国传统的银行业提供的贷款增长是有限的。据统计，美国在2008年到2014年间，银行业的信贷资产从8.9万亿美元增加到10.9万亿美元，年均增长仅为3.4%。据说2014年美国银行业的贷款增加额比2007年还有所下降。在这样的银行信贷增长似乎并不给力的情况下，它的经济增长从2013年的2.2%到了2014年的2.4%，进而又到了今明两年预计可能达到的3.1%。同时，美国的失业率也从两位数下降到了目前的5.4%。而我国从2007年到2014年，银行信贷资产从28万亿人民币增加到了87万亿人民币，总量增长了200%，年均增速接近18%。但我国目前经济增速下滑的压力仍然不小，希望银行进一步投放更多贷款，以解决"融资难"问题的呼声仍然十分强烈。两者之间的矛盾现象反映出的是什么问题呢？那就是中美两国的市场结构存在很大差异，两国的直接融资和间接融资的比例大不一样。

要大力推进直接融资的开展，大力培育和发展多层次的资本市场，现在已经成为共识。但谈到直接融资，谈到资本市场，人们一般较多关注的还是股票市场。其实贷款从银行所持有的一种债权资产通过证券化发行给其他投资者之后，就由间接融资形式转换成了一种直接融资形式。据了解美国在2014年信贷资产的证券化率为24.3%，而我国2014年的这一比率仅为0.3%（3 000亿/90万亿，如与2014年当年新增贷款余额相比也只有不到3%）。因此，可以看出，美国经济的增长也并不是不需要资金的投入，它一是股票、债券市场发挥了巨大的作用；二是银行的信贷功能发生了转换，它的银行贷款通过证券化进入了资本市场，因而信贷余额表面上看似乎增加不多。

我们可以测算一下，如果美国的信贷资产证券化率达不到20%左右，而只有个位数的话，它的信贷增长率将会是多少。当然，如果贷款放出去之后缺乏流动性，银行要一直把这些贷款拿在手中，持有到期，银行是否还愿意或者是否还有能力增加这么多贷款，那就是另一个问题了。

与此同时，我们还可以再看一下美国几家银行主要的经营数据。例如，去年富国银行净利润增长6.2%，但其贷款余额只增长了4.9%；摩根大通银行净利润增加21.4%，其贷款余额仅增长了2.6%；花旗银行贷款余额只下降了3.1%，但其净利润下降了46.1%；美国银行贷款余额下降5%，但净利润减少了57.7%。

看到以上这些情况，我感到起码有三个问题是值得我们思考的。

一是，美国在这一轮金融危机之后，加强了对信贷资产证券化的监管，资产证券化尤其是再证券化的规模的确有所下降，但信贷资产的证券化率仍然不低（从2007年35%下降到2014年的24.3%），这在支撑美国的经济复苏中显然是发挥了作用的。

二是，美国的一些银行，其信贷资产余额的增减幅度与净利润的增减幅度并不是简单的线性相关。银行多元化的业务发展包括信贷资产证券化业务的开展，似可以在一定程度上弥补银行业信贷资产增速下降对银行本身盈利能力所带来的影响。

三是，所谓银行脱媒的说法并不完全靠谱。无论发展到什么时候，中介总还是需要的。只不过中介的形式和内容可能会有所变化。就拿传统的银行贷款业务来说，美国银行业贷款余额增速的放缓甚或减少，并不说明银行已丧失贷款发放功能。其贷款余额增加不多是与其转化成了资产证券化业务相关的。在间接融资向直接融资转换的过程中，银行既可以是基础贷款资产的拥有人，也可以是证券化的发起人、委托人，还可以是贷款服务商，等等。银行不仅可以扮演也应该扮演好这一系列角色。这应该成为我国银行下一步发展转型中值得关注的一项重要内容。

我今天谈的这几点看法，主要还是在讲推进信贷资产证券化的作用和意义。其实与前些年相比，现在人们对这个问题的认识已经比较一致了。尤其是上个月国务院常务会议关于新增 5 000 亿信贷资产证券化试点规模的决定，更是统一了大家的认识。目前的关键是如何落实好有关决定，如何保证我国的信贷资产证券化业务健康顺利地发展下去。现在还有不少问题是需要研究和解决的。例如银行在信贷资产证券化过程中自留风险及其资本占用比例如何确定才更科学、更合理的问题；又如有关税收政策能否在坚持中性的同时，更鼓励和支持证券化业务开展的问题；再如对证券化业务涉及最多的抵押权转移问题的有关法律也需进一步完善。这里仅举一个例子，《物权法》第 192 条规定"债权转让的，担保该债权的抵押权一并转让"，这似乎已经说得十分清楚了，但《物权法》对主债权转让之后，所谓相应的抵押权的"一并转让"是否就无须进行抵押登记了，并无具体规定，这就造成各地在司法实践中的理解不一致。这在过去证券化资产的基础资产质量较好，发生违约的可能性不大的情况下似乎矛盾还不算突出，但随着资产证券化业务范围的不断扩大，要求处置基础资产的可能性加大了，这一问题势必凸现出来。又比如，在以往的操作过程中，对基础信贷资产的持有人、受托人、贷款服务商、受益人等相互之间的关系有时捋得并不十分清楚，也就是说资产证券化业务十分重要的两个法律原则，即破产隔离原则和有限追索原则并没有在一些证券化项目的设计上得以准确体现。这在基础资产质量相对较好的情况下，似乎问题也不大，但随着业务范围的扩大，随着违约风险的加大，这一问题将显得越来越重要。信贷资产证券化业务要能健康发展，就必须使每一个证券化项目都能做到在法律上清晰地实现破产隔离，要让相关各方尤其是投资者清晰地意识到在基础信贷资产一旦发生现金流不足以偿付的情况时，投资者并没有权利向发起机构追索。也就是说要求刚性兑付是没有道理的。当然在这个过程中，发起机构、受托机构和贷款服务商有责任、有义务依据法规和合同规定向投资人按时、准确地披露有关信息。要真的打破刚性兑付，尽职尽责地使信息披露工作不存在疏漏，这一点十分关键。

总之，信贷资产证券化应该加速推进，而在推进的过程中必须防控住风险。如果要说在下一步大力推进信贷资产证券化的过程中什么风险最大的话，我认为，如果发起人、受托人、贷款服务商的工作不到位；有关法规不到位；监管措施不到位；社会公众对资产证券化的法律原则认识和理解不到位，都将可能造成新的一种刚性兑付局面，而信贷资产证券化作为直接融资的一种形式，一旦又形成了一种刚性兑付的局面，那将是真正的风险。

简单地扩大投资不再是好办法 *

      2015 年 10 月中旬全国政协经济委员会召开了当年第三季度宏观经济形势分析会,我在会上作了发言,谈到除了习惯地从需求一端观察和考虑问题外,也要注意从供给一端研究和分析问题。认为"供给端的首要问题,就是一系列生产要素例如土地、劳动力、资金等的供给水平能不能满足我们所期望的增长的需要""这绝不仅仅取决于我们的主观愿望,更重要的是客观上的可能性究竟怎样",要注意资金供应也是有"天花板"的,要坚持压缩过剩产能,突出调整结构,等等。因为本发言谈论"供给端"问题时间较早,因此与后来各方面对"供给侧"改革的广泛讨论相比,本文所及问题面显得偏窄,议论也还不够深入。

——作者注

---

* 本文是 2015 年 10 月 19 日在全国政协经济委员会第三季度宏观经济形势分析会上的发言。

　　三季度的经济数据不是十分理想。目前，全球经济的波动性不小，尤其是新兴市场经济体都存在一些问题。我国经济下行的压力仍然比较大，三季度的一些经济运行数据说明了这个问题。对这一判断，各方面的认识基本是一致的，但对如何应对当前的困难，怎样解决面临的矛盾，看法就不尽相同了。例如，有的认为，由于出口增长无法完全取决于我们自己，消费增长又受制于城乡居民的收入增长情况，受制于社会保障等社会管理水平的提高程度，而这都不是一朝一夕可以马上解决的。唯有投资的增加是我们可以自己决定的。因此继续扩大投资是当前拉动经济增长的可靠措施，而且是可以起到立竿见影效果的一个措施。

　　我感到，这种看法固然有一定的道理，但也要注意到如果长期地反复地采取类似的措施，是有风险的，必然会增加社会经济可持续发展的困难和障碍。

　　传统的所谓出口、消费、投资是拉动经济增长的三驾马车的说法，主要是从需求的一端观察和考虑问题的。它成立的前提是无论哪驾马车发力，都能够形成有效的最终需求，实现真正的最终消费。如果在事实上没有做到这一点，其结果就必然形成过剩的产能和一些低效、无效的建设项目，而这正是我国经济运行中长期存在并一直难以解决的一个痼疾。要搞扩大投资，必须认真研究和处理好这些问题。

　　现在我们也可以调整一下思路，从供给一端来研究和分析问题。供给端的首要问题，就是一系列生产要素例如土地、劳动力、资金等的供给水平能不能满足我们所期望的增长目标的需要，能不能达到我们想要的水平。而这绝不仅仅取决于我们的主观愿望，更重要的是客观上的可能性究竟怎样。现在我们对经济发展必须顾及自然环境的承载能力，不能无节制地向大自然索取已经有了新的认识，对我国劳动力供给中会不会出现刘易斯拐点，人口红利是不是不复存在的问题也已经引起了关注，但对资金供给是不是也会有"天花板"的问题似乎考虑不多，甚至认为资金供应量的多少完全是人为可以掌握和调控的事情。这种认识是有不小偏颇的。这里先不谈资本市场的情况，不谈直接融资的情况，就拿间接融资来说，拿银行信贷来说，我们不能简单地以为只要有需要，就可以无限扩大货币发行，资金就可以不断供给，贷款就可以不断增加。

我们还是要关注和重视中国经济运行的杠杆率问题。与全球十个发达经济体以及金砖国家相比，我国的政府债务率和居民债务占比并不算太高，但企业债务率是非常高的。有分析表明，我国企业债务占 GDP 比重已超过 123%，是十大发达经济体和几个金砖国家中最高的。远远高于美国的67%，英国的 74%，德国的 54%以及俄罗斯的 40%，印度的 45%等等。我国银行信贷增长情况也从一个侧面反映出这个问题。到今年 9 月末，银行业贷款余额达到 92.13 万亿，同比增长了 15.4%。今年前三季度净增 9.9 万亿，同比多增了 2.34 万亿。过去曾经有过一个说法，就是信贷增长应该等于或略大于 GDP 增长与物价上涨幅度之和，现在无疑是远远超过了。与信贷超常规投放的 2009 年同期相比，今年前三季度银行贷款多增了近 8 000 亿。这里的原因当然是多方面的，例如我国资本市场的发育水平还不高，直接融资能力还不强，等等。但值得注意的是，历史的经验已经多次证明，凡是银行贷款投放过猛了，必然在一段时间后就会出现不良贷款的迅速上升。目前银行业的不良贷款率增长的势头已经持续一段时间了，三季度末又比年初增加了 0.36 个百分点。目前银行业不仅拨备覆盖率明显下降，资本充足率也已经受到影响。这些数据再一次提示我们在任何情况下，银行业信贷增长的空间都应该是有限的。正是由于企业长期以来处于高负债运营的状态，在经济下行，市场需求疲弱的情况下，他们的偿本付息能力必然会出现不足，这就直接影响了银行的资产质量。对这些问题如重视不够，处理不好，金融风险将会进一步地积聚和扩大。

所以，我感到如果简单地扩大投资、增加信贷投放恐不是解决当前矛盾的好办法。还是要把调结构放到更突出的位置上来。对产能过剩的压缩力度不能减。还是要让没有市场前景的企业尽快退出市场。支持实体经济的发展，当前关键是要支持我国制造业水平的提升，支持高端制造业的发展，支持"中国制造 2025"的实现。而对那些没有市场前景的企业，不能再搞"挑水填井"式的信贷投放了。要着眼于全要素生产率的提高，这是解决问题的出路所在。

关于"债转股"的几点思考 *

2016 年 3 月中旬之后,"债转股"成为一个热词,关于"债转股"的各种讨论意见不断出现于有关媒体报端以及方方面面的会议论坛。当时我感到其中有不少看法和讨论,似乎缺乏对"债转股"这一特殊的债务重组方式的深入研究,提出的一些办法和措施也不尽符合市场化、法制化的改革取向,如若把握不当很有可能带来一系列后遗症,于是就赶写了这篇文章。这篇文章在媒体发表后,各方面的反响有点出乎自己的意料。

——作者注

---

* 本文发表于 2016 年 4 月 6 日的《21 世纪经济报道》。

一、债转股是债务重组的一种特殊方式

通常的债务重组是债权人、债务人因种种原因在原借贷融资契约难以继续执行的情况下，对原定的借贷金额、借贷期限、借贷利率、借贷方式等作出调整和变动的一种行为。因此，债务重组必然涉及债权人和债务人各项基本权利和义务的调整。而较之一般的债务重组而言，债转股对债权人、债务人带来的变动更激烈、调整更深刻，它将原有的借贷关系变成了股权关系，这是一种根本性的变化。

二、债转股对于债权人、债务人都是一个"痛苦"的过程

对债务人来说，债转股就是为自己引入了新的股东。如果转股金额与企业原有资本额相比数额较大，那更是等于为债务企业引入了相对控股乃至绝对控股的投资者。因此对债务人而言不能简单地以为债转股可以降低自己的杠杆率，以为债转股后的最大好处就是无债一身轻了，可以不必再支付贷款利息了。其实股本融资应该是一种比债务融资成本更高的融资方式，股本不仅是需要回报的，而且其回报率（股权分红率）理应比借贷利率更高（否则是吸引不到投资者的）。同时，债务人还应该认识到，在引入新的股权所有者尤其是控股股东之后，按照规范的法人治理机制要求，企业的重大事项决策权就应该交付给新的"老板"了。这并不是一件简单的事情，也不会是

一件令人"愉快"的事情。同样，对债权人而言，债转股意味着放弃了原有的债权固定收益（利息），放弃了对原有债权抵押担保的追索权，而由此换得的股本收益权能否真正得以保证，相当程度上取决于债转股后企业的经营管理状况能否有根本的改善，取决于自己的股东权利能否确保落实。如若把握不当很有可能陷入既不是债权人，又不像股权持有人的尴尬境地。应该看到这中间是存在着一系列不确定因素的。

因此，这是一个"痛苦"的过程。债权人、债务人都应该认识到这是一个面对现实不得已而为之的做法，所以各方对此都应该持一种谨慎的态度。如果在这过程中，有任何一方是趋之若鹜的（在90年代末的政策性债转股中曾出现过这种现象），我们就需要认真考虑这个债转股方案对原有债权债务的重组是否体现了公平、公正的原则，其做法是否符合市场化、法制化的要求。

三、对 90 年代末债转股的几点回顾

90年代末集中对500来户企业约4 000亿的银行贷款进行了债转股（后来对个案进行了一些委托债转股，在21世纪初对一些军工企业也进行了债转股），这在当时对部分国有企业的脱困确实发挥了不小的作用，为一些企业的后续发展包括改制上市创造了条件。例如一汽、二汽、宝钢、鞍钢、武钢、首钢、西飞、西南铝、长安汽车等不少重点企业当年都进行过债转股。回顾当年的债转股操作，有些经验和教训值得认真汲取。一是当年的债转股虽然是与剥离银行不良贷款同时操作的，但当时还是注意强调了债转股企业

的产品应该是具有市场前景的，管理水平、技术水平是较为先进的，只是由于债务率较高而要设法降低其杠杆率。尽管由于种种原因，这一要求在执行过程中落实得并不尽如人意，但当时倘若没有这一指导原则，债转股的效果想必会更不理想。这一点值得当前在进行有关债转股的政策设计时予以重视和借鉴。债转股作为一种特殊的债务重组方式，不能再用于那些复苏无望而应该退出市场的企业。这是当前在确定究竟要对哪些企业进行债转股时必须认真掂量和权衡的。要避免通过债转股保留了那些该压缩的产能和需淘汰的企业，否则势必会延缓整个结构调整的进程。二是企业债转股后的新股东，无论是银行还是资产管理公司等其他机构能否充分实施股权管理，企业的经营管理机制能否真正有所完善，这一点十分重要。当时囿于体制、理念包括人力等原因，债转股后"股东"虽然向企业派出了一些董事、监事，但作用很小（多数企业当时尚未进行真正的股份制改造，只是为债转股而成立一个董事会、监事会）。股权所有者既放弃了债权人的权利，又无法真正享有股东的权利，在改善企业法人治理机制、提高经营管理水平方面也难以发挥应有的作用。当然，当时银行和资产管理公司是否有足够的人才和能力介入转股企业，事实上也存在着一系列问题。三是债转股后股权持有人（原债权人）的经济利益应得到充分保护，否则会加大金融风险。由于种种原因，当时债转股后，不少企业在相当长的时间里一直没有给股东分红。而在银行和资产管理公司考虑如何对有关股权进行处置时，可供选择的方式又十分单一，主要就是企业回购（部分是原价回购，多数则是打折回购）。这样的结果是债转股不仅没有能够起到促进企业股权多元化、改善企业经营管理机制的作用，而且在企业回购股权时原债权人都普遍承担了一定的损失。这样的做法在当时债权人、债务人产权结构单一，都是国有独资的背景下，有其一定的合理性，也有其相应的可操作性。但在今天市场化程度已明显提高，债权人、债务人等各类市场主体的产权结构已经多元化，财政已难以再对有关损失"兜底"的情况下，对债转股操作的复杂性要有足够的认识，当年的一些做法现在已无法再简单施用。此外，值得注意的是至今几家资产管理公司手中仍持有一些当时债转股留下的股权还未能处置变现，其中除了部分企业的股权质量尚好，资产管理公司对这些股权的进一步增值寄予希望之外，还有不少股权是难以处置、无人愿意接盘的。

四、实现债转股多元化目标之间的平衡难度不小

我们都希望通过债转股能达到一举多得的目的。例如既能降低企业的负债率，减轻企业的财务负担；又能减少银行的不良贷款，化解金融风险；也能提高银行的资本充足率，缓解银行业的资本补充压力；还能调整直接融资与间接融资的比例，为一些企业和社会公众提供新的投资工具，等等。同时也希望在这一过程中能够坚持市场化运作，不增加财政负担。

其实，在这些多元化的目标之间是存在着不少矛盾和制约关系的。如若处理不好，很有可能顾及了一头，忽略了另一头，造成事与愿违的结果。就拿减轻企业财务负担而言，债转股后的企业确实是不需再支付贷款利息了，但他必须对股权进行分红，这个压力并不小。如若以"放水养鱼"为由，允许企业在较长时间内不分红，那又如何将投资者吸引到债转股的投资中来呢？除非他们能很"便宜"地从银行手中购得这些债权。如真是那样，银行将承受较大损失。且不说银行的股东们是否允许这样做，就说希望达到化解

金融风险的目标又如何落实呢？如果为了避免银行债权转让中的损失，而让银行通过自己的子公司来操作债转股，那无异于银行将不良贷款直接转成了不良投资，谈不上真正地降低银行的不良资产率，况且银行直接持有企业股权的风险权重要大于一般贷款，需占用更多的资本，这就无法达到提升银行资本充足率水平的目的……

只有把这些关系捋清了，才能使债转股方案的思路更清晰，才能使各市场主体的责任和义务更明确，也才能在坚持市场化运作的前提下，进一步把握好政府政策支持的方向和力度。

五、目前推进债转股需注意的几个问题

（一）要注意选择好债转股的对象，不宜在那些应该退出市场的企业中搞债转股。否则既不利于压缩过剩产能和结构调整，也难以实现债转股后企业经营状况的真正改善。

（二）要坚持按市场化原则、法制化原则操作。债转股方案应经债权人、债务人各自的董事会、股东会批准；债转股后原债务人的法人治理架构应作出相应调整；如股东让渡了经营决策权就应该享有优先股的权益，要保证其能得到固定的股息分红以及享有清偿顺序优先权。

（三）如由银行的理财计划或所属子公司操作债转股，则需注意银行不宜长期持有企业股权。转股后，银行应采用多种方式择机转让所持的有关股权，否则不利于建设健康的银企关系。在股权转让过程中应致力于促进资源的优化配置和混合所有制的发展。

（四）要及时修订《商业银行法》和《破产法》等法律，为债转股提供法律支撑和保障。《商业银行法》中关于银行不得投资于非金融实体的条款尽管设有可经国家批准的除外条款，但如需逐案报经国务院审批，其操作性恐有一定问题，如若进行一次性授权，则建议在授权时设置一系列明确的前置条件（如明确债转股对象的选择标准以及市场化操作的基本要求等），以避免具体实施过程中的操作变形，防止损失扩大和孳生道德风险。此外，应在《破产法》中关于破产重整和破产和解的表述中增加有关债权可转为股权的内容。

（五）要定期和不定期委托第三方检讨评估债转股后的经济和社会效益，以便为下一步的企业改制和金融改革积累经验，减少改革成本。

第三部分

国际金融危机的两两三三

从一个新视角审视次贷危机 *

写作此文时，国际金融危机爆发已有近一年时间，当时不少人对引发此轮危机的原因作了各种分析。我则从国际会计准则存在严重的顺周期效应的角度提出了一些问题，认为国际会计准则关于所谓资产负债公允价值的确定方法有不合理之处，在一定程度上对这一轮金融危机的爆发起了火上浇油的作用。可以说，这是较早地向国际会计准则提出了一些挑战。令人欣慰的是，在后来应对危机的实践过程中，国际会计准则委员会及有关监管机构对有关规定的执行要求作了一定的调整。

写这篇文章时，正是人们对信贷资产证券化以及相应的金融衍生产品纷纷声讨之时，我国银行业的资产证券化试点也因此陷入了停顿。我在文中提出"吸取次贷危机教训不可停止金融创新"，"只要设计合理，银行资产证券化产品的风险是可控的"。这是我长期以来一直坚持的一个观点。

——作者注

---

* 本文发表于 2008 年 9 月 22 日的《经济观察报》，这篇文章是我撰写并以记者采访一席谈的形式发表的。

前不久，工商银行公布了 2008 年上半年度的业绩报告，工商银行以 648.79 亿元人民币净利润成为全球盈利最多的银行。国际投资机构的分析师们普遍认为，工商银行之所以能有这份成绩单，除了得益于其各项业务发展良好之外，也归因于在全球一些著名大银行深受次贷危机之苦时，工商银行基本未受到什么拖累和影响。

当次贷风波乍起，事态还未进入严重状态时，工商银行就开始采取措施，一方面对仅有的 12 亿美元次贷债券（Subprime）采取了"暂不出手，增提拨备"的策略；另一方面却对当时市场表现尚可的"Alt-A"债券、"Jumbo"债券和"两房"（房利美、房地美）债券等其他一些美元债券大幅减持，仅在半年多时间里就出售了几十亿美元。同时，工商银行用这部分资金对美国国债和美国政府机构债券进行了波段操作，获取的收入基本覆盖了处置有关债券的损失。截至 2008 年 6 月底，工商银行总计持有的次贷债券、"ALT-A"债券和"两房"债券等仅为其总资产的 0.3%。因此，工商银行基本没有在这场波及全球的"1929 年大萧条以来最严重的金融动荡"中遭受什么损失，从而继续保持了令世界著名银行艳羡的高成长性。

当记者就此向中国工商银行行长杨凯生表示祝贺时，他很冷静地说："现在回过头来看，我们一方面为 2007 年第四季度和 2008 年第一季度的决策正确而高兴。当时国际市场对各类美元债券的看法并不太一致，甚至还有增持的，记得在研究权衡这个问题时，姜建清董事长对我说过一句话，'这个时候，现金为王'，我们抓住机遇对外汇债券投资做了"倒仓"处理，事实证明这样做是对的。另一方面，我们也为工商银行国际化程度还不高、融入全球金融市场的程度还不深而感到有点侥幸。工商银行外汇债券投资总额毕竟还不大。你的房子没有处在地震重灾区，地震后房屋受损程度当然就要轻得多，但这还无法证明你房屋建筑质量究竟如何。"

　　杨凯生认为应该对这次危机的成因、教训及其对中国的启示进行深入的思考和分析，但在这一过程中，认识不应简单化，切忌片面性。在接受本报记者独家采访时，杨凯生从多个角度谈了自己的看法，其中对从国际会计准则缺陷的视角进行分析和只有加快金融创新才能更好抵御风险的观点令记者感到颇有新意。下面是这些观点的汇集：

一、要注意国际会计准则的顺周期效应

　　记者：美国次贷危机爆发一年多来，国际金融市场的动荡一波接着一波，前景黯淡。最近美国政府刚下决心出资接管了房利美和房地美，而雷曼和美林公司又陷入了垮台或被人收购的境地，这说明情况确实十分严重。一年来，各界对于危机的成因有着不同说法和分析，在众多的说法中，你认为哪种说法更有说服力？

　　杨凯生：这一年多来，国际国内金融界、理论界，包括监管机构和众多媒体，对于这场波及全球的次贷危机的成因有种种分析。例如，有人说是美国前些年连续的低利率政策出了问题，过度刺激了消费和投资，造成了美国房地产市场的泡沫；有人说是美国的一些商业银行和房屋贷款机构有问题，他们违反了信贷的一条基本原则，就是把钱借给了还不起钱的人；有人说是次级房贷的证券化，尤其是多层链接的金融衍生品，例如 CDO，甚至还出

现了 CDO 的平方，这些投资工具有问题，这些金融产品的风险并没有真正被很多金融机构所理解和掌握；也有人说是债券信用评级机构有问题，他们为了从评级委托人那儿赚更多的钱，有意无意地提高了债券投资评级，误导了投资者；也有人说美国包括全球投资银行的激励机制都有问题，这种不合理的机制导致交易人员在债券投资交易时往往只关注当期收益，忽略风险；也有人说是美国金融监管出了问题，素以监管严密有效著称的美国金融监管体系其实疏漏不小，尤其是对投资银行的监管；也有人说是银行业的混业经营有问题，美国 1999 年终止了实施多年的《格拉斯—斯蒂格尔法案》，取而代之的是《金融服务现代化法案》，摒弃了分业经营的监管思路。有人质疑正是这种改变孕育了这一场危机；甚至更有人认为是美国人的消费文化和生活理念有问题，美国人热衷透支消费与东方人崇尚储蓄的文化差异也是导致这场次贷风波的重要原因，等等。我认为这些说法都有一定的道理，都从某个侧面剖析了这场危机产生的缘由。如果展开来讨论的话，也许每个话题都可以单独写一篇大文章。

记者：你更倾向于从哪个方向来思考次贷危机的成因呢？

杨凯生：我认为还可以从一个大家未涉及的角度来谈谈这场危机，就是国际会计准则有没有值得研究的地方。直白一点说，国际会计准则有没有缺陷？

记者：国际会计准则可是国际通用的商业语言，你认为也有问题吗？

杨凯生：提提意见和建议供国际会计准则委员会研究总是可以的吧。

记者：你认为这个会计准则的实施与次贷危机有什么关系？

杨凯生：关键是实施中应如何合理确认和计量金融资产，特别是金融债券的价值。比如说，原来的会计准则允许对证券投资依据成本或是依据成本与市价孰低法的原则进行计量，而新国际财务报告准则则明确规定：金融资产或金融负债应按照公允价值进行初始计量和后续计量。这就带来了两个问题：一是所谓公允价值究竟能不能真正保证做到是公允的、合理的？二是如果公允价值并不完全合理，它会给金融市场带来什么影响？应该说这两个问题在这场次贷风波中都有所表现。

国际会计准则之所以要求以公允价值计量金融资产和金融负债，有它的正确性，甚至是必要性。因为，这可以有效地避免和减少金融机构及其交易人员故意掩盖投资过程中的成败得失，尤其是防止某些金融产品明明市场价格已经大幅下降，但投资机构或交易人员都还在那里用成本价粉饰太平，甚至故意误导其他投资者和社会公众。也许正因为这一点，使得新国际财务报告准则的出台几乎受到了众口一词的肯定，但问题在于所谓的公允价值如何才能获得。国际会计准则对公允价值作了定义，也确实明确了公允价值在实践中应该怎样产生，概括起来就是说，在一个活跃市场中的成交价就是公允价；如果在一个活跃市场中没有相同产品的成交价，与其相类似产品的近期可观测到的成交价也可认为就是公允价。如果上述两个层次的价格都不能获得，则需要通过估值模型来计算有关产品的价值。

记者：这不是很明确、具体，也具有操作性的吗？

杨凯生：事情并不这么简单。从国际会计准则关于公允价值的定义以及分层计量公允价值的规定可以看出，所谓的公允价值还是具有市场客观性和主观判断性双重属性，这种双重属性带来的最大问题就是容易产生顺周期效应。

记者：也就是说，市场情况越好的时候，债券价值就越被高估；市场情况越差的时候，债券价值就越被低估。

杨凯生：这只是一种简单的说法，顺周期效应的表现及其带来的影响远不止这一点。

首先，国际会计准则的顺周期效应，使金融机构资产和负债的公允价值并不总是公允的。这一点不仅表现在市场高涨时，由于交易价格高，容易造成相关产品价值的高估；市场低落时，由于交易价格低往往造成相关产品价值的低估。同时，它也表现在市场交易不活跃而需要通过估值模型定价时，往往也不是那么容易就能发现合理的价值。各种不同模型的差异以及各家机构所设置的诸多变量的差异，使估值结果不可避免地带有很强的主观性。这就是通常所说的模型风险。需引起注意的是，当市场很不景气，一些金融机构按照调整后的市场变量，依据模型定价的结果大量抛售资产时，其交易结果又会催生出新的市场交易价，从而出现新的所谓"公允价"。显然，这种不合理的周而复始无法保证公允价的合理性。美国次贷抵押债券以及相关 CDO 的价格在短时间内的暴跌幅度大大高于美国房屋贷款包括次级房贷实际违约率的上升幅度与此不无关系。

其次，国际会计准则的顺周期效应，影响了一些金融机构抵御和化解风险的能力。在市场向好的时候，以所谓公允价值计量的金融产品获利颇丰，金融机构利润表上体现出大量利润，这不仅易使管理层和交易人员滋生盲目的乐观情绪，也促使股东增加了多分红利的冲动，凡此种种都不利于增强金融机构的抗风险能力。一旦经济下行，市场看空，相关金融资产价值被低估时，按会计准则要求，金融机构就要按不同的资产属性计提拨备或减少所有者权益，这将影响金融机构的盈利水平和资本充足率水平。为规避由此而带来的不利影响，金融机构势必又会加大有关资产的抛售力度。市场即陷入了交易价格下跌——提取拨备、核减权益——恐慌性抛售——价格进一步下跌——必须继续加大拨备计提和继续核减权益的恶性循环，最终导致这些金融机构因无法解决流动性不足和资本充足率不足问题而垮台。著名投资银行贝尔斯登和申请破产保护的雷曼都是典型的例子。若不是美国政府和美联储采取了一系列措施，在华尔街肯定还有一些机构难逃同样的厄运。

再次，国际会计准则的顺周期效应，容易加剧市场主体和社会公众的不理智。除了前面所谈的金融机构的交易行为明显受到所谓公允价计量原则的左右外，在市场波动时，有的投资银行分析师以及一些评级机构为了规避责任，唯恐自身的执业水准受到质疑，往往扮演的也是火上浇油的角色。他们在短短几天内竟然就能多次调整对同一个机构、同一种债券的信用评级和投资等级。这种评级结果与公允价值相互影响的作用，很难说是合理和健康的。与此同时，这些未必真正准确反映资产价值和风险状况的各种信息和数据，通过媒体的高效率传播，又反过来加剧了市场的恐慌情绪，形成各种顺周期因素的叠加和扩大。

总之，我认为一个好的市场规则，包括国际会计准则，它既要有利于防止和减少市场的不正常波动，又要能够在市场一旦出现波动时起到熨平波峰的作用，而不是市场高涨时，它在那里助推，市场低落时，它在那里加压。

记者：看来，你对国际会计准则的制度缺陷看得比较重。

杨凯生：也不能这样说，但这个问题确实值得分析和研究。有一种物理现象叫"共振"。例如有一群人要过一座桥，如果他们各自随意地走过，不会有什么问题，但如果有人喊着"一、二、一"的口令，让他们迈着整齐的步伐走过这座桥，那就很有可能造成桥梁垮塌。这就是"共振"的危害。我一直感觉公允价值计量原则的顺周期效应有点像在金融市场上喊"一、二、一"口令。它促使众多的投资者同时采取同方向的交易行为，这很容易酿成严重后果。看看这场历时已经一年半的次贷危机，很有点"共振"的味道。

记者：你说得很形象。那你认为应该如何对待国际会计准则呢？

杨凯生：这是一个比较复杂的问题。由于经济金融一体化进程的加快，客观上提出了对国际通用商业语言——国际会计准则的需要。这使得20世纪70年代成立时影响十分有限的一个民间会计准则制定机构，发展成为一个今天已有相当权威的国际会计准则委员会。他们制定的规则已经成为一个大家都要遵守的游戏规则——除非你不想进入国际资本市场。

在规则没有修改之前，并无什么选择。我们在国际市场上还是应该认真执行国际会计准则，但也不必把它看成是神圣不可侵犯的金科玉律。对这个准则存在的问题和缺陷应该认真予以研究，并且积极提出意见和建议。其实对《巴塞尔协议》同样要采取这个态度。《巴塞尔新资本协议》中对三大支柱的描述及相关规定，也有一些可商榷之处，有些规定同样也具有类似的顺周期效应。总之，随着中国在国际经济金融生活中地位和作用日渐加强，我们有必要努力增加中国在这些国际性规则制定过程中的话语权和影响力。就拿公允价值的计算来说，尤其是在极端市场条件下如何计算金融产品的公允价值，其实国际会计准则也没有给出一个很好的解决办法。应该允许大家来研究在什么样的市场条件下，在什么样的时点可以不采用现行的所谓的公允价值估值方法，从而回归到一种更能反映资产实际价值的估价方法上。

这里的关键也许是，在对一种金融资产或负债进行价值计量时，要合理把握其流动性风险、流动性成本和信用风险之间的关系。要把引起价格波动的因素区分开来。也就是说，要把由于流动性不足引起的价格波动与信用风险可能带来的对资产实际收入的影响因素区分开来。可以考虑，在金融机构对外披露信息时，对于信用风险可能给实际收入所带来的影响计入损益，而对于流动性风险引起的资产价格波动等放到权益项里面，直到流动性风险释放了以后或者有了确定的判断之后再纳入损益核算。

二、吸取次贷危机教训不可停止金融创新

记者：次贷危机爆发后，有人认为美国次贷危机是在资产证券化和金融衍生品上面出了问题，连金融市场最发达的美国都控制不了这个问题，中国现在更不要急于去搞资产证券化和金融衍生品这些虚拟产品。你觉得这种说法有道理吗？

杨凯生：我认为，创新固然会有风险，但不要以为不创新不改革就没有风险，风险一点也不小。我们绝不能因为美国发生次贷危机就因噎废食，延缓金融创新的步伐，要正确地吸取次贷危机的经验教训。

中国的金融体系一直是以间接融资为主，直接融资为辅。这些年资本市场虽然发展很快，但总的来说，间接融资所占的比重还是太大，在目前资本市场波动较大的时候，这个问题就更突出了。

且不说直接融资和间接融资的比例应该如何调整，就说这个问题对银行自身的影响吧。

过去几年，国内一些重要的商业银行已经先后上市。作为境内外上市的股份制银行，遵从《巴塞尔协议》这个国际银行业的基本规则，接受资本充足率的约束是必需的。目前几家大银行的资本充足率都还没有什么大的问题，但已有一些银行感到了这方面的压力。我们可以算一算，三年前上市的

银行，即使按照平均每年贷款增长 10% 这一并不算过快的资产扩张速度来考虑，大约再过多长时间他们的资本充足率又不够了？到时候市场还允许你无节制地增资扩股吗？中国的银行要想巩固住这几年来之不易的改革成果，面临的一个紧迫问题就是要走出一条总资产并不无限扩大而利润却能够持续增长的路子。

记者：怎么才能做到这一点呢？

杨凯生：很重要的一点就是，银行的资产必须具有流动性，银行贷款应该能够转让和交易。现在银行的贷款有什么问题呢？银行贷款放出去以后，不管期限是 3 年、5 年、10 年还是 20 年，银行一直要持有到期。这就造成两个问题：一是银行的风险总是永远增加的，因为贷款余额总在不断增加；二是随着银行的资产规模不断扩大，银行对资本的需求也是不断增加的。这是比较落后的银行管理方式，怎么解决这个问题？就是要让银行的贷款资产可以转让。其中一个有效的方法，就是信贷资产证券化。

记者：美国的次贷风波确实让我们看到了资产证券化所可能带来的风险。你觉得在中国有什么办法能够降低或者控制资产证券化带来的风险？

杨凯生：可以把这个问题讲得更通俗明了一点。所谓的贷款资产证券化，就是把银行已发放出去的贷款标准化、等分化后再向投资者出售。人们通常所担心的是这些贷款质量如果出了问题，如果到时贷款收不回来，投资者不就是有风险、有损失了吗？我的看法是，首先，任何投资都会有风险。我们期盼有一种投资产品是完全没有风险的并不现实。其次，证券化的资产出售后究竟有没有大的风险，关键是看资产未来的现金流收入能否足额偿付证券化债券的本息。如果把对投资者公开发行的债券本息额控制在资产可预期的现金流总额内，那从理论上讲，这个债券风险就是不大的。债券本息总额占可收回的现金流总额的比率越小，风险就越小。一笔贷款也好，一个贷款包也好，在标准化、等分化的过程中，应该将其分为不同的几个层级，不同层级间的风险和收益率不一样。

在国外，过去监管机构一般没有强制要求证券化资产出售人自身一定要持有多少债券，银行是把打包的资产进行证券化后全部卖出去的。如果是这样的话，资产出售者就把风险全部转移，同时把收益也全部转移了。我认为，中国在推行资产证券化的初期可以明确规定，向投资者发行的证券数量与资产的账面值要有合理的比例关系。可以规定出售贷款的银行必须持有部分风险级别相对较高的那部分债券。这实际是一种强制性的信用增级行为，可以使市场上流通的债券的风险处于较低的状态。相应地，还可以规定银行为此持有的这部分债券不得作出表处理，只有真正实现销售卖断的部分才可出表。另外，在证券化初期也可以不允许证券化之后再证券化，以方便投资者能够一眼见底地看到基础资产的状况。如打包以后再打包，基础资产状况就不容易看清楚了。

总之，通过上述办法，我认为从技术上是可以控制贷款证券化风险的。有问题应该在发展的过程中逐步解决。停滞不前，不搞资产证券化，其结果是可以预见的，一是会重蹈把风险全部集中在银行体系的覆辙，二是银行的资本充足率将越来越低。这种局面是无法长久维持的。

记者：资产证券化会不会让人觉得银行是要转移风险呢？

杨凯生：我刚才已经讲了，其实只要设计合理，资产证券化产品的风险是可控的。不仅如此，通过资产证券化，还可以向市场提供大量新型的投资产品。这对市场的健康平稳发展十分重要。目前我国的金融市场结构是中间小两头大，金融产品要不就是低风险低收益的，例如银行存款、一般理财产品、国债等，要不就是高风险高收益的，例如股票、证券基金等，而介于两者之间的品种不多，投资者的选择范围十分有限。这种结构并不合理。银行通过对信贷资产证券化，可以给市场提供新的投资工具，增加资本市场可交易的品种和数量，这有助于缓解现在资本市场的投资工具主要集中于股票类产品的现状。这不仅有利于银行的健康发展，也有利于资本市场的健康发展，还有利于减少资本市场的波动和风险。

我在华融资产管理公司工作时，曾经把不良资产进行过证券化，事实证明并没有发生什么风险，何况现在谈论的是银行的正常贷款呢。

三、商业银行要始终谨记防范风险

记者：银行如果通过资产证券化可以转让贷款了，会不会不再重视贷款质量了？

杨凯生：商业银行是经营风险的特殊企业。在任何时候都不应该忘记自己经营的基本原则，要把风险控制在可承受的范围内。这是为了"对存款人负责"。次贷危机爆发前，美国的一些放贷机构有意无意地放弃了这个原则，有人误以为自身的资产证券化之后，就可以把发放贷款的风险完全转让出去。事实上他们错了，因为他们有那么多资金，除了发放贷款还必须投资，最后他们又买了很多债券包括 CDO，在这个怪圈当中，他们自食其果了。这从另一方面提醒我们，在市场上自作聪明是不行的。

记者：这是否意味着银行必须具有长远发展的眼光，不能短视？

杨凯生：我们都看到，在北京奥运会的闭幕式上，马拉松金牌得主获得了比其他人更多的荣耀。之所以在奥运会闭幕式上，在全场数万名观众的起立中，为马拉松比赛获胜者颁奖，我想除了马拉松这项比赛与奥运会发源地希腊有着特殊渊源外，也是为了对那些具有超常耐力的、在一种超长距离赛跑中的最终胜利者表达最高的敬意。实际上，银行的发展也像是跑马拉松。所谓像跑马拉松就是要长期可持续发展，不图一时一事，不搞大起大落，这正是科学发展观的体现。优秀的马拉松选手从起跑到终点基本上是匀速的。工商银行要成为最盈利、最优秀、最受尊敬的国际一流商业银行，就要在10年、20年乃至更长的时间内一直保持可持续发展。这要求我们必须走出一条新路来。其中很重要的一点就是，我们资产的流动性要大大加强。

记者：你觉得目前中国的商业银行应该注意什么？

杨凯生：认真总结并吸取这场波及全球的次贷危机的经验教训，以更开阔的视野，站在更高的层面上来审视金融的开发创新问题和风险管理问题，这关系到中国银行业的未来。

完善公允价值计量准则的两点思考*

　　本文与前面的《从一个新视角审视次贷危机》中的有关观点是一致的，主要是批评国际会计准则的所谓"盯市原则"（Mark to Market）。当时在金融会计学会的一次会议上对此有争论。我认为，任何时候对任何问题进行不同意见的交流与沟通不仅是必要的，而且也是有益的。

——作者注

　　我今天来参加这个会，完全是因为我是一个会计理论和会计实务的爱好者。我下面讲的完全是个人看法，既不代表工商银行，更不反映工商银行的利益所在。

　　黄世忠教授的讲话是从一个会计学者的角度来捍卫公允价值计量的原则，他批评有一些人不赞成公允价值原则，是代表金融机构利益的。我也希

---

*　本文是 2009 年 6 月我在金融会计学会"公允价值应用与金融风险防范"研讨会上的一次即席发言的记录稿。

望大家注意一下刚才易纲行长提到的工商银行 2006 年度、2007 年度由于执行公允价值计量的会计准则而影响的当期利润数据，2006 年影响的利润是增加 200 万元人民币，2007 年影响的利润是减少 1 900 万元人民币。我再补充一个数据，工商银行 2008 年的净利润是 1 110 多亿元人民币，由此可见，所谓以公允价值计量的原则对工商银行目前的影响几乎可以忽略不计。因此，我谈这个问题并不是从银行界、金融界自身利益的角度来谈的，否定这个会计计量原则对我们并没有什么好处。

现在，我们持有的美元抵押债券，是按照公允价值计量的，在实践中也是按公允价值操作提取拨备的。由于我们计提了足额的拨备，因此，我们现在处理这些债券只会增加我们的利润，而不会增加我们的损失。

关于怎么看待公允价值计量这个会计制度。我的看法是，当时制定这个原则，提出这个原则，有它的历史合理性，甚至有它的必然性。这也就是大家经常讲的，要防止金融机构管理层或者交易人员，以所谓的历史成本法误导投资者，误导社会公众，这个担心是有道理的。许多东西变了，你还说过去怎么样值钱，我觉得这对投资者是不公正的。刚才黄教授举例，17 岁的少女是多么漂亮，到 71 岁的时候是多么衰老。我觉得可以再补充得全面一点，人到 71 岁的时候，确实很难比 17 岁漂亮了，但漂亮不漂亮，看的是你的照片（市值，尤其是模型法计算出来的市值大概也就是一个人的照片，和真人模样其实是有区别的），不是看的真实的人的模样，这两者可能有差异。而更重要的是，市值和它的历史成本比较并不永远是下降的，它与岁月给人的容貌带来的影响不同。市场是有波动的，可能低，变丑了，也可能高，又漂亮了。当然，不管怎么说，按照市值原则来处理，是有合理性和历史必然性的。

但是这种所谓的盯市方法，缺陷也是明显的。不能因为它有合理性、正确性，就不能说它的缺陷。我不是说由于这个会计准则引发了这场金融危机，但我想说的是，在这场金融危机的蔓延、扩散过程当中，这个会计准则加剧了市场的恐慌和波动。这点也是毋庸置疑的，这就是盯市原则的所谓顺周期效应。关于这个问题，2008 年 9 月我曾经写过一篇文章，比较详细地谈了我的观点。

怎么来讲这个问题呢？其实咱们可以看看，从这些抵押债券的基础资产违约率来看，从这些债券基础资产的违约率和这些债券在市场上的下跌幅度来看，是不成比例的。也就是说，其基础资产违约率和债券价格的下跌相比，基础资产违约状况并不像市场所反映的那么严重。为什么市场反应那么严重呢？这和市场交易情况有关，和大家对盯市原则带来的价格变化的压力有关，这种压力引发了抛售行为。这种恶性循环进而又人为地造成了债券价格的下跌。这显然反映了这个准则的缺陷。

现在说要对这个准则进行完善是必要的。当然要完善这个准则，是一个难题。我曾经开玩笑地说，当初制定的这个准则是有缺陷的，今天修改的办法无论是欧盟的还是美国的，还是香港的，在修改这个办法或者执行这个办法过程当中，一些做法显然也是有缺陷的。如给予金融机构一些自主权，实质上就是允许金融机构可以视情况对资产负债的价值作必要的调整，这就很容易造成市场信息不一致，增加投资者判断的难度，甚至可能引发某些金融机构产生道德风险的可能。因此，我觉得这条准则当时制定得并不好，今天修改的做法也并不完美，如果当时不存在这样一个办法，如果出台的是另外一个办法可能更好。

怎么完善？我觉得可以从两个方面思考。

一是在金融资产的定价方面。如何正确地把一个金融资产价格中包含的信用风险和流动性风险区分开，也就是说，要把由于流动性不足引起的价格波动与信用风险可能带来的对资产实际收入的影响因素区分开来。可以考虑，在金融机构披露信息时，对于信用风险可能给实际收入所带来的影响计入损益，而对于流动性风险引起的资产价格波动等放到权益项里面，直到流动性风险释放以后，或者有了确定的判断之后再纳入损益核算。我们目前的方法并没有正确地区分一笔资产或一笔负债的信用风险和流动性风险，将它们混淆在一起了。

二是在金融监管层面。为了应对这个会计准则，特别是盯市原则引发的所谓顺周期效应，是不是可以从监管上采取一些反周期调节的方法。例如，由于按照盯市原则，你的资产价格急剧上涨了，我们可不可以人为地规定，按照盯市原则上涨的这部分价格里面，要预提一定数量的拨备，以备在其资产价格下降的时候，可以通过预提拨备的回拨来弥补损失，这可能也是一个比较好的完善角度。而我们现在的做法是，价格越上涨越不需要计提拨备，价格越下跌越要计提拨备。

总之，我觉得现在既不能一概抹杀盯市原则的合理性，也不能固守这个原则，认为它是天然合理的，不能改变的。我们要改，要找出一种合理的办法来改。

要理性地看待标普评级事件 *

    2011 年 8 月 5 日，世界著名评级机构标准普尔宣布调低美国国家主权评级（由 AAA 调为 AA+）。标普的这一做法仿佛一石激起千层浪，叫好者有之，窃喜者有之，担心者有之。当时我这篇文章的主要观点是：首先，不必为标普的这一做法喝彩。经历这一场金融危机，我们需要重新客观认识国际几大评级机构的作用，它们的执业水准、职业操守都有值得关注的地方。其次，美国国债的避险资产作用依然是存在的，简单地认为我国的外汇储备中对美国国债的投资太多，一旦标普调低美国国家主权评级我们就应该减持美国国债的想法，是有失偏颇的。最后，要努力推进我国外汇管理体制的改革。我在文中提出了两点建议：一是要支持和鼓励中国的银行、企业"走出去"，扩大对外投资，减少投资顺差；二是要开展商业银行与央行之间的本外币互存业务，通过商业银行的渠道让更多的外汇进入市场。由于种种原因，在文中我没有十分清楚地表达

---

* 本文发表于 2011 年 8 月 23 日的《第一财经日报》。

自己的一个观点，即可以由商业银行承担对外使用外汇的信用风险，而汇率风险则由央行来承担。

——作者注

标普在 2011 年 8 月 5 日采取的降级行动不仅使美国遭受了切肤之痛，也绷紧了全球的神经。一时间"主权信用等级""AAA""AA+""美债危机"等成为全世界媒体最潮的"热词"，可谓众说纷纭，莫衷一是。国内各界对于标普下调美国主权评级事件看法也不尽一致，但以下几种反应似乎颇具代表性：

第一种是对标普降级行为的认可。觉得作为一家美国的评级机构，敢于挑战大佬，使美国这样的国家在评级基准面前也不能享受特殊待遇，确实体现了国际著名评级机构的独立性和公正性。

第二种是对美国遭遇降级的窃喜。作为全球经济金融霸主的美国，从来都是将游戏规则操控于自己股掌之中，这次却被标普终结了其"永远是 AAA 主权评级国家"的神话，让人难免有额手称庆的快感。

第三种是对中国外汇储备的担忧，认为作为美国国债的最大外国持有者，中国外汇储备的 40% 投资于美国国债，70% 为美元资产，美国降级是否会导致中国外汇储备的损失很令人担忧。

在面对疾风骤雨般的全球金融市场剧烈动荡之时，我认为应通过更加冷静的本源性思考，对这一事件作出更加理性的审视。

一、不必为标普喝彩

标普下调美国主权评级的时机选择在对全球经济"二次衰退"担忧日益加剧、市场信心十分脆弱之际，其结果必定进一步引发市场震荡、增大美国乃至全球陷入"二次衰退"的概率。就在刚刚过去的 6、7 月份，"标普"们不顾欧盟在解决债务危机方面所作出的努力，连续下调一些欧元区国家的主权信用评级和银行信用评级，加剧了市场恐慌情绪，这种给欧债危机火上浇油的举动，使得欧盟各国对几大评级机构十分恼火，对其客观性以及执业水准产生了质疑，致使欧洲已表示要着手考虑建立自己的评级机构。

如果抛开欧美的地缘因素和美国两党选举政治的影响不说（其中有不少值得细究的缘由），标普这次下调美国主权评级的行动以及在欧债危机演化中推波助澜的表现，与其在 2008 年金融危机中的表现并无实质的不同。这又一次充分暴露了国际评级机构及其行为的"顺周期性"特征。当前人人皆知欧洲一些国家已陷入主权债务困境，无人不晓此次美国就提高法定债务上限和调整财政政策的长时间争论表明美国的体制并非如有些人所想象的那么完美。在这样的情况下，标普的降级行动对国际金融市场和世界经济运行既无任何建设性可言，也不能说明其评级水平如何之高、独立性如何之强。由于在 2008 年金融危机中对次贷衍生产品的风险严重失察而误导了投资者，这些评级机构备受诟病，因此几年来，他们一直谋求重塑自己"公正""客观"的形象，竭力要挽回受损的声誉。标普这次以"超越国家利益"的姿态站出来，其最根本的动机还是在于恢复自身所谓的公信力，以巩固自己的商业利益。

尽管 2008 年以来的国际金融危机给我们的一条深刻教训就是，从国际会计准则到评级机构、到监管部门都要注意摆脱思维惯性，努力从"顺周期"的桎梏中走出来，但标普这次降级行动表明，国际评级机构的行为并未摆脱"顺周期性"的本质，其拥有的并不正常的超级影响力也未得到有效制衡。此外，所谓"权威评级机构"的执业水准乃至职业操守恐怕也并不完全可信，主观结论在先，评级过程在后，是它们常用的一种工作定式。长期以来，这些国际评级机构因对中国经济和中国银行业抱有偏见，而给予明显偏低的评级，就表明其评级"客观性"确实存在着不小的局限。打破现有垄断格局、重建国际信用评级新秩序，投资者、社会公众及监管部门都要重新客观估量评级机构的作用，合理确定投资行为对外部评级结果的依赖程度，这应该是此次评级风波给予我们的一个重要启示。

二、美国国债的避险资产作用仍然存在

近期的市场走势表明，美国国债并未受评级下调事件明显冲击，反而继续被不少投资者增持。这说明投资者尤其是中长期投资者对美国国债实际的违约风险担忧并不大。当然，从中长期来看，如果经济和财政状况得不到实质性好转，美国政府融资成本上升的概率会较大。但在可预见的未来，凭借美元在国际货币体系中的主导地位，美国国债在全球金融市场中的地位仍然难以替代。

美国国债长期以来被视作无风险资产，美国国债收益率因此被公认为

美国乃至全球金融市场的利率标杆和资产定价基准。历史经验表明，在经济增长缓慢或经济衰退时，国债的表现通常优于其他资产，国债的价格往往会随市场的悲观情绪一起上升，与此对应的是国债收益率的下降。2008年全球金融危机爆发时，反映市场恐慌情绪的 VIX 指数（又称波动指数）由危机前 20 点附近区间突破至 80 点关口，同期美国 10 年期国债收益率则由危机爆发前的 4% 下降至 2% 左右。这次标普下调美国主权评级事件的戏剧性在于，本该受降级影响最严重的美国国债，在全球各种避险资金的追逐下价格不降反升，美国中长期国债收益率不仅未带动市场利率整体上行，反而出现不同程度下跌，这是市场真实走势与经济学逻辑分析开了一个玩笑。这也告诉我们，对于美国债务问题走向，不能仅从财政和债务指标水平进行单一维度的判断，必须结合美国在全球经济金融中的霸权地位进行综合考量。

美元在世界范围内发挥着价值尺度的作用，是国际经贸往来的货币计价单位，在国际投资和国际信贷中被广泛使用，具有国际储备资产的职能。凭借美元在现行国际货币体系中的霸权地位及其被赋予的全球"信用本位"的职能，美国国债的发行在一定程度上也是全球本位信用的发行。只要世界各国仍然接受美元，美国国债违约的可能性就不大。这就是美国人所说的"在必要时，我们可以通过发行美元来兑付国债"的原因所在。当然，美国国债是否违约与美元资产实际购买力是否下降就是两个问题了。这也是美国主权信用等级下调危机与欧洲国家主权信用等级下调危机对我国影响的区别所在。此前曾被寄予厚望的欧元及欧洲债券，现已深陷危机泥潭，甚至有悲观者已经开始探讨"欧元是否能继续存在"的问题；日本的公共债务总额占 GDP 的比重达到 230%，居发达国家之首，经济复苏乏力及缺乏财政巩固计划将使其未来的债务风险进一步加重。相对而言，尽管美国财政赤字占

GDP 的比重达到 8.8%、联邦政府债务占 GDP 的比重超过 95%，分别高于通常所说的 3% 和 60% 的国际警戒线，甚至也高于欧洲 PIIGS 国家中有的国家的水平，但美国国债因其巨大的市场规模、流动性和安全性及其以美元计价的国际储备资产的特殊地位，在可预见的未来，仍然还是全球投资者的重要投资对象。

此外，美国债务经济之所以能够延续多年，与全球经济失衡下美国的长期贸易逆差及出口导向型国家的大量贸易顺差密切相关。新兴经济体及石油输出国由于贸易顺差结余了大量的美元，而美国通过发行大量国债使得其他国家持有的美元储备回流。除非未来世界经济格局出现重大变化、全球贸易失衡格局得以根本改变，否则，美国国债仍将是吸收发展中国家巨额贸易顺差的重要工具。同时，如果欧洲不能很快走出经济困境的话，美元在国际货币体系中的地位还可能会不降反升。

因此，简单地说我国外汇资产中美元资产多了，外汇投资中美国国债买多了等等，是有失偏颇的。

三、中国外汇储备结构多元化难题待解

从近期市场走势看，标普下调美债评级并未导致投资者抛售美债，反而强化了美债的避险作用。因此，我们暂时无须为中国所持有的美债的安全性过度担忧。

但问题的症结不仅仅在于美国国债这一投资标的本身，而在于中国外汇储备投资格局目前在一定程度上陷入了"进亦难、退亦难"的两难境地。

"进"的难处在于，过多持有美国国债不但理论上存在违约风险（尽管美国选择债务违约的可能性很小），还要面临一些政治上的压力（社会公众不太理解为何要持有如此多的美国国债），而且也会因为美元贬值及全球通货膨胀而造成美债资产价值的间接缩水。但需要指出的是，以人民币升值来说明以人民币计价的外汇储备缩水是没有意义的，这仅停留在会计意义层面，而外汇储备必须以也只能以外汇形式存在，我们需要关注的是美元实际购买力是不是会下降。

"退"的难处之一在于节奏的把控，如果中国过快减持美国国债，必将引起市场震荡，从而陷入"抛售—下跌"的恶性循环，导致手中庞大的美国国债面临加速缩水的境地。

"退"的难处之二在于我国如此大规模的外汇储备要想真正实现结构的多元化仍是一个在市场运作中难以求解的命题。原因在于：一是外汇储备币种多元化面临难处。欧债危机极大削弱了欧元债券的安全性，加大了欧元资产的汇率风险，而日本债务结构庞大以及日元资产流动性远不及美元和欧元等因素，也大大削弱了日本国债的吸引力。二是外汇储备投资实物化面临难处。黄金和大宗商品是被不少人广泛建议的增持选择。黄金稀缺性导致其产量增长十分缓慢，2010年全球黄金产量略高于4 000吨，交易量也十分有限。目前世界各国官方黄金储备总量约3万吨，即便按每盎司1 800美元计，总价值也就2万亿美元左右，根本无法容纳中国超过3万亿美元的巨额储备，而且各国官方黄金储备主要集中在欧元区和美国，合计占全球官方黄金储备的60%以上，中国增持黄金储备的难处不仅在于黄金产量和市场交易量不足以支撑如此大的规模。另外，在黄金价值普遍受到重视的情况下，不可能有这么多国家的央行愿意出售黄金储备。就原油、煤炭、铁矿石等大宗商品而言，将外汇储备投资于此类资产不但面临着仓储难题，还会因为流动性困难导致丧失货币功能，而且把国家财富置于投机风险之下也是不能接受的。

反观美国国债，其可流通市场余额为 9.6 万亿美元，日交易额可达 5 000多亿美元，年换手率（现券年交易量 / 债券年末总量）为 33 次。即使我们有意分流外汇投资，也难以找到第二个像美国国债一般容量巨大且流动性极强的资产市场。因此，客观地说，短期内改变现有外汇储备投资格局并非易事，投资美债在一定意义上是一个无奈的选择。当然，无论怎样，我们必须要坚持推进外汇储备的多元化投资方向。同时，要通过加快贸易结构调整和增长方式转变逐步减少贸易顺差，而且要严格管控境外热钱的流入。但我认为，更重要的是要积极推进我国外汇管理体制的改革。一要抓紧研究更多的鼓励和支持我国商业银行和企业"走出去"的具体措施和方法，以切实减少我国的投资顺差；二要更大规模地开展商业银行和央行之间的本外币互存业务，通过商业银行的渠道将更多的外汇使用出去，以减少中央银行和外汇管理当局外汇投资工具选择的难度。应该说，这是解决有关问题的一个重要途径。

雷曼五周年祭 *

对发生于 2008 年的这一场国际金融危机，美国及一些西方发达国家似乎缺少对其真正深入的总结和严谨细致的剖析，相反，也许是由于选举政治等原因，不少说法始终是似是而非的。我在雷曼倒闭五周年之际写下这篇文章，当时主要就是想对金融危机爆发后较为流行的几个观点作一些商榷。例如在系统性金融危机即将爆发之际，政府应该做一些什么，能够做一些什么？又如"大而不能倒"的命题究竟是否正确，等等。尤其是对后一个问题，人们似乎已经说习惯了，而并不在意其是否真有多少道理。

——作者注

5 年前，雷曼兄弟的轰然倒下触发了多米诺骨牌效应，一场百年难遇的金融危机和经济危机席卷全球。时至今日，雷曼兄弟虽然早已消失在华尔

---

* 本文发表于 2013 年 9 月 24 日的《第一财经日报》。

街，但金融危机的深远影响仍在持续。雷曼破产作为全球金融史上的一个标志性事件，其问题值得总结，教训值得吸取。

造成雷曼悲剧性事件的原因是多方面的，既与次贷危机发生后外部市场环境变化和不稳定导致的系统性风险相关，也与其自身陷入"高杠杆"陷阱带来的个体风险有关。雷曼破产带来的教训和启示也涉及多个层面，从健全微观金融运行机制到加强宏观审慎监管，从辩证看待金融创新到强化金融消费者教育，从危机的监测预警到及时的政策干预，等等。本文仅从三个方面来谈谈雷曼事件带给我们的经验教训，也许和有些朋友的看法不太一样。

一、选择性的金融救助政策不可取

美国政府及监管部门在雷曼面对流动性危机的时候拒绝施救，致使雷曼陷入了破产的绝境。有人说雷曼的破产是进而引发金融海啸连锁反应的直接原因，这个说法有一定的道理。美国政府先后救助了贝尔斯登和"两房"（房地美与房利美），却拒绝对比贝尔斯登规模更大的雷曼施以援手，这种"厚此薄彼"的救助政策主要可能缘于两方面原因：

一是美国政府及其有关部门在帮助了贝尔斯登之后，引起各界对于政府救市的质疑和批评。最具代表性的批评意见是，私人机构应该为自己的决策承担责任，政府用纳税人的钱去为私人金融机构的各种决策失误埋单，将会滋生金融机构的道德风险。"两房"因具有国有背景，美国政府不能不救。但继贝尔斯登和"两房"之后，雷曼兄弟再次濒临危境，在当时对政府救市的如潮批评下，美国政府和监管机构意图通过雷曼案例来澄清自己的立场，即美国政府仍然奉行自由市场的核心原则，不会轻易利用纳税人的钱去救助私人机构。

二是当时次贷危机已经爆发一年有余，市场投资者对于次贷危机爆发的原因和可能出现的损失似乎已有了初步的认识和估计，美国政府认为其所采取的一系列救市措施也已开始发挥作用，在这一情况下，美国政府及其有关部门低估了风险传染可能引发的巨大破坏效应，高估了市场的自我修复能力，错误地认为雷曼作为一家投资银行的倒闭不会引发金融市场上更大的恐慌或者系统性风险。结果表明，这种判断以及相关决策不仅导致雷曼与其他获救金融机构的命运迥异，而且其对金融体系的巨大破坏性远远超出了相关决策者的判断。

雷曼的最终结局表明，即便是在市场经济高度发达的美国，面对巨大金额风险，市场力量也是有限的，市场失灵、信息不对称以及对极端情景的难以预知，往往使这种选择性的救助政策面临着极大的风险。反之，在危机时刻，如果政府采取一些必要的可行的救助措施，情况可能就大不一样。当然，这样做的实质就是在一定程度上将金融部门的风险转化为公共部门的风险。许多人对此肯定不以为然。但雷曼事件告诉我们，在系统性的金融危机可能爆发的关键时刻，政府的作用非常重要。一是因为公共部门的风险承受能力要远远大于一个或多个金融机构的风险承受能力；二是在已经面临市场系统性风险而政府又有能力救助时，听任金融机构破产的成本（本身的成本以及最终也需政府直接或间接承担的社会成本），很可能要远大于政府发挥救助作用所直接支付的成本。实际上，在雷曼倒闭后，面对其他陷入危机的银行，美国政府及监管部门又采取了不同的救助措施，这说明在一定意义上他们也意识到了原先做法的失误。

历次金融危机都表明，政府的救助举措及救助时机的选择在危机治理中至关重要，这直接影响着金融危机持续的时间和扩散程度。雷曼倒闭事件再次证明，能为而不为，不是对政府职能唯一的正确诠释，当面临危机时，政府应该有所作为。毫无疑问，政府救助金融机构的做法有其弊端，但在可能引爆严重金融危机的关键时刻，只能是两害相权取其轻。

在政府救助上，关键是要设法建立必要的机制以尽可能减轻其副作用，比如说对政府注入的资金要有合理的退出机制，以尽可能减少实际的救助成本；比如说对破产负有责任的金融机构管理人员，要有更严格的问责机制，不能轻易地让其辞职甚至拿着高额退休金一走了事，等等。

美国政府在这一轮金融危机中的救助政策，在第一点上还算成功，政府、纳税人最终支付的成本得到了控制。但在第二点上则是远远不够的，这也是导致民众对华尔街怨气难消的原因之一。

二、统一而有力的金融监管体系是防范金融风险的必要条件

美国金融监管存在的漏洞使"雷曼们"及其从事的复杂金融衍生品业务长期游离于监管之外，为其最终的毁灭埋下了祸根。从深层次看，缺乏协调统一的金融监管框架是导致金融监管失效的制度性根源。具体而言，包括以下几方面：

一是当时的美国缺乏对投资银行全面、统一的监管。在独立投行模式下，美国证监会是其唯一监管机构，监管内容主要是证券交易相关活动，其他监管机构并不怎么参与对其的监管，在这种体制下，对投资银行的审慎性

监管和投资风险监管实际是缺乏的。美联储主席伯南克就曾很无奈地表示，美联储并不负责监管雷曼兄弟，他对雷曼的会计手段以及负有大量债务并不知情。

二是缺乏对非传统金融产品交易的统一、有效监管。虽然监管机构对商业银行、保险公司等金融机构的传统业务制定了比较详细的监管规则，但带来巨大风险敞口的信用违约互换（CDS）等非传统金融产品交易却几乎处于监管真空。

三是监管机构之间沟通机制不健全，统一监管缺乏施行的基础。危机爆发初期，在房贷机构、投资银行和住房抵押贷款支持证券等多方面各种风险迹象已有显露，但相关监管部门没能协调步伐共同采取有效的应对措施，失去了最有利的危机处置时机。

应当说，事后救助尽管必要，但毕竟是下策，而且确实会有副作用，因此政府从消除金融监管框架之间的鸿沟、加强监管的统一协调入手，来防范金融危机的发生才是上策。在金融市场日益复杂的情况下，分割的监管模式并不符合经济发展对金融的要求，也难以对跨市场的金融产品和金融工具实施有效监管。因此，建立统一而有力的金融监管体系，是金融发展的内在要求和大势所趋。

三、加强监管标准的一致性和有效性是促进金融业健康发展的基本前提

有人说，大银行如果知晓在其出现严重危机时政府一定会出手相救，

就会产生道德风险。这种结论未必成立。应该说，银行规模大并不必然导致其就不怕倒，银行就会躺在政府可能救助的摇椅上胡乱经营。因为其所受的制约因素是多方面的。股东的压力、法律的责任，乃至银行家自身的职业声誉等，都构成了对银行尤其是大银行经营行为的约束。一个银行是否倒，什么时候倒，能不能倒，最终取决于银行的经营管理水平，取决于监管是否有效，取决于社会的风险承受能力。

举一个形象的例子，与中小型飞机相比，大型飞机一旦出问题造成的损失一定更严重，但大家通常还是更愿意乘坐大型飞机。除了舒适度之外，大型飞机在飞行中往往还有更好的稳定性和安全性。同理，与中小银行相比，一般来说，大银行也具有更强的抗风险能力和稳定性。由于金融行业自身的规模经济与范围经济效应所带来的竞争，通常说来，大型银行一般是经历了长期优胜劣汰和市场选择之后生存并发展起来的，具有相对成熟稳健的风险控制文化和完善的治理机制。

也许有人会认为，我国的大型银行并非完全如此。诚然如此，但还需看到，在我国，由于大型银行是国家绝对控股的，因而它们在经营过程中面临着更多、更加严格和多元化的外部监督。在经营发展中，相对于中小银行的"激进"表现，大型银行一般更加重视稳健经营和风险管控。这甚至经常引起一些人批评国有大型银行缺乏竞争活力，市场进取意识不强，等等。

因此，我认为，"大银行必然会因为有国家做靠山而不顾风险""大银行因为相信在必要时会有国家救助就会引发道德风险"的说法，是有失偏颇的，是不符合实际情况的。

当然，也许有人会解释说，所谓要防止"大而不能倒"，并不是说大银行容易倒，而是指大银行一旦发生问题，其对经济、社会稳定带来的影响更加严重，因而必须针对大型银行全面提高监管标准。这种想法的初衷是想提升防范银行业系统风险的能力，但现在看来未必是一个好办法。我相信之所以提出"大而不能倒"，确实是因为在这次全球金融危机中，有的国家的政府为救助一些大型银行投入了大量资金，所以危机后各种版本的监管改革方案都对大型银行给予了更多关注。例如，国际金融监管框架对多家大型银行赋予"系统重要性金融机构"的标识，提出了更高的资本充足率要求，具有系统性影响的银行资本金需额外增加1—2.5个百分点。

但事实上，我认为并非因为银行大而导致了金融危机。"大而不能倒"的命题，不仅把造成金融危机的原因简单化了，而且专门针对大型银行加强监管，尽管有一定的（仅仅是一定的）合理性，但对于经济发展而言，可能带来新的副作用：

第一，更高的监管标准旨在降低银行业的系统性风险，但由于针对大型银行的附加资本金要求，可能导致大银行的信贷能力受到抑制，并通过加剧信贷紧缩又进一步影响经济的平稳增长，这一点已经在危机后全球经济复苏的长期脆弱乏力中得到体现，在以间接融资为主的新兴市场国家尤其需要警惕这一点。

第二，在银行资本金标准显著提高的背景下，要想避免深度"去杠杆化"对经济增长的损害，只能通过另外一个渠道，即通过融资弥补银行资本金缺口。但在规定的时间表内弥补银行业庞大的融资缺口，无疑将对金融市场构成巨大压力，特别是在资本市场发育程度尚不充分的国家有可能会加剧金融波动，引发新的经济风险和社会风险。

基于以上对雷曼破产的这些看法，笔者就我国金融监管体制的改革提出以下两点建议：

第一，加快推进统一金融监管框架的制度建设。近日，国务院批复同意中国人民银行牵头建立金融监管协调部际联席会议制度，这是以制度化的形式将推进协调统一金融监管的机制固定下来，对于解决监管冲突和监管空白等问题具有十分重要的意义。随着未来我国金融市场化改革的进一步深化，在联席会议制度的基础上，应进一步推进监管标准的协调一致性，针对交叉性金融产品、跨市场金融创新加强监管，并进一步推动机构监管模式向行为监管、功能监管模式转变，不断健全完善统一的金融监管体系。

第二，建立公平、契合实际的金融监管标准。针对所谓"大而不能倒"的问题，国际金融监管目前的一般做法是让大型银行承担超额的资本、对其经营施加更多限制。我国从审慎监管的角度出发，对大型银行除一般意义上需满足更高的资本要求外，还有我国的一些特殊监管做法。事实上，银行机构的规模大小与其是否会发生危机没有必然的因果关系，防范系统性风险的关键是提高监管的有效性。所以应结合我国经济金融发展的实际情况，健全和完善相应的监管标准。另外，要在建立存款保险制度的基础上，建立合理公平的退出机制，无论大中小银行，都要有妥善安全的破产清算机制。实施契合实际的资本和杠杆率的要求，抑制盲目扩张冲动，推行全面风险管理，不管对什么银行都应该是一样的。

总之，我认为，进一步健全统一协调、公平高效的监管体制应该是当前金融监管改革的重要方向。金融监管标准的不一致，非但不能达到降低系统性风险的目的，客观上可能会导致监管套利，并进而影响金融市场的稳定。当前，随着以互联网金融为代表的一些具备金融或准金融功能的子市场、组织、工具、模式等新兴金融业态日渐兴起，金融系统新的风险点值得警惕，加强金融监管的协调、统一具有格外重要的意义。

第四部分

互联网金融的是是非非

关于互联网金融的几点看法 *

2013 年，互联网金融异军突起，成为人们关注的一个焦点，甚至有人断言 2013 年是中国互联网金融的元年，舆论界几乎是一边倒地为其叫好。我认为不少人似乎并没有对我国的所谓互联网金融的来龙去脉分析清楚，对我国的金融业尤其是银行业也缺乏真正的认识和了解。不少看法有失偏颇。我写这篇文章在一定程度上算是带了一个头，因为我知道不少人其实也有类似的看法，只是没有系统地梳理而已。当时我也是做好了被"拍砖"的思想准备的。但令人高兴的是，自那以后，关于互联网金融的舆论似乎趋于理性了，一些互联网企业对有关问题的认识更全面了，监管部门的态度也更明朗、更清晰了。从这篇文章的发表到编撰本书，已时隔几年，这篇文章的基本观点似乎得到了更多的印证。本文的不足是对所谓的"大数据"在银行业的运用没有涉及，其实这也是一个不小的

————————
* 本文发表于 2013 年 10 月 10 日的《第一财经日报》。

问题。在以后的文章中会有所谈及。

——作者注

这些日子以来，互联网金融成为一个热门话题。有人认为，这是对传统银行的根本性挑战，断言银行要被颠覆了；更有人认为，互联网金融进一步发展后，它将取代现有的间接融资和直接融资形式，银行、券商和交易所等金融中介都将不再起作用，甚至中央银行的货币发行功能也会被取代。于是不少人跃跃欲试，都想投身于互联网金融业务，认为这是难得的商机。有人则干脆说，就是要当金融业的"搅局者"。笔者认为之所以出现这种状况，首先，应该肯定互联网金融是随着信息技术的不断革新和移动互联网功能的迅速进步而形成的潮流，因而这些现象的产生有其历史必然性；其次，需要指出，目前不少人对互联网金融的认识不够全面，了解不够充分，市场上的一些说法和做法明显带有一定的盲目性，因而目前不少现象也许只是阶段性的。

实际上，到目前为止，究竟什么是互联网金融尚无统一的定义。按理说，凡是通过互联网来运作的金融业务都应列入"互联网金融"的范畴。但我国市场目前似乎更多的是将互联网金融特指为互联网企业介入金融行业所开展的那些业务。对这些概念的研究和廓清可能还需假以时日，本文只是试图分析在互联网金融发展的过程中，银行已经做了些什么，互联网企业正在做什么。尤其是想分析某些互联网金融运作模式存在的风险和隐患，从而得出对互联网金融应该进一步加强监管的必要性和紧迫性的理由。

一、银行落伍了吗

不少人认为，银行尤其是我国的商业银行是传统色彩很浓的一个行业，银行对互联网的了解和应用、对大数据概念的理解和认识都是不够的。笔者认为这种看法失之偏颇。银行的业务处理流程固然还有不少需要改进的地方，银行的服务效率也有待进一步提高，但坦率地说，在我国互联网企业出现之前，银行已建立了自己的全国性的计算机网络。之后随着信息技术的不断革新和互联网技术的不断发展，银行更是通过公共互联网与自己的全国网络的对接，实现了业务运作和经营管理的信息化、数据化，并进而将覆盖面从国内延伸到了全球。就拿工商银行来说，虽然现在有 17 000 余家营业机构，但目前通过网上银行、电话银行、手机银行、自助银行等渠道处理的业务量已占到全部业务量的 78%，相当于替代了 30 000 多个物理网点。我们自主研发的核心应用系统支撑了海内外庞大经营网络的平稳运行，目前日均业务量为 2 亿笔，每秒处理业务的峰值达到 6 500 笔。2012 年全年的电子支付结算金额达到 332 万亿元人民币，结算笔数超过了 130 亿笔。而对海量的各类数据，工商银行通过多年的努力，已经搭建起了以数据仓库为核心的经营管理数据体系，实现了客户信息、账户信息、产品信息、交易信息、管理信息等的集中管理，形成了数据标准、数据质量、数据架构、元数据、数据生命周期、数据安全以及数据应用等全流程的数据信息管理机制。积累的数据规模将近 300 个 TB，利用这些数据，建立了 4.1 亿个人客户和 460 万法人客户的信息视图和星级评价体系，开发了 34 个法人客户评级模型、75 个零售信用评分模型、16 项市场风险内部计量模型和 17 类操作风险资本计量模型。客户违约率和违约损失率数据的积累长度均在 10 年以上，已达到《巴塞尔资本协议Ⅲ》的要求。工商银行还建立了独立的模型验证团队，对数据应用的有效性、准确性进行持续验证和监控，并且由内部审计部门对验证情况进行审计。工商银行早在 20 世纪 90 年代就开始将客户评级结果用于信贷准入和贷后监测，2005 年开始按照新资本协议的最新要求对信用评级方法、系统与流程进行了全面优化，2008 年开始将风险计量结果用于风险管理全流程，2010 年起进一步将有关结果正式用于贷款质量分类、拨备计提和经济资本分配，并在此基础上开始实施法人业务和零售业务的 RAROC（风险调整后的资本收益率）管理，实现了按风险与收益均衡的原则进行授信审批和定价。就拿最近媒体热炒的网络信贷而言，截至 2013 年 8 月末，工商银行以小微企业为主要服务对象的"网贷通"的贷款余额已超过 2 150 亿元，累放额已近 11 000 亿元。

以上所说的还仅仅是工商银行，事实上，这些年来，我国其他的银行特别是大型银行也都在数据信息技术的开发和建设方面投入了大量的人力和物力，取得了长足的进展。

我之所以要罗列上述这些情况，意在说明中国的银行业并非如有些人所想象的那样，不会运用互联网技术，缺乏对各类数据的分析整合能力。中国的银行完全应该，也有条件在互联网金融崛起的过程中，进一步加快自身的发展。实际上，中国的银行在运用信息网络技术提供金融服务、实施内部管理方面没有落伍而且正在继续前行。此外，应该指出的是，互联网企业介入金融业务实际上很少能脱离银行的基础服务而自行处理，例如第三方支付企业的客户身份认证还是需要通过银行的客户信息进行，资金划拨和清算则一定是要通过银行系统来完成，等等。总之，对这些问题都应有一个全面的认识和了解。

当然，银行也确实需要继续更新观念，继续跟踪新技术，继续学习新方法。目前，银行在互联网应用和 IT 系统建设方面存在以下几个方面的主要问题：一是在数据的采集方面，结构化数据采集能力较强，客户与银行之间的交易活动数据积累较多，例如账号、金额变动情况、存款情况、贷款情况、违约情况、姓名、身份信息等等，而对非结构化数据采集不够，处理能力有限。例如各类形式的文档、文本、图像、音频、视频等。银行必须意识到非结构化数据将越来越广泛地应用于互联网、物流网、社交网、电子商务活动中，不能因为这类非结构化数据不便于用数据库二维关系来表现，就忽略了对它们的采集和管理。要注意学习借鉴电商企业重视掌握客户之间的交易记录、点击流、客户互动评价、行为习惯、物流信息的思路。二是在数据的应用方面，银行习惯于将数据的分析结果用于风险评估和管控，虽已在一定程度上具备了客户识别和分层能力，但运用其有关成果开拓市场、营销客户做得还不够，而电商企业在这方面的主动性很强，积极性很高。银行需要努力学习和借鉴电商企业在业务处理上十分强调便捷和注重客户体验的理念。三是银行在业务流程的设置中，要进一步扬弃单项业务往往单一化运营的模式，要充分利用互联网的创新功能，加强组合性的信息应用和业务处理，例如线上线下联动、支付融资联动、资金流和信息流、物流的融合等。四是银行在数据分析师队伍的建设方面，人员虽不少但集中不够，分散在各专业条线，发挥整体合力不够。据了解，有的网络金融公司，虽然只有不到 1 000 人，但专门集中从事数据分析的人员占比超过了三分之一。这些都需要银行进一步深入研究和认真改进。所以，笔者的观点是，断言银行已经过气的结论是站不住脚的。但银行必须与时俱进，顺势而为，方可继续在社会经济生活中发挥更大更好的作用。

二、我国互联网企业是如何介入金融业务的

目前，我国的互联网企业从事的金融业务基本可以划分为支付结算类、融资类、投资理财保险类等几大类，而在每一类中又可根据具体业务模式进行一些细分。至于虚拟货币，它在我国尚未成气候，在此暂不作更多涉及。

在支付结算业务中，首先，那些依托自有网上购物网站发展起来的是综合性支付平台。这类平台具备在线支付、转账汇款、担保交易、生活缴费、移动支付等功能，代表企业有"支付宝""财付通"等。除支持自有购物网站的支付需求外，一些综合性支付平台已经与各类购物网站、电商平台签约，为它们提供支付结算服务。其次，是独立的第三方支付平台。代表企业有"快钱""环讯支付""首信易支付""拉卡拉"等。这类支付平台通常并无自有购物网站，主要通过各式各样的支付业务为其合作商户服务。例如"快钱"的生活类支付业务；"环讯支付"的网游支付业务；"首信易支付"还从事支付返现的活动；"拉卡拉"推出了电子账单处理平台及银联智能 POS 终端，可以提供用户线下支付和远程收单服务。

在融资业务中，类型很多，结构各异。其中比较有代表性的一种模式是 P2P（Peer to Peer Lending，P2P）网络借贷。正常的 P2P 具有单笔交易金额较小，供需双方以个人、小企业为主的特征。如果再作进一步细分的话，目前 P2P 在国内又可分为以下几种模式：

一是无担保线上模式，代表企业为"拍拍贷"。该模式下，网络平台不履行担保职责，只作为单纯的信息中介，帮助资金借贷双方进行资金匹配，是最"正宗"的 P2P 模式。这种模式本质类似于直接融资。据了解，这是不少国外监管机构唯一允许存在的 P2P 模式。

二是有担保线上模式，代表企业有"红岭创投"等，这是国内目前 P2P 的主流模式。这种模式下的网络平台扮演着"网络中介＋担保人＋联合追款人"的综合角色，提供本金甚至利息担保，实质上是承担间接融资职能的金融机构。

三是债权转让模式，代表企业为"宜信"。该模式下，借贷双方通常不直接签订债权债务合同，而采用第三方个人先行借款给资金需求者，再由资金借出方将债权转让给其他投资者的模式。通过不断引入债权并进行拆分转让，网络公司作为资金枢纽平台，对出资人和借款人进行撮合。

除此之外，还有一些网贷公司是由传统的民间借贷发展而来的，它们通过网络主要是进行宣传营销，吸引资金出借人和借款人到公司洽谈借贷事宜。其特点是往往对借款人有抵押要求，对出借人有提供担保要求，这一模式可以看作是一种比较典型的民间集资借贷行为。

目前媒体报道最多、网络最为热议的就是以"阿里小贷"为典型代表，基于信息的搜集和处理能力而形成的融资模式。它与传统金融依靠抵押或担保的模式不同，主要基于对电商平台的交易数据、社交网络的用户信息和行为习惯的分析处理，形成网络信用评级体系和风险计算模型，并据此向网络商户发放订单贷款或信用贷款。

另一种融资模式可称为供应链金融模式，代表企业为"京东商城"。在该模式下，电商企业不直接进行贷款发放，而是与其他金融机构合作，通过提供融资信息和技术服务，让自己的业务模式与金融机构连接起来，双方以合作的方式共同服务于电商平台的客户。在该模式中，电商平台只是信息中介，不承担融资风险。

除以上几种主要的网络融资模式之外，我国也出现了类似于美国的Kickstarter[①]，通过网络平台直接"向大众筹资""让有创造力的人获得资金"的做法，例如"点名时间""有利网"等互联网企业。目前规模都还不大。

在投资、理财、保险类业务方面，一种是为金融机构发布贷款、基金产品或保险产品信息，承担信息中介或从事基金和保险代销业务。代表企业有"融360""好贷网"信息服务网站，以及"数米网""铜板街""天天基金"等基金代销网站。另一种是将既有的金融产品与互联网特点相结合而形成的投资理财产品或保险产品，以"余额宝"和"众安在线"的运费险、快捷支付盗刷险等为代表。

以"余额宝"为例，客户将支付宝余额转入余额宝，则自动购买货币基金，同时客户可随时使用余额宝内的资金进行消费支付或转账，相当于基金可 T+0 日实时赎回。

"众安在线"则主要通过互联网进行保险销售和理赔，目前专攻责任险和保证险，并且已在研发包括虚拟货币盗失险、网络支付安全保障责任险、运费保险、阿里巴巴小额贷款保证保险等保险产品。

---

① Kickstarter，是 2009 年 4 月在美国纽约成立的一个专为具有创意方案的企业筹资的众筹网站平台。——编者注

三、目前的互联网金融运作方式有风险吗

应该肯定，随着云计算、大数据、物联网、定位功能等科技手段的不断进步，凭借社交网络、电商平台等积累的用户群体及其交易数据，互联网企业可以较高效地了解用户在金融服务方面的需求和偏好，这在创新、整合和定制化服务方面给银行等金融机构的传统服务模式既带来了不小的挑战，也带来了不少的启发。银行应该从管理理念、业务流程等方面对互联网金融进行深入的研究和认真的学习，取其所长，弃其所短，不断研发和推出更贴合用户需求、操作界面更友好、处理流程更高效的金融产品和服务模式。同时，银行要主动加强与电商企业、电信运营商以及各类互联网企业的业务合作，只有这样才能进一步保持和巩固银行业多年积淀下来的客户基础优势、资金实力优势、品牌信誉优势以及稳健经营的文化优势。

现在需要注意的是，在我们大家充分肯定互联网金融便捷性的同时，是否在一定程度上忽略了其安全性——这一任何金融交易行为须臾不可或缺的基本原则。对应上述我国目前出现的一些互联网金融模式，进一步分析和认识其所存在的风险隐患似有必要。

例如在支付类业务方面，某些第三方支付机构在用户注册时只需用户在支付机构的页面输入证件信息、银行卡号和在支付机构的账户密码，这种做法难以核实客户的真实身份，是一种"弱实名制"，其安全性比银行降低了几个层级，尤其是支付过程中必须遵循的反洗钱法规难以有效落实。有的第三方支付平台在进行大额资金汇划时，也不需使用 U 盾等安全校验工具

（这恰恰是银行总结多年经验、吸取不少教训而坚持采用的安全措施），而只需客户录入绑定手机收到的动态校验码，甚至是第三方支付的账户密码即可完成大额资金的划转。近年来，在第三方支体业务中就曾多次发生过未经客户授权就从客户账户上划走巨额资金的案例。央行等有关部门规定的对客户保证金等资金应实施托管的要求，由于种种原因也一直难以真正落实。

又如在融资类业务方面，就拿 P2P 而言，除了有些 P2P 平台还坚持不提供担保、不承担信用风险之外，现在越来越多的 P2P 机构都一肩挑着筹资功能，另一肩挑着资金中介和担保职能，但由于缺乏对其资金来源的监控，又没有对 P2P 机构放贷行为的资本约束，风险是不言而喻的。近期已发生不少网贷公司跑路事件，涉案网贷公司通过对出资人、注册资本、借款人等重要信息的造假引诱客户上当。目前不少 P2P 公司都宣称其融资的违约率极低，但实际上背后依靠的是资金池的搭建，信用风险正在不断积累。原先在网贷行业口碑还不错的一些公司因资金链出现问题而一度停业的案例，具有重要的警示作用。

还有的在网络信贷业务方面具有较大市场影响力的平台，其风险控制的核心在于数据整合、模型构建和定量分析，它通过将自身网络内的客户交易数据（例如客户的评价度数据、货运数据、口碑评价等）和一些外部数据（例如海关、税务、电力方面的数据）进行整合处理，利用信用评价模型计算出借款人潜在的违约概率，进而以此作为如何放贷的标准。应该说，这一思路是符合互联网金融发展规律的，但实际操作中也存在着一些风险隐患。这种平台目前依靠的数据主要由与其电商业务相关的交易数据构成，数据维度较为单一，有效性还不足，关于 B2B 的数据更是缺乏。而且由于众所周知的网上"刷信用""改评价"等行为的存在，要真正保证交易记录和口碑评价等数据的真实性也是困难的。而数据质量直接决定模型计算结果的可靠性，并进而影响其信贷质量。有互联网企业声称"我们赔得起，大不了一年 × 个亿"，这实在有点令人担心。此外，任何量化交易模型的有效性都是其交易环境和交易规则的函数，因而模型需要不断校正，不断对其进行不同环境下的压力测试才能保证其可靠性。较之银行业已积累了十年左右的数据，这些互联网企业缺少长期的特别是跨经济周期的数据支持，目前网贷公司风险计量模型的可靠性还有待考验。

投资理财类中最典型、最具影响力的当数今年我国互联网金融中所出现的一种新的业务模式，在这一模式中，第三方支付机构将原有的客户保证金转换成了货币基金等投资理财产品。由于其解决了客户保证金不能计息的问题，因而得到了客户的欢迎，同时它又实现了第三方支付机构吸收客户资金的目的，可谓各得其所。但人们对其可能存在的风险尚认识不足，且不说他们目前公开宣传其年化收益率高于银行存款利率，而对风险却揭示不够的做法是否合规，是否会误导投资者，就从其投资的货币基金来说，达不到预期收益率甚至发生亏损的可能性是存在的。事实上，从全球范围来看，这一类产品并非我国首创，全球知名的网络支付公司 PayPal 早在 1999 年就有利用账户余额成立的货币市场基金。该基金由 PayPal 自己的资产管理公司通过联结基金的方式交给巴克莱旗下公司管理，用户只需简单地进行设置，存放在 PayPal 支付账户中原本不计利息的余额就将自动转入货币市场基金，0.01 美元起申购。这可以视为我国目前这一业务模式的原型。2007 年，该基金的规模一度达到 10 亿美元的巅峰，当时也曾赢得了不错的市场口碑。但自 2008 年金融危机后，美国货币市场基金收益水平降至 0.04％，仅为 2007 年高峰 5% 的零头。在此情形下，PayPal 货币基金的收益优势逐步丧失，规模不断缩水，最终在 2011 年 7 月，PayPal 不得不将该货币基金清盘。当然，不是说我国目前这类产品也一定会面临着这种可能，但任何一类投资产品如果只宣传收益，而不把风险讲明，这本身就是一种风险。近期已发生了此种平台的用户资金被转划至其他账户的案例，用户要求索赔，而网络企业则要求用户必须举证该资金流失"不能归责于客户自身原因"方可补偿。这类纠纷的出现也说明任何从事金融业务的机构确实不可轻言"万无一失"。

四、互联网金融是否需要加强监管

当前的互联网金融，在融资领域，P2P 机构等正在快速扩张，在提高社会资金运用效率的同时也积累着信用风险，借款方违约难以追讨、P2P 机构跑路事件并不少见就是典型的例子。在支付领域，支付机构的交易信息、交易流程缺少认证，沉淀资金缺少监管，使得消费者在享受支付结算快捷便利的同时，也面临着交易欺诈、资金被盗、信息隐私暴露等风险。此外，客户备付金及其孳息的所有权一直归属不明，金融消费者的合法权益始终难以落实。

为了促进互联网金融健康长远的发展，为了保证金融系统的安全稳定，需要从现在就重视互联网金融的外部监管和行业自律，不能听任其不受约束地"野蛮生长"。要防止和纠正那种误以为加强对互联网金融的监管，就是不支持创新，就会有碍于解决小微企业融资难问题的片面认识。

例如，在支付结算业务方面，根据《非金融机构支付服务管理办法》的规定，我国"支付机构之间的货币资金转移应当委托银行业金融机构办理，不得通过支付机构相互存放货币资金或委托其他支付机构等形式办理"。但实际上不少第三方支付公司目前的做法并不符合这一规定，也并未获得有关部门的特别许可。只要有关管理办法还未修改，这类现象存在的合规性就值得质疑。此外，按照监管部门的有关规定，为了防控风险，用户通过第三方支付公司进行快捷支付操作，需通过银行进行实名身份认证。但第三方支付公司始终以方便客户为名不愿遵守监管部门的这一规定，甚至连退一步的变通做法，即首次支付银行认证、后续支付不再认证的做法也不接受，其中显然存在着不少的风险隐患。面对这一系列挑战，监管机构需要作出抉择，或是"迁就"第三方支付公司的想法，修改相关规定，或是严格执行监管政策，总要有个说法才行，听任它自行其是总不是办法。当然要做好这一点，其前提是要准确判断目前的这种支付做法究竟是否安全。对于此问题显然不宜乐观地作出肯定性回答。此外，随着第三方支付平台在途沉淀资金规模的不断增长，流动性风险和操作风险在明显加大，对这切切不可掉以轻心。

再如在融资类业务方面，且不提有的变相吸收存款的行为未受到监管之外，一些贷款业务也存在着无准入门槛、无行业标准、无监管机构的"三无"状态。比如实施严格的资本充足率监管是目前国际通行的对金融机构贷款等资产业务的约束措施，但一些 P2P 机构虽承担信用风险，却不受类似的制约，也没有计提拨备的要求。目前 P2P 业务中一些知名机构的资本金仅为 1 亿—2 亿元，普遍缺乏风险吸收能力。一旦发生问题，势必引发严重后果。对有的 P2P 机构通过弄虚作假人为放大业务规模，形成信用误导的问题也必须坚决制止。

又如在投资理财类业务中，缺乏对有关产品严禁变相吸收存款的规定；缺乏对其资金来源及应用的严格要求及监督办法；对其在宣传中必须充分揭示风险的监管规定也不明确，也没有针对其流动性风险的监管手段。

应该看到，相对于传统金融消费者，互联网覆盖面更广，互联网金融消费者的组成结构更复杂、数量更庞大，一旦发生风险对经济社会稳定的冲击力更强，完善对互联网金融的监管法规和监管机制，防止监管套利，以切实加强对各类互联网金融业务的风险防控确实是当务之急。

综上所述，笔者的基本观点就是，互联网金融的概念需进一步厘清，互联网金融的模式需进一步规范，互联网金融的运作需进一步监管。唯此，互联网金融才能保持好目前方兴未艾的发展势头，才能健康、安全、有序地可持续发展。在这历史性的进程之中，监管部门、银行和互联网企业都有自己的责任和义务。

互联网金融需要良好的文化支撑 *

  有不少人很喜欢谈论互联网思维，在技术飞速进步的今天（更准确地说是在社会不断进步的今天），我们当然需要互联网思维。但我认为互联网思维应该是思想的开放、眼界的开阔，尤其是思辨分析能力的提高，而不能只是简单地藐视传统、挑战法规，动辄摆出一副只有自己才是新生事物代表的模样，进而还自诩为"我是屌丝"，做出"我怕谁"的架势。

  如果研究和讨论问题只图一时口舌之快，而不进行更多理性的分析，那就与发展互联网金融旨在提升金融服务的民主性、普惠性的初衷相去甚远了。

——作者注

---

* 本文是 2014 年 1 月 11 日我在中国人民大学第 18 届中国资本市场论坛上的演讲稿，后来摘要在《中国金融》2014 年第 4 期上发表。

近两年，尤其是 2013 年，一场互联网金融的热潮席卷了中国。由此产生的各种讯息不断地出现在媒体上，出现在大家的视野里。例如"余额宝"吸纳资金已超过 1 850 亿元，接近 2 000 亿元了；微信与"财付通"打通，推出了基于移动支付的"微信支付"；一些电子商务的供应链金融和 P2P 以及物流体系的构架出现了新的模式；互联网保险公司已经正式拿到牌照；不少基金公司的淘宝直营店陆续开业；一些商业银行、金融机构也都纷纷表示要加快业务运营方式的转型，不少银行已经着手直接搭建设立电商平台，等等。当然，与此同时，网络金融也出现了一些问题，例如不少网络公司在销售基金产品时，公开承诺高得出奇的收益率而避而不谈有没有风险；一些 P2P 公司相继垮台、跑路；有的网上第三方支付产生了纠纷；比特币不仅价格短时间内经历了大起大落，而且已出现了诈骗案件，等等。这些现象引起了人们很多的思考和讨论。面对这些场景，有人将 2013 年称为中国互联网金融的"发展元年"。我们不必讨论这种说法准确到什么程度，但可以肯定的是，互联网金融确实是我国目前的一个热门话题。

不少互联网公司相信，通过涉足网络金融能够获得更大成功；社会公众希望通过互联网能够获取更便捷的金融服务和更高额的资金回报；一些银行和金融机构唯恐抓不住客户和新的合作伙伴，失去市场份额，除了加快自身的信息化、数据化建设之外，对互联网公司的一些不尽合理的业务要求采取了迁就忍让的态度；有关部门考虑到要支持金融创新，则对互联网金融的各种问题采取了比较宽容的观望态度。凡此种种，构成了与世界各国相比我国互联网金融特有的一种火爆场景。

　　应该肯定，随着云计算、大数据、物联网、搜索引擎、定位功能等科技手段的不断进步，凭借社交网络、电商平台等积累的用户基础及其交易数据，互联网企业可以较高效地了解用户在金融服务方面的需求和偏好，从而有可能满足消费者和客户获得更加便利的金融服务的愿望。因此，互联网金融如果能健康发展，相信它可以带给客户更加丰富的产品和更好的客户体验，这一点应该是肯定的。但这是不是意味着互联网金融就真的将彻底颠覆现有的金融体系了呢？如果看一看在当今世界上金融业最强大，信息技术、互联网技术最发达的美国互联网金融发展的历史和现状，大家也许对这些问题的看法会更理性、更全面。

　　在美国，全球第一家纯网络银行——安全第一网络银行（Security First Network Bank，简称 SFNB），曾创造过没有实体网点、无柜台、全天候交易的历史。但它早在这一轮金融危机之前，就因巨额亏损被加拿大皇家银行金融集团收购了。美国以网络经营为主的券商 E-trade，业务规模最近几年一直在收缩，虽然已经经营 20 多年，但市场份额始终难以与老牌券商匹敌。美国颇有影响力的第三支付先行者 PayPal，可以说早在 1999 年就已通过网络平台销售货币基金。它的业务模式与我国现在的许多"宝"十分类似。在经营了 12 年后，PayPal 最终决定将这个基金清盘。大量类似的货币基金也逐渐在美国市场上消失。美国有一家互联网保险公司叫 INSWEB，成立初期，曾取得过较快发展，但也一直形不成规模优势，两年多前也被收购了。

　　从上述这些情况大致可以看出美国互联网金融的发展过程。值得研究的是，为什么在美国互联网金融至今也没有能够真正成为美国金融市场上交易的主要渠道。那么，目前美国的互联网企业还是否涉及金融业呢？如果涉及又是在做什么呢？在美国，一些有兴趣涉足金融业的互联网企业既没有消失，也没有"野蛮生长"。美国一些互联网企业通过与传统金融机构合作，在帮助、润滑金融机构为消费者更好地提供服务，它们希望在合作中求得共赢，求得自身的发展。例如互联网企业通过与银行、保险、汽车金融公司、信用卡公司等金融机构合作，了解和掌握各类金融产品的信息。同时，利用互联网渠道和智能化的数据分析能力，当客户在有关网站导入自己的银行账户和信用卡等信息后，互联网企业就会根据客户的综合信息，向他们提供适合的金融产品信息，以此从金融机构提成或从交叉营销中获得收入。之所以出现这种格局，是因为美国的金融竞争已比较充分，金融已经成熟地渗透到各个细分的市场领域，并没有留太多的金融产品研发机会给新的非金融机构。加之互联网金融的弱点是在提供高附加值和大金额金融服务方面实践性较差。此外，成熟的市场、充分的竞争、清晰的规则，在发育比较充分的金融市场上要想顷刻间实现暴富获取暴利已经十分困难，在没有探索到好的盈利模式的前提下，非金融机构一般并不会贸然从事。

而在我国，目前互联网金融不仅势头十分火爆，而且不少人似乎更愿意把互联网金融与传统金融对立起来，以为现有的银行和其他金融机构就是落后的保守的，而互联网企业则是"金融创新"的代表，有人甚至希望它能颠覆现有的金融体系。

我赞成杨元庆的一个说法，"在现在这个时代，没有互联网思维肯定是不行的，但是认为互联网就是一切，可以取代一切，这种思维也肯定是不对的。"我国的互联网金融要实现健康发展还需要解决不少问题，有些观点我在一些文章中谈过，就不再重复了。今天我只想谈其中的一个问题，就是互联网金融要想实现可持续发展，很重要的一点是需要良好的文化支撑。

勇于创新、支持创新、鼓励创新实际上是一种文化精神，它与市场经济是法制经济，市场经济必须讲究规则、遵守契约不应该有矛盾。

我们认为通过互联网处理金融业务确实是一种创新，因为它反映了时代的发展和进步。现在互联网已经不再是"固定互联网"，用户已不必坐在电脑前才可以上网了，"移动互联网"发展迅速，现在人们通过手机可以上网，通过其他的穿戴式终端就可传输数据。与此前网络主要提供单一的网页相比，如今的互联网通过微信、微博等方式已发展成为"社交平台"，各类用户每天在上面浏览的时间普遍比过去更长了，这不仅使客户的黏性更高，客户基础更稳固，更重要的是它可以从中积累更多的自己的客户信息，从而使自身的服务更加个性化、差异化，更有针对性、有效性。从这些方面可以看出，互联网的平台优势确实是十分巨大的。这些都是银行和金融机构需要认真研究的。如跟不上时代的步伐，必然会落伍，这一点毫无疑问。但需要注意的是，互联网金融的本质仍然是金融，而金融业的核心则是风险管理，有效的监管是互联网金融健康发展的重要基础。应该承认我国互联网金融前一阶段的飞速发展，在很大程度上"得益于"在监管方面的"法外治权"，这可能是效率的一种体现，但更是风险的隐患。创新不意味着可以不守法规、不守契约，支持创新不等于可以放任纵容违规行为。我认为，互联网金融如要实现可持续发展，就必须有良好的监管文化和创新文化，形成一个真正恪守"法规至上"原则的市场环境。应该引入负面清单原则，将不能从事的活动明确列示。这样既有利于形成"法无禁止便可为"的创新环境，也能明确哪里是不能触碰的禁区。一旦有了法规，任何人，各家机构都必须严格执行。法规不合理的，过时了的，应该通过法定程序和规则进行修改或宣布废止。但对任何有效法规，任何人、任何机构都不应该违反。要形成这样一种合规文化。

目前的改革与 20 世纪八九十年代改革有一个很大的不同之处，就是与那时候相比，各项法规尤其是金融领域的法规已相对健全。因此在推进改革、发展创新的过程中，都应考虑与既有法规的关系，应该严格遵循既有的法律法规，无论是监管还是创新，都应依法进行。对一些准备推行或允许试行但又与法规有冲突的，应经法规制定部门宣布废止，或是宣布允许某一领域，甚至宣布允许某一企业暂停执行有关规定，但不能允许自行其是。例如上海自贸区的设立，全国人大就履行了相关程序。目前，一些所谓的互联网金融的做法明明不符合法规要求，但却没有得到制止，更没有受到处罚。长此以往，不守规矩的做法将大行其道，难免会产生"破窗效应"，诱使乃至倒逼合法合规者仿效，进而破坏整个法制环境，最终妨碍市场在资源配置中发挥决定性作用。

例如在融资类业务方面，能不能允许互联网企业承担信用风险？如果允许，应不应该有资本充足率的要求和提取拨备的规定？又如在投资理财类业务中，对有关变相吸收存款的做法能不能允许？对其资金来源及应用该不该提出要求，要不要对相关资金严格实施托管监督？对其在产品宣传中是否应该要求必须充分揭示风险？对其流动性风险要不要设立监管指标？等等。

总之，互联网不应该是一个无底线、无限制的空间。

最近发生的一个事件让人震惊。2013 年 12 月 5 日，中国人民银行等五部委联合发布了《关于防范比特币风险的通知》，明确表示比特币不是由货币当局发行的，不具有法偿性与强制性等货币属性，并不是真正意义的货币。随后人民银行又约谈了一些第三方支付公司的相关负责人，要求不得给比特币等交易网站提供支付和清算服务，随即比特币的价格迅速下跌了50%以上。结果就在约谈的第二天，中国人民银行的网站和另一家著名网站的微博竟然同时被黑，一度无法打开，有的微博评论中还涌入了大量的比特币水军。当然这是少数人所为，但这种藐视监管、漠视法规的做法已经公然突破了底线。

这个事件应该只是个别的极端事件，但它在一定程度上反映出在互联网金融领域亟须建设一种健康的文化氛围。互联网金融为迎接今后监管的加强，不仅要做好技术准备，也要做好文化准备。有人说新事物就是要"野蛮生长"，这是一个规律，我想秉持这种认识去吸纳和使用存款人的资金是危险的；有人说要颠覆现有的银行格局、终结现有的金融体系，我认为这种简单的想法并不能取代关于加快金融改革的理性思考；有人很有气魄地说，为了在互联网金融领域跑马圈地，我们就是准备在这上面砸多少钱。我想一味地靠低价格，靠高回报，靠所谓包赔损失来吸引客户，已经与金融业必须注重可持续发展的基本理念相去甚远。需要注意，这不仅是一个语言文字表述是否严谨、是否恰当的问题，它似乎已经成为我国互联网金融特有的一种文化现象，这应该引起大家的重视。作为这一代已经具有相当话语权和影响力的互联网人，要为下一代互联网人的健康成长负责，不能让这些问题成为互联网金融的基因。

业态常青，文化为先。为了发展更为健康、更可持续的中国互联网金融，我们应该努力创建一种既讲快速发展，也讲可持续经营；既讲创新，也讲规则的健康文化环境。我们当然要注重营销宣传，但不要形成忽悠的氛围；我们当然要勇于开拓和竞争，但不要做以邻为壑的事情；我们当然要争当时代的弄潮儿，但不要搞历史传承的虚无主义。唯此，中国的互联网金融才能持续焕发生机和活力。

融合、传承加创新是互联网金融的出路 *

本文中的一些观点是我一贯主张的，但此文选了一个新的切入点，是从《红楼梦》的有关评论谈起的。在互联网、大数据几乎成为人们口头禅的时候，我们是否要冷静地思考一下，究竟是不是世界上的一切，都是应该数据化和可以数据化的。就拿银行业的风险管理而言，大数据无疑给我们提供了一个先进的工具、一种高效的方法，但如果有意无意地陷入数据技术至上的误区，那可以预言的是，其可能导致的风险不会比现在小。

——作者注

有关互联网金融的话题，前一阶段已经有过很多的讨论。2013 年以来我也曾就互联网金融的有关问题写过几篇文章，谈过自己的一些观点。重复的话就不再多说了。今天的讲话可以从这次论坛的发起人、主持人王利芬女

---

* 本文是 2014 年 7 月 5 日我在优米网举办的一次互联网金融高峰论坛上的讲话。

士的学术背景说起。她是北大毕业的文学评论专业的博士研究生，但现在对互联网、对互联网金融十分关注和投入。很巧的是，最近我看到一篇文章，也是既和文学、文学评论相关，又与大数据相关的。这篇文章谈的是《红楼梦》研究。过去有句老话说，开谈不讲《红楼梦》，读尽诗书也枉然。今天我也附庸风雅从《红楼梦》谈起吧。那篇文章里说道，中科院有一个数学家，他用数理统计的方法，也可以说是用大数据的手段和思维研究《红楼梦》，并推导出了一个重要结论，就是《红楼梦》实际上是在骂雍正。这位数学家的一个好朋友为此还专门写了一首诗，谈了通过数据的掌握和信息的分析是可以从许多扑朔迷离的现象中发现规律的。这首诗说：随机非随意，概率破玄机。无序隐有序，统计解迷离。

我们知道，《红楼梦》研究是一门大学问，人们已将其称之为红学了。我们今天在这里当然不会去评价这位数学家对《红楼梦》的研究方法、研究成果如何，但有一点是可以肯定的，就是随着现代科学技术的迅猛发展，无论是 IT 也好，数据处理技术（DT）也好，确实已经融入我们生活的方方面面。回过头去看，历史上的那些红学大家，无论是蔡元培、胡适、王国维，还是俞平伯、周汝昌、冯其庸，或是其中较"年轻"的李希凡等，无论他们是代表红学研究中的索隐派、考证派还是探佚派、评点派，他们任何一个人大概都绝对没有想到后来会有人用数据分析、数学推理的方法来研究《红楼梦》。

社会在发展，时代在变革，许多超出我们想象的事情正在不断涌现。大数据的采集、共享、利用就是其中最具冲击力的事件。但我这里还要说一个与此不无关系的现象，2013 年有一家在知识界颇有影响力的出版社，利用网络开展了一个"死活读不下去的书"的调查，《红楼梦》在读不下去的

10 本书中居然名列第一。对中国这样一部伟大的文学作品，一方面有人在利用新的 DT 技术方法对《红楼梦》，进行考证、索隐、研究，另一方面调查的结果居然是网络对这部文学名著的不屑与轻蔑。这种现象应该促使我们深思，是不是人类的理智、情感、善恶、伦理、道德等一切的一切，都是应该并且可以数据化的呢？坦率地说，我对此是有所怀疑，并且也是有所担心的。

今天我们来谈互联网金融，谈大数据对银行业的服务经营、风险管理应该带来什么影响、究竟会带来什么影响的时候，对有些问题需要力戒浅表化、绝对化。我坚持以前说过的一个观点，即，在当今，没有互联网概念，缺乏大数据技术是不行的，但认为互联网、大数据可以解决一切问题也是不对的。例如，我们总是寄希望于大数据的充分、透明、共享，从而可以大幅度降低信息不对称，进而有效提高金融业的服务效率、风险管控水平，这固然有一定道理。但如果有的法理问题、技术问题包括文化问题解决不好，许多东西似乎也只能是理想化的一张蓝图而已。例如，我们希望在大数据的情况下，能够通过对一系列非结构性的行为数据的关联性分析来得到我们所需要的结论。比如我们相信在金融业务中，我们可以利用大数据和搜索引擎，基于一个人、一个企业在历史上的表现，通过一系列数据推导出其违约概率。也就是说，我们希望并且相信数据的相关性分析可以完全替代因果性分析。这里有一个笑话，巴勒斯坦人爱德华·萨义德，作为一个著名的文学理论家、批评家，他有一部代表作《东方主义》，是批评西方世界对亚洲、对中东的错误认识的。有一个人出国之后，就各国的生活习惯的差异写了一篇文章，题目叫《萨义德先生，您穿秋裤吗?》，写的是国内外人穿秋裤的不同习俗，其实在中国南北方大概在这一点上也是有差异的。至于他为什么对这篇文章起这个名字就不知道了，也许作者认为那个写《东方主义》的萨义德是研究东西方文化差异的，调侃一下吧。但不管怎么说，议论一下哪国人愿意穿秋裤，哪国人从来不穿秋裤，和文学理论家、批评家萨义德是并不真正搭界的事情。但有意思的是，通过数据分析技术，这篇谈穿不穿秋裤的文章，被赫然列成了萨义德的社会学名著《东方主义》的书评。这也算是数据技术与人们开的一个玩笑吧。无论怎样，我认为所谓大数据的真实性、可靠性是至关紧要的，而行为数据的真实性、可靠性在相当程度上取决于行为人的主观意愿。且不说凡数据造假就可能获得利益的话，数据的可信度就必然大幅下降（例如网购电商交易中的刷星级、豢养水军，信用卡非交易的刷 POS 等就是典型的例子）。随着人们对自己信息安全性重视程度的不断提高，对自己隐私保护的意识越来越强，不少人也会越来越倾向于采取"不暴露"原则，他们或是不愿进入特定的平台，或是要求隐匿、删除自己的行为记录。前不久欧盟法院就受理并判决了一起关于 Google 和用户之间的案件。判决中提到，普通人应该享有自己某些信息不被搜索引擎检索到的权利，以保护用户"被遗忘的权利"。据说 Google 已为欧盟区域内的客户特别建立了申请页面，只要用户申请就可删除自己不想保留、不想被人检索到的隐私信息。如果这种法理概念不仅在欧盟，而是在全世界范围内都被广泛接受，互联网金融赖以生存的大数据将会出现一种什么情况呢？对这个问题我们也需要有足够的想象力和前瞻性思维。

最后，作为结束语，我赞成这次会议的名称，"融合与创新"。我认为，敢于藐视一切、渴望颠覆一切的魄力必须和敬畏传统、注重文化传承的理智相结合，互联网金融才会有真正的明天。

金融创新除了技术还需要什么 *

  在 2015 年末谈互联网金融的话题，比 2013 年、2014 年要方便一些了。人们毕竟已经看到了不少的风险事件，市场比前两年要冷静许多。在本文中我坚持自己的观点，"面对互联网金融大潮，在兴奋激动之余，我们还需要一种相对冷静平和的心态"，"前面的路还很长"。我认为"只要一些数据生成者知晓自己的行为数据可以影响自己的利益（例如可以获得信誉、信用积分，可以获得授信融资等），那对这部分数据的可靠性就有质疑的理由"。事实已经证明，那种以为互联网金融可以完全解决信息不对称问题的看法过于简单了。

——作者注

---

* 本文是在 2015 年财新峰会上的发言，发表于 2015 年 11 月 6 日的《第一财经日报》。

　　当今，互联网化正带动着许多行业、产业的组织变革和商业变革。在这一历史性的进程中，互联网技术的迅速发展也给金融领域的创新带来了巨大活力，显著提升了金融服务的水平。首先，从银行来说，现在银行已普遍通过互联网渠道开办各类业务，银行服务的成本有所下降（电子银行每笔交易成本大约只有银行柜台每笔交易成本的五分之一到六分之一）；银行传统信贷的模式有了改变（例如工商银行无人工参与的全流程在线的网络贷款已超过其网络融资的 20%）；银行业务处理能力尤其是支付结算的能力和效率都有了提高（例如工商银行现在每秒钟业务交易量峰值已超过 8 700 笔，在2014 年一年的电子银行交易已占全部交易的 88%，电子银行交易金额达到了 456 万亿元，所有的异地支付早已实现实时完成）；各家银行的服务模式都已越来越多地、越来越自然地融入商业场景之中，一个覆盖和贯通金融服务、电子商务、社交生活的互联网银行架构正在不断形成和完善。其次，这些年来，各类互联网企业从事金融业务的也越来越多，互联网金融已从最初的电子商务、第三方支付等更多进入了资金募集、理财和借贷领域。如果说Paypal、Apple Pay 和支付宝等，是让小额支付更便捷，那么 P2P、众筹包括余额宝等等则是对金融资源配置方式的一种有意义的探索，它给不少人提供了一种新的投资渠道，也满足了一些人筹集资金的需求。近来，又有一些人开始把更多注意力放到了区块链技术，不少人正在争先恐后地进行基于区块链的支付和记录技术等方面的研究和开发。

　　这一切都是那么的令人振奋，令人欣喜。但我认为在看到互联网金融快速发展所带来的种种积极变化的时候，在继续推进金融创新的过程中，似乎也应该注意两个问题：一、金融创新的全部内容是否就是金融的互联网化；二、是否应该避免陷入技术至上、唯数据论的误区。第一点比较容易理解，答案也应该是明确的。关于第二点想必大家的看法不会完全一致。我想就此谈谈一己浅见。这可以从北京大学国家发展研究院沈艳教授最近的一篇文章说起。

沈艳教授的文章题目是《大数据分析的光荣与陷阱——从谷歌流感趋势谈起》。她在文章中讲了一个故事，那就是谷歌公司在 2008 年 11 月启动了一个"谷歌流感趋势"（Google Flu Trends，GFT）项目，这个项目曾被许多人认为是大数据分析优势的一个证明。这个项目的团队曾宣布他们通过数十亿搜索中 45 个可能涉及流感关键词的分析，就能够比美国疾控中心提前预报流感的发病率，从而使人们可以有充足的时间提前采取预防措施以避免患上流感。倘若真能如此，这个成果无疑具有重要的社会意义和经济价值。可惜的是在 2014 年，美国《科学》杂志的有关文献报道了 GFT 在 2009 年没有能预测到有关流感的爆发，在 2011 年 8 月到 2013 年 8 月间的 108 周里，有 100 周预告不准（预测率是实际报告值的 1.5 倍多）。沈艳教授诘问道，为什么传说中充满荣光的大数据分析会出现如此大的系统性误差呢？她认为如果在数据分析中只关心相关关系而不注意因果关系是不行的；必须避免模型对数据值作出"过度拟合"。她还指出尤需注意不能以为大数据可以完全替代小数据，她呼吁要防止堕入"大数据陷阱"，力戒"大数据自大"。我十分赞同沈艳教授的观点。沈教授所指出的问题正是若干年来我们在推进互联网金融发展中一直十分注意和努力想解决的问题。

撇开银行在产品研发、客户营销、员工及机构管理等方面的数据应用问题暂且不谈，就说银行最常见也最重视的风险管理，多年来许多银行尤其是一些大中型银行都在如何利用数据技术提升风险管控能力方面进行了很多的探索，作出了不懈的努力。例如，工商银行在估算客户的违约概率（PD）、违约损失率（LGD）的时候，十分注意把数据长度作为风险参数量化过程中的一个重要因素，坚持要求数据观察期起码必须涵盖一个完整的经济周期，以努力避免简单地以昨天的数据来说明今天和预测明天。现在工商银行非零售业务和零售业务的客户违约率、损失率数据积累长度均已超过 12 年。同时包括工商银行在内的不少银行还建立起了全行数据质量的管理标准和平台，不断进行内部评级的复核验证，以尽可能减少失真数据的干扰和影响。为了能够对各种风险进行量化，在信用风险管理方面仅工行就开发了 34 个法人客户评级模型，实现了对所有法人客户违约概率（PD）的计量，开发了 175 个信贷产品的 3 类债项评级模型，实现了对违约损失率（LGD）的计量。对零售业务，工行还开发了 75 个信用评分模型，覆盖了个人客户准入、账户信贷审批和业务管理的完整业务生命周期。在面对市场风险（因市场价格例如利率、汇率、债券股票价格、商品价格的不利变动，而使商业银行表内和表外业务发生损失的风险）的防控方面，我们制定了 16 个办法，开发了 17 个定价估值模型来进行风险价值（VaR）和压力风险价值（SVaR）的计量，并且在实践过程中每日实施返回检验，把模型计算所得的风险价值与发生的真实损益进行比较，以检验模型、方法的准确性和可靠性。在防控操作风险（主要是指由不完善或有问题的内部程序、员工行为和信息科技系统，以及外部事件所造成的风险）方面，工行开发了操作风险损失事件管理系统，分别用于对操作风险高频低损和低频高损部分的计量。

为了达到上述的这种数据采集、挖掘和应用水平，仅为积累有关数据、开发这些风险管控模型，工商银行就先后花了将近 15 年时间，投入了巨大的人力和财力。尽管目前这一套风险识别和计量的方法、模型已经按照国际金融稳定理事会的有关标准，经过监管部门组织的多轮评估获得通过，认定为合格，但坦率地说，我们从来也没有认为这一切已经是完美无缺的了。面对不断变化的社会经济环境，随着银行业务日新月异的发展，在数据的管理利用方面确实还有许多问题需要解决，前面的路还很长。这也正是工商银行近年来又推出了 eICBC 新发展战略的一个重要原因。

我之所以不惜篇幅地介绍这些情况，主要想说的就是许多事确实不像想象的那么简单。面对互联网金融大潮，在兴奋激动之余，我们还需要一种相对冷静平和的心态。如果我们真的要搞金融大数据开发，真的要靠有关数据来办互联网金融，那确实就要认真思考一下自己拥有的所谓"大数据"，真的足够大了吗？足够长了吗？自己拥有的数据中的信噪比问题有效解决了吗？自己拥有的数据分析模型如果对样本内的数据分析还算准确的话，那它对样本外的预测结果也能一样有效吗？自己所拥有的数据处理模型是否完全建立在一种假定之上了，那就是以为人们的社交行为数据、那些非结构化数据都是真实的？坦率地说，我始终认为只要一些数据生成者知晓自己的行为数据可以影响自己的利益（例如可以获得信誉、信用积分，可以获得授信融资，等等），那对这部分数据的可靠性就有质疑的理由。这也许就是人文科学领域的"测不准原理"。现在各种花样百出的水军现象已经一再提示我们，真是"不能天真地认为数据使用者和数据生成机构都是无意识生产大数据的"（沈艳，2015）。

上述这些还没有涉及诸如 homes 系统、高频交易等技术在这一轮股市风波中的作用究竟应该如何认定的问题。尽管对此还可能有这样那样的不同看法，但可以确定的是，在某些条件下，所谓的技术中性在面对市场时是完全可能发生变异的。

　　总之，我认为金融的创新，互联网金融的发展，除了技术，还需要一系列的条件支撑包括营造一种良好的文化氛围。在眼花缭乱之中，要力戒浮躁，脚踏实地。互联网技术是时代进步的标志，是现代文明的产物，它与那些江湖气其实是不搭的。诸如"流量为王，就是要靠烧钱来吸引客户"，"互联网就是财富重分的过程，就是赢者通吃的游戏"，"羊毛出在猪身上，猴数钱，牛买单"等等说法，如果仅是开开玩笑，说说段子，那还未尝不可，但作为一个要对投资者负责、对债权人负责、对债务人负责、对市场稳定负责的金融从业者来说，如果把这真的当成了自己的经营理念，那是万万不可的。

商业银行的大数据建设及其
在风险管理中的应用[*]

　　本文是在北京大学国家发展研究院、北京大学互联网金融研究中心为研究生开设的互联网金融讲座课上的一次讲课录音整理稿。

　　商业银行作为传统型的金融机构，在信息化时代、数据时代会不会落伍抑或已经落伍？这是近两年来不少人一直心存疑惑的一个问题。作者不赞同这个观点。希望这篇讲稿能有助于大家从一个侧面更全面更完整地了解有关情况。

　　讲课采用的 PPT 材料较多，无法全部印用在这里，只能从中挑选了若干张附于文中，以便于读者阅读。

——作者注

　　很高兴有机会再次来到北大国发院。

　　今天主要是讲银行的大数据建设及其在风险管理中的应用。讲到大数

---

*　此文根据作者 2015 年 12 月 4 日在北京大学国发院讲课录音整理。

据，我觉得最早似乎还是未来学家托夫勒在 20 世纪 80 年代那本《第三次浪潮》中提出来的概念。后来真正的应用，应该还是这些年的事。2011 年，美国的麦肯锡公司发布了一篇关于大数据应用的报告，从那时候开始，大数据的应用特别是有关商业应用才真正推到了众人的眼前。

我们国家这几年来，大数据也已经成为一个很热的话题。特别是今年，国务院连续发了两个文件，一个文件就是 2015 年 7 月份发的《国务院关于积极推进"互联网 +"行动的指导意见》。时隔 1 个月后，国务院又发了第二个文件，就是《国务院关于印发促进大数据发展行动纲要的通知》。这两个文件出来以后，大数据问题更是引起了各行各业的关注和重视。许多研究机构包括不少政府部门、企业都在积极地研究和实践这个问题。我们过去总说"知易行难"，我觉得对大数据这个问题，可以说不少事情是"知不易，行更难"。我想结合我自己工作中的一些体会和经历，来谈谈这个问题。

今天主要从两个方面来谈，第一个部分是想谈谈大数据的基础建设，主要是结合银行系统，特别是工商银行这些年来在大数据的基础建设方面是怎么思考的，怎么做的，也可以说是一个背景介绍。

第二部分比较复杂一点。想讲讲大数据在银行风险管理中的应用。大数据可以应用于银行的很多方面，比如说金融产品的研发，比如说市场的营销，客户关系的维护，比如说银行的内部管理，机构、网点、员工的绩效考评等等，都可以应用大数据。确实这些年来银行在这些方面也都一直在尝试通过大数据的应用来提高管理和运作水平，但是不管怎么说，最重要的，银行的基本功还就是风险管理。所以我今天想着重讲一讲银行大数据建设如何应用于银行风险管理。

一、大数据基础建设

（一）全球大数据产业链正在形成

首先我想说的是，当今全世界正在形成一个大数据的产业链。我们可以简单看看这个产业链的上游、中游和下游（见图1）。

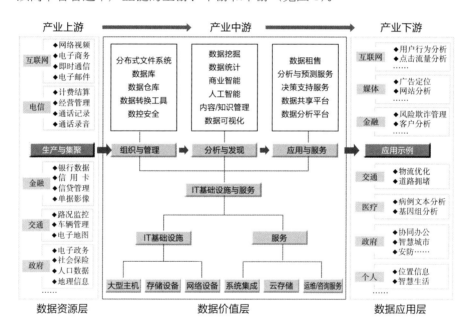

图 1　全球大数据产业链正在逐渐形成

所谓的上游，是指实现大数据的生产和汇集，包括形成巨大的基础数据资源的各种各样的机构、组织、企业等。在一定条件下，这些拥有大数据的企业、公司，包括政府部门，将来可以，有的现在已经把自己掌握的数据作为一种资产来看待了。我们相信下一步有些数据是可以作为一种资源来实现其商业价值的，目前已经有人在这样做了。比如我国的万得（Wind）公司、美国的彭博（Bloomberg）公司就是典型的靠出售数据挣钱的公司。当然这里也有一个法律规定和伦理约束的问题，这是需要另外研究和解决的问题。

所谓产业链的中游，是指那些专门提供大数据挖掘分析的软件工具和硬件平台的一些公司。目前这方面比较领先的主要还是美国、欧洲的一些公司，像 IBM、Teradata、Oracle、SAS 以及 SAP 等公司。应该说这方面我国还存在一定的差距。

下游主要是指，借助了大数据的分析软件和平台来开展大数据分析和应用的各种机构，既包括政府部门、企业、研究机构等为自身目的开展的大数据分析应用，也包括受托为第三方开展大数据分析，从而获取服务收入的各类大数据分析服务商。例如，现在有些城市已经在实施智能交通管理，实际上也就是应用大数据来管理交通。目前，不少企业也都在通过大数据的开发、应用来提升自己核心竞争力，当然这还需要作出多方面的努力，从多方面来打好基础。例如现在高端的大数据的分析人才就十分紧缺，这是一个不小的制约瓶颈。现在西方数据科学已经成为一门新的学科，出现了数据科学家这个职业。就拿中国来说，现在你去查查 51Job 那个网站，会有许多单位、企业在那里招聘数据分析人才，薪酬水平也不低。

总的看来，大数据已经越来越形成一个产业链，它有自己的上游，有自己的中游，有自己的下游，越来越和社会经济生活融为一体。大数据不仅仅是一个概念，而是切切实实渗透到当前人们经济和社会活动的方方面面了。

（二）大数据和信息技术推动了银行发展

大数据和信息技术的进步对传统银行业的变革起了很大的推动和促进作用，带动了金融的创新。应该说，银行业天然就是和一个数据、网络密不可分的行业。

全球第一台计算机的产生，是在 20 世纪 40 年代美国宾夕法尼亚大学，当时设计第一台计算机的目的是军事应用，计算炮弹的运行轨迹。但是，据说后来计算机转为民用时，率先研究如何运用计算机来提升自己管理能力、发展能力的就是银行。

现在看来，整个银行业的活动和产品都与数据有关的。甚至可以极端点说，银行业生产的所有产品都是数据。银行开发的金融产品，实际上就是以一定规律组织的数据；银行的支付结算等服务，实际上就是以网络化手段对客户的账户和交易行为进行数据处理。正是由于银行产品和服务具有天然的数据属性，因此互联网技术的产生、发展，以及大数据的应用，在一定程度上就是以更加高效的方式，更加低廉的成本，来完成商业银行过去所从事的绝大部分业务，从而使银行在许多方面比过去做得更快、更好、更有效，从而提升传统金融对社会公众的服务水准。同时，数据技术的发展，互联网技术的发展，也模糊了互联网企业和金融企业之间的一些界限。经过这几年的发展，在过去只能由商业银行提供的支付、融资、理财服务等方面，一些互联网公司已经取得了不小的发展，扮演着越来越不可小视的角色。它们有的已经具备了金融中介功能，不仅仅是信息中介了。当然对这个问题，大家看法还不一样，到底什么样的企业，什么样的机构才能具有金融中介的职能，需不需要一定的资质，需不需要经过特许，需不需要经过审批等等，这些都还有很多问题需要明确和解决。今天我们暂且先不去讨论这方面的问题。

（三）工商银行的大数据架构

今天我想结合工商银行这些年走过的发展之路，介绍一下工行的这个大数据是个什么体系，它的框架大体是怎样的，是如何建立起来的，它有哪些值得重视的作用。工商银行这些年来，一直把大数据和信息化建设作为自身发展的三大战略之一（我们提出的三大战略是大零售、大资管、大数据以及信息化），我们一直在追求对全行的各类信息能够集中，能够整合，能够共享，能够挖掘，从而提升我们适应变革和不断创新的能力。

我们较早地认识到了这个问题的重要性。1996 年我担任工商银行的副行长以后，管理层决定由我负责分管这方面的工作。从 1996 年、1997 年开始，十七八年前工商银行就意识到数据建设与信息化的重要性，开始进行数据建设方面的系统探索。只不过当时的技术手段和今天相比大不一样，当时的一些说法与今天也不相同。经过十多年的持续努力，现在已经建立了一个庞大的大数据基础架构和应用体系，特别是 2001 年以后，那时我已经到华融资产管理公司工作，但我知道工行那一阶段在这方面投入更多，决心更大了。

工行率先开发了自己企业级的数据仓库，现在这个数据仓库是全国第一，全世界第六的银行业数据库。这是由美国 Teradata 公司评定和公布的，Teradata 翻译成中文，就是大家熟知的"天睿"公司。这个公司是全球最大的数据仓库服务商，它每一年在全球数据仓库用户大会上都要发布对全世界各国数据仓库的评价结果。从 2012 年开始到现在，工商银行已经连续几年被评为中国第一、全世界第六的银行业数据仓库。最新一次发布是在 2014 年 12 月，现在排前面的五家分别是美洲银行、富国银行、劳埃德银行、巴克莱银行、美国国家金融服务公司（英文名叫 Countrywide Finanacial）。这五家银行的经营管理怎么样、盈利能力怎么样，先不去评论它，他的数据仓库为什么排在我们前面呢？我们也专门了解了一下，主要是它们数据积累时间比我们长。他们数据仓库建设和应用的历史都要比我们早 10 年以上。

我们现在连续数据积累长度有的是 7 年，有的达到 10 年，像企业的违约率，违约概率等等这些数据，积累了 10 年，还有的超过了 15 年。但是人家的数据积累比我们还长，这个在评比打分里面是个很重要的因素，所以现在他们还都排在我们前面。

工商银行的大数据架构，是由三部分构成的（见图 2）。一部分是数据基础，再一部分是数据服务，第三部分是业务应用。

数据基础也包括三个部分，一个是外部信息，一个是内部信息，再一个就是业务系统信息，也就是我们的综合业务系统产生的各类数据信息。前面两部分的外部信息和内部信息大部分是指非结构化的数据，主要以各类文档、资讯、图片、音像、多媒体资料等形式保存和管理。第三部分业务数据，产生于我们综合业务系统，那是每天在机器上跑的、系统里进行的这些交易情况与业务情况，是对全行 4.8 亿个人客户，500 多万企业客户在我行业务活动过程和结果的记载，是关于这些客户每一笔账户变动情况的准确记录，是一些结构化的数据。这些数据既是标示客户在我行的资产负债的法定凭证，也构成了我们掌握客户行为规律和需求特征的重要基础。此外，为了加快对客户信息的实时分析和处理能力，近年来我们又建立了流数据的平台，实现了对客户的一些关键业务数据信息的实时、准实时处理和分析应用。这三大部分加一个平台，就是外部信息、内部信息、综合业务系统信息这三个基础库加一个流数据平台，构成了我们的数据库基础。在这个数据库

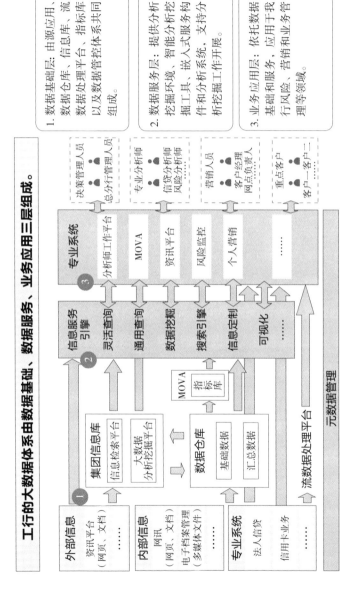

工行的大数据体系由数据基础、数据服务、业务应用三层组成。

1. 数据基础层：由源应用、数据仓库、信息库、流数据处理平台，指标库管控体系共同以及数据管控体系组成。

2. 数据服务层：提供分析挖掘环境、智能分析挖掘工具、嵌入式服务构件和分析系统，支持分析挖掘工作开展。

3. 业务应用层：依托数据基础和服务，应用于我行风险、营销和业务管理等领域。

图 2　工商银行大数据基础架构

的基础上，我们又建立起了一个指标库，就是对数据进行标准化。具体怎么标准化，我下面还要介绍。

经过数据的标准化，就可以进入大数据架构的第二部分，就是服务系统。它主要是指什么呢？主要是包括客户端直连服务器的灵活查询，通过浏览器界面连接服务器的通用查询，找出海量数据背后业务知识的数据挖掘，对非结构化数据的搜索引擎，各类自定义的信息定制等等这些工作，以及各种各样的可视化的展现方式。这些就构成了工商银行的具有自身特点的数据服务层，可以用来满足我们不同层次的数据分析的需求。

第三部分，实际上就是基于前两层的数据和服务手段，建立起来的面向专业，面向决策层、管理层的应用系统。例如行长走进办公室，想看到全行的最新的经营情况，打开计算机都可以看到。也可以用来满足各专业部门经营管理的需要，营销人员从中也能够及时发现客户的一些重要情况的变动以及产品销售商机。此外，与重点客户的联动系统还能让客户分享我行的一些资讯产品。

这些就是工商银行大数据的基础架构。概括起来说，数据基础包括外部信息、内部信息和内部业务数据，再加上我们流数据处理平台，然后经过标准化的处理，最后就进入我们的服务系统，决策人员、管理人员和营销人员都可以按各自的权限和需要进行查询和应用。

（四）数据治理与标准化是大数据建设的基础

介绍完框架后，我想说说数据治理和信息标准化。我们对数据质量治理一直很重视。在大数据分析与应用领域，大家可能知道一直有这样一句话，就是说"garbage in，garbage out"，"垃圾进、垃圾出"，这是个很重要的概念。特别是数据量大了以后，进来的数据如果不经过清洗，不经过筛选，不经过那些标准化的处理，就会影响到大数据的质量，那样不仅不会增加业务价值，而且一定会影响到整个数据库基础框架的生命力。一大堆垃圾数据在里面，没有任何意义。因此面对这个情况，一定要建立科学的、可持续起作用的数据质量保障机制，这一点非常关键。

要做好这项工作，我们是两手抓，一个是建立数据的标准体系，再一个是建立数据的质量管控体系，通过这两个体系来实现对数据质量的保证。

1. 数据质量管理

工商银行从 2006 年开始，就对进入数据库的各类数据质量开始进行治理（见图 3）。现在已经把数据质量管理纳入了总行、分行的操作风险管理体

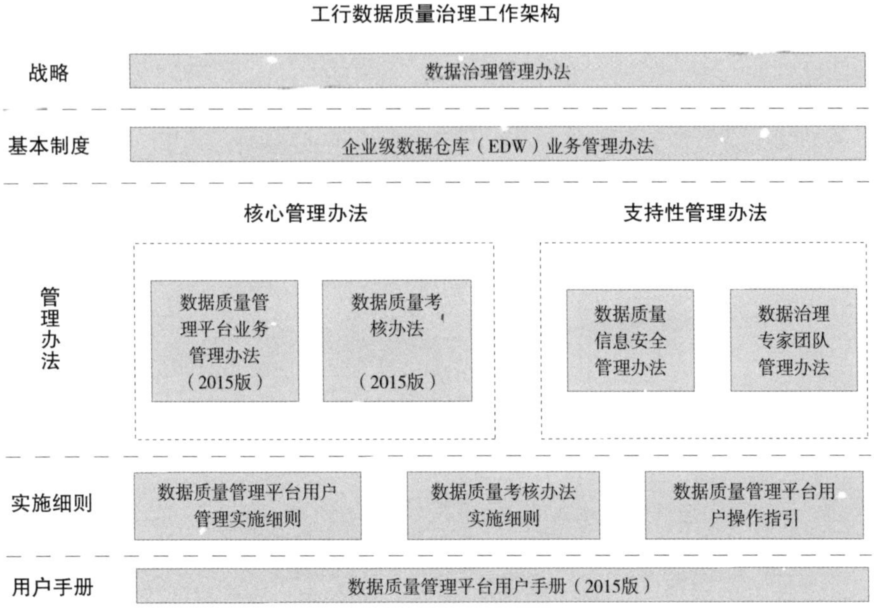

图 3　数据质量是管理工作的基础

系，就像抓业务风险一样来抓数据的质量风险。这在中国的金融业可能是一个创造。

我们始终认为失真的数据、不准确的数据、假的数据比没有数据还坏。为什么？比如说你可能发烧了，但是你手边没有体温表，这时候到底发烧没发烧，你旁边的亲人，你的朋友可能用手摸你一下，就可以基本判断你是发烧了还是没有发烧，虽然没有精确的量化数据，总可以有个初步判断。但是你如果有个不准确的体温表，你明明已经38度5了，如果这个体温表是劣质的，坏的，一测36度8，挺好，这时候带来的后果可能就是要贻误病情。我觉得在面对大数据这个汹涌澎湃浪潮的时候，我们特别要注意这个问题，就是数据质量的保证，一定要防止我们所采集的数据"垃圾进，垃圾出"这么一个不良现象的发生。

当然这项工作是非常艰苦的、细致的，需要一步一步来，下面我还会有些具体的介绍。急功近利，马马虎虎，绝对是不行的，特别是面对一些缺乏会计核算基础的非结构性数据。如果是结构性的数据，质量相对比较有保证。因为银行的结构性的数据有很大的一个特点，就是它是基于会计核算的，是要求做到横平竖直，总分一致的。而非结构性的数据，大多是游离于会计核算之外的。非结构性的数据的质量保证，在一定意义上更难。尤其是当数据的产生者、数据的使用者，发现这些数据和自己的利益相关时，那么这些非结构性数据的可靠性就更需要关注了。比如说最简单的例子，网络上的水军，刷信用，刷交易量，为什么，因为这个数据对他是有意义的。所以我们在研究大数据问题的时候，一定要注意到这个问题。

再有一种现象今后也可能会带来不小的挑战，就是有的人对自己的一些社交行为数据，他要求屏蔽。欧盟地区前一段时间就有人起诉Google，大家可能知道这个故事。他要求法院维护他的不被知晓权，他认为其行为如果能够被其他人在 Google 上搜索到，Google 就已经侵犯其隐私权了，个人有不被知晓权。后来欧盟的法院判决 Google 败诉，要求 Google 在技术上能够满足客户的这种需要。所以现在据说 Google 在欧盟地区，它对客户某些信息的公开是要征询意见的，你哪些数据是可以被人搜索到，哪些数据是不希望被人搜索到的。我一直在想，一旦这个理念被广泛接受，那么对于人们的社交数据，我们究竟应该怎么来应用，这可能就值得进一步研究了，这是我们下一步的话题吧。

数据质量管理当中很重要的一个内容就是数据清洗，包括结构化数据，就是来源于多方面的各个业务系统的数据，需要一个清洗功能。我们现在的做法，一个是数据连接过程中的清洗，要保证数据记录的唯一性。例如客户、业务发生的时间、借据代码必须是唯一的，你不能一个客户在我这有两个名字，不能同样一个法人有两个名字，不能同样一个自然人有两个名字。这笔业务什么时候发生的，它的时间必须是唯一的，不能是同一笔业务记载的时间是不一致的。从连接过程中它必须要进行清洗，要有保证。

再一个就是异常值要能够清洗掉。比如说他的年龄突然出现了一个负数，这就是个异常值，系统要能识别出来，必须对它进行清洗；还有就是许多业务问题导致的数据质量问题，例如一些极端值。一般来说，在整个数据范围里，尾端和首端的那一部分的数据在清洗过程中需要特别关注。

还要对数据进行多维度分析，这也是一项更重要更复杂的清洗过程，需要从多个角度分析数据的连续性、可比性，发现异常要重新检查前面的数据清洗流程，这些要求工行已经能够在系统里自动实现。目前我们已经积累了超过 500 项的各类数据质量控制规则和模型。

2. 信息标准化

刚才我说到信息要标准化，标准化实际上就是信息统一语言、统一计量的过程，简单地说就是"五个统一"，你必须定义统一、口径统一、名称统一、来源统一、参照统一。

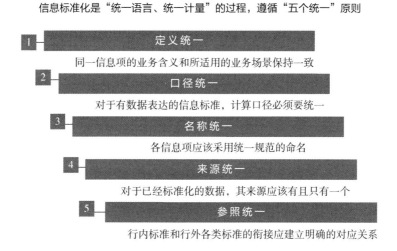

信息标准化是"统一语言、统一计量"的过程，遵循"五个统一"原则

1 定义统一
同一信息项的业务含义和所适用的业务场景保持一致

2 口径统一
对于有数据表达的信息标准，计算口径必须要统一

3 名称统一
各信息项应该采用统一规范的命名

4 来源统一
对于已经标准化的数据，其来源应该有且只有一个

5 参照统一
行内标准和行外各类标准的衔接应建立明确的对应关系

图 4　信息标准是管控数据质量的依据

比如说定义统一：同一信息项它的业务含义和所用的业务场景必须保持一致，这句话好像有点绕口了。简单举个例子，我们银行有个术语叫法人客户，什么叫法人客户，显然是相对于个人客户来讲的叫法人客户。但如果对法人客户这个名称再深究一下，情况就复杂了：有贷款的叫法人客户，没有贷款的算不算？生产企业算，机关算不算？机关算的话，部队客户算不算等等。总之，对法人客户这一个似乎大家都很清楚的术语，但不同的人是可以有不同理解的。如果没有统一的标准，就可以有不同的理解，这样来统计这个数据、分析这个数据就不可能得到一个准确的结果。所以必须把定义标

准化起来。我们现在就定义，法人客户是指以一个法人实体为资格条件，与银行发生业务往来，在工行开立账户，持有工行一种或一种以上的产品，包括负债和资产、中间业务产品的客户，我们把满足以上特征的客户定义为法人客户，凡是不满足就不把它称之为工行的法人客户。你不能自己想象，这不是自然人，这肯定就是法人客户。这不行。

比如说口径统一，对于有数量表达的信息计算口径必须要统一。不同部门，不同规则中的代码取值、计算方法等等，必须把它统一起来。为什么？再简单地举个例子，例如贷款，我们经常要说到工商银行现在贷款余额有多少，今年增量是多少，等等。那么贷款是指什么贷款？人民币贷款还是外币贷款？还是本外币合计的贷款？是指境内的贷款？还是在全球的贷款？这个贷款含不含票据融资？等等，这些口径必须统一。

例如现在最典型的一个口径问题，就是我们经常说的中小企业贷款，有关部门一直强调银行要大力支持中小企业，要考核银行中小企业的贷款发放情况，那么首先就要明确，什么叫中小企业。贷款数额小就叫中小企业？那不见得，因为企业非常大，你给它贷款比较小，这怎么就能叫中小企业呢？企业人数少，就是中小企业？有些房地产的项目公司，它的母公司很大，它开发了一个楼盘，设立一个项目公司，这个项目公司有的时候就十几个人，说人数少就是小微企业，显然也有问题。销售额、营业收入少就是中小企业？也不一定。还是说房地产公司吧，它有的项目公司还没有开盘，没有销售，营业收入自然少，怎么定义啊？

坦率地说这个问题到今天都没有完全解决，现在银行是按有关部门前些年定的一个标准来统计的，并不完全科学，也不完全合理。对小微企业的财税政策、信贷政策，本来就是很稀缺的一种资源，很珍贵的资源，如果把它用到不恰当的对象身上去，显然是浪费了这个政策资源，影响了其他真正应该享受到这个政策的小微企业的发展。所以说数据口径的统一、名称的统一是非常重要的一件事情。

再一个就是数据的来源必须统一。数据来源应该有而且只能有一个。过去我当管理信息部主任的时候，曾开玩笑说，一个数据问一个人两天问不一样，一个数据同一天问两个人也不一样。这是为什么？因为当时有些数据的来源没有统一起来。必须做到每一项标准化以后的指标数据只能有一个权威的系统产生，任何其他部门应用这个数据、引用这个数据必须服从它。

还有一点是参照统一。现在人民银行、银监会都有一个庞大的统计机构，他们经常会发布一些统计的标准，国家统计局也有统计标准。这些标准下来以后，我们企业级的标准必须和它统一起来，不能这个数据在人民银行是这么定义的，在我这里是那么定义的，国家统计局是那么说的，我这里又另有一套办法，这个是不行的。这个数据你将来就没法用了。我们在工商银行自身数据标准的制订过程中，采用了或者说服从了上百项的国家标准和国家部门、部委的标准。

（五）数据仓库的价值是集中与共享

大数据建设要落地，核心是要建好数据仓库。所谓的数据仓库，它的精髓是什么？不是简单地在物理上把许多数据集中起来，把服务器堆放在一个机房里。重要的是要把所有的数据，一个企业、一个部门所有的数据通过逻辑数据模型（LDM）把它们集中起来、关联起来形成一个企业级的整体。物理集中只是一个重要的基础，而目的是要逻辑集中，进而实现数据的整合、共享和使用。

1. 实现数据逻辑集中

工商银行最初的数据管理也是分散的，各部门、各专业都有自己的统计、自己的小型数据库。例如，过去储蓄部门管储蓄存款，公司部门对自己的公司业务有统计，当时的资金计划部门要想知道全行包括个人和企业在内的存款情况，需要把各部门这些存款数据分别拿来进行汇总。那是很原始、很初级的一种数据管理方式。

所以工行进行数据仓库建设的时候，就强调要逻辑集中，实际上就是要打破专业界限，打破部门界限，打破系统界限，实现数据的统一，使所有的数据都能够集中和共享。因为我们知道，管理学中有个基本的观点，凡是可量化的就是可管理的，不可量化的是难以管理的。当然这个说法第一句话我赞成，第二句话我不是太赞成。但不管怎么说，这可以看出数据管理和量化管理的一种重要性。我们通过一个漫长的复杂过程，花了十几年的工夫，把各部门、各专业、各分行各自的小而全的管理信息系统集中了起来，成立了总行企业级的一个数据库，实现了逻辑的集中，打破了部门、专业、地区的一种界限。

这个集中有什么好处？举一个最低水平的应用实例。同学们都很年轻，可能不知道，实际上就在二十多年前，你到银行一个网点去存款，你要取款时必须还到这个网点来取款，为什么？因为你的账只是这个网点有，是纸介质的记在那里，账页就存放在这个网点里，你来取款或再存款的时候，拿着你的存折存单，银行网点的员工在里面找，找到你的账页，一看对了，该取就取，该存就存，账面余额变动情况在账页里再记上。你要到另一个网点，哪怕是同一个城市里另一个网点去取钱也行不通的。假如原来办业务的银行网点在你家附近，而你的家和工作单位隔着一定距离，中午你想用钱了，想在单位附近找一个也是这家银行的网点取钱，你是取不出来的，因为那个网点和这个网点数据是无法共享的。后来我们有了计算机系统，最初是小型机系统，就可以同城通存通兑了，这在当时是很大的进步，后来慢慢又进一步扩大。当然这是数据集中共享很低层级的一个应用实例。从高层级来说，搞数据仓库建设无非就是要实现全行经营管理的信息"一次存储，共享使用"。

还是举存款的例子吧，现在你去一个网点存一笔钱，柜员替你处理完毕，这笔信息就存储进去，进入综合业务系统，一次存储，就可以共享使用了。这个信息我们的资金管理部门可以知道，我们的资产负债管理部门可以知道，计息部门可以知道，运行管理部门可以知道，不仅仅是个人金融部门知道。一次储存，共享使用，就是这个道理。这个显然是节约了信息管理和使用的成本，提高了效率。

再例如年终决算。20世纪80年代包括到90年代初，银行年终决算的工作量非常大。12月31日年终决算的晚上是非常热闹的，8点钟、10点钟要参加一次当地人民银行组织的最后一次同城交换，行与行之间要清算。回来以后封账，一年的业务，到12月31日要把它决算出来，这个决算的成果真正的汇总到总行，通常要到3月底。然后再报财政部，报人民银行。实际上距12月31日已经几个月了。那时候每年12月31日晚上，各家银行分支机构的食堂都是要加餐的，行长要下去慰问，市长、省长一般也要挑几个银行网点跑去，说一声大家辛苦了。总之那天晚上是个很大的事，现在12月31日该下班基本可以照常下班的，为什么？因为现在可以说，任何时点上都在实现着"决算"，天天都在决算，每天的数据该终结的都自然终结了，不存在一个全年的数据在最后一天需要有特别大的工作量来统计它、汇总它。

建立数据库就是要把全部的信息，以有序的方式实现逻辑的集中。是有序的方式，而不是乱七八糟把它堆积在一起。从横向看，在所有的分支机构层面实现跨专业、跨部门的数据信息整合，要能够得到整个机构完整的信息视图；从纵向看，在全行范围内要实现各专业条线信息的整体集成，以便全面评价和分析各专业条线的业务信息。只要做到这样，就能够真正地解决管理中需要海量信息支持才能解决的一些问题。再举个例子，比如说我们银行经常讲资产负债的流动性管理，这个词同学们可能经常听到，流动性的管理。流动性管理要求达到什么水平呢，要求一个银行起码能计算出未来的某一个时点上，你到期没有到期的资产和负债的存量。比如说现在是 12 月份，我要求你说说，到明年一季度末你的流动性怎么样？短期负债和短期资产是个什么关系，长期负债和长期资产是个什么关系？期限错配情况是怎样的？没有一个数据库，你根本就不可能实现这个。实际上你没有对全行的每一笔资产、每一笔负债的详细的信息，没有一个数据库的支撑是不能实现这个要求的。下一步按照巴塞尔委员会的规定，按照金融稳定理事会的要求，凡是全球系统性重要银行每天都要能够公布自己的流动性指标。这是个什么样的要求？你想想，工商银行现在总资产 22 万亿，总负债 20 万亿，可以说是由无数笔的资产和负债所组合起来的，这么一个庞大的业务系统，没有一个强大的数据库，没有对大数据的管理、挖掘、应用，你不可能做到这一点。

再一个，要把所有的信息都按逻辑有序地集中起来用于指导我们的业务发展。例如促进前台营销，所谓发现重点客户，不是说谁和你往来多，熟悉了，或者某个企业某一笔业务量比较大，就是重点客户了。他这个客户对你这个银行的贡献度是多大？他在你这有资产，有资产的贡献，有负债，有负债的贡献，还有除了资产负债以外的表外业务，有表外业务的贡献，这些贡献都要通过数据库能把它反映出来、计算出来，而且要能够及时地提供给前台，提供给我们的营业网点、客户经理。当然对它的各项服务成本也要能够全面反映出来。所以建立这个数据仓库的目的就是要夯实数据的逻辑基础，把信息当作我们一个宝贵的资产来看待。

2. 探索数据仓库的建设之路

我们企业级的数据库的建设也走过了一个过程，最初是探索性地建立了面向客户关系维护、面向一些综合统计分析的数据集市，经过不断总结和分析，我们认识到这是不够的。2007年我们引入了世界著名的TERATDATA公司的数据仓库解决方案，开始了更有意识的、更自觉的数据仓库建设。经过8年多的努力，现在已经进入这个数据库的挖掘、全面应用阶段。我们现在对境内外包括集团下面的子公司的数据全部都集中起来了，这也是一步步来的，最初只能管到境内，这些年境外机构越来越多了，现在我们在40多个国家，有几百个网点，近2万员工，这些数据如果游离在自己的系统之外，显然是不行的。

工商银行数据库现在的规模大体有多大呢？应该说我们实现了对全行所有业务系统的数据的全覆盖，我们的数据仓库已入库有121个业务源系统，5 054张业务源表，原始数据量是357TB。所谓的数据源表，我稍微解释几句，实际上就是工商银行每天所发生的所有业务，它都会带有时间标记，以数据源表的形式进入数据库，所以说，无论多少网点，多少机构，办理了多少业务，万变不离其宗，都会在这5 054张业务源表里面反映出来，最后通过筛选掉与业务应用无关的数据表，例如办公系统、纯技术系统，得出这5 054张业务源表是与业务相关的并可进行分析的，因此要把它们加载进这个数据仓库。我刚才说了原始的数据量达到357个TB，但是由它而衍生出来的其他数据就多了，只要有需求，你想怎么衍生它就可以怎么衍生，那几乎是没有止境的。业务范围包括了我们的存款、贷款、信用卡、票据、基金、债券、理财、国际业务、电子银行、金融产品等各个领域，地域范围来说，境内的、境外的、集团子公司的，包括行外信息都有了。这是结构化数据的一部分。

非结构化的信息数据每天也要进入信息库。可以简单地理解为结构化的信息进入的是数据仓库，非结构化信息进的是信息库。当然，在目前情况下，还是数据仓库的存储、应用水平要高于信息库。但现在信息库里面也有160多个 TB 的信息量，例如网银日志啊，融 e 购，融 e 联、投诉工单等信息都在信息库里。这里顺便说几句融 e 购，就是我们现在的电商，工商银行的电商平台实际上我们只搞了两年，现在多大？现在是全国第二大电商。仅仅用了两年时间。再过两年会是个什么局面，我们是很难设想的。

数据仓库的发展应用是有其自身规律的。工商银行数据仓库现在的业界水准，和国内同业、国际同业相比应该是个什么水准，什么状况呢？

图 5 是比较经典的分析一个企业建立的数据库所达到的水准的。它的坐标横轴是表明你这个数据库的综合聚汇数据的能力，越往右说明你这个综合能力越强；纵轴是你的数据库在你这个企业，在你这个部门的应用程度，越在上面应用程度越高。因此，在这个坐标图里，如果你越往右越往上，数据应用的成熟度越高。

数据仓库的发展大体可以分这么几个阶段。第一个阶段应该说是报告型的数据仓库。它主要告诉你已经发生了什么，比如说你通过这样的报告性的数据仓库，你可以固定的产生一些报表，简单地进行一些事后的查询。

第二个阶段呢，就是带有分析功能了，可以说是分析型的数据仓库。

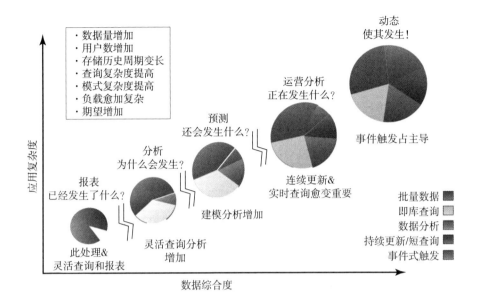

图 5　数据仓库的业界水准

它不仅告诉你发生了什么，它还在一定意义上告诉你为什么会发生这个事情。在这过程中，它有很多灵活查询的功能，有专业化的数据分析的工具。它对数据库中的海量数据能够进行一定的分析，弄清楚为什么会出现目前所呈现的结果。

第三个阶段就是预测型的数据仓库。它不仅报告你发生了什么，分析为什么会发生，还会告诉你将来还会发生什么。它能够通过数据分析和模型预测来找出隐藏在数据中的规律，而且可以把这些规律、这些模型部署到业务系统当中去，主动地实现对业务管理的优化和提升。既然你能预测会发生什么，那么你就可能要去促进什么，要去避免什么，这就是数据库建设的第三个阶段。

第四个阶段，就完全是一个实时性的运营分析性的数据仓库了。我刚才说了有流平台，流平台就是反映、分析正在发生的什么，但是坦率地说，现在还没有一家银行可以完全做到对所有的数据都能够进入这个阶段，也就是实时运营型的数据仓库，还没有完全达到这个水平。

第五个层次就更高了，就是智慧型的数据仓库。它高度智能化了，对许多业务机会它会自动地捕捉了，营销机会也能自动地捕捉了，然后它还能够自动地触发一些操作，等等，完全是智慧型的数据仓库。所以数据仓库从最简单的原始的报告型到分析型，到预测型，到实时运营型，到智慧型，大概都会经历这么几个阶段。智慧型的数据仓库现在世界上到目前为止还没有哪一个企业、哪一个部门敢声称自己的数据库已经完全达到了这个程度。最多就是在某些方面或多或少有那么一点实践而已。

工商银行现在处于第二阶段、第三阶段当中，少量的已经进入了第四阶段，就是实时运营型这个阶段，可以及时地发现正在发生什么，也能及时制止一些事情的发生。例如下面我讲到市场风险的时候就会讲到，有些事情我们是不能让它发生的，比如那些黑天鹅事件之类的。

（六）打造流数据处理平台

我想讲一讲流数据的处理平台。流数据处理平台实际上是讲，怎么样提升你这个企业，提升你这个银行的快速反应能力。对正在运营的一些数据，不仅要能进行实时分析，并且要能够及时地反馈到前台部门，甚至反馈到客户。它不仅仅是银行的业务综合系统功能的一种简单的增加。

我可以举个例子，比如现在的信用卡，你用完以后通常会立即有一个短信提示，你消费了多少……但这仅仅是流数据的最初级应用。一些银行就是在他们的业务系统当中增加了个反馈客户的功能。而真正的流数据的概念在交易处理过程中，各业务系统将交易数据准实时传输至流数据处理平台，平台处理后准实时推送至渠道、业务处理等系统，满足营销、风险等增值服务需求。

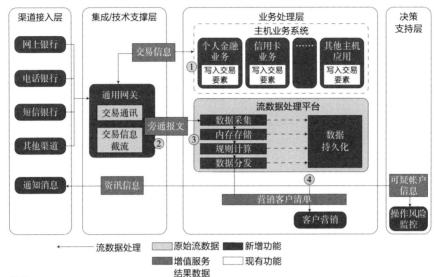

图 6　流数据处理平台

说明：
1. 主机交易共享：主机交易过程中将通讯区中未包含的交易要素写入共享内存，并将共享包、返回包数据一起返回网关。
2. 网关旁路：交易信息通过网关旁路分别生成上、下行报文信息。
3. 流数据处理平台：获取报文信息，通过采集、存储、计算、分发等一系列处理实现增值服务。
4. 增值服务计算结果准实时发送给下游各应用。

远不止这一种业务场景。就是第一，它可以在你做过什么操作后极短时间内反馈给你相关信息，例如余额变动。第二，它还可以进入银行数据库所积累的数据中，包括你个人过去的征信情况，你个人的消费习惯什么等等，都在一起会综合分析，并且及时地反馈到业务部门。例如，如果通过模型分析实时判断出你的一笔交易违背你多年的交易规律，系统就会将这笔交易归入可疑交易并且实时提醒。在得到客户确认前系统要暂时中止交易，这就可以更好地保证客户交易的安全。没有数据仓库，没有流数据系统这是做不到的。所以同样的你收到一个刷卡短信提示，不同银行给你的短信提示实际上背后的技术含量是不一样的。这是流数据应用的一个简单的例子。就是通过流数据处理平台，实现对一些交易信息的实时采集、存储，并按规则进行计算，而且计算的结果又可以实时、准实时地推送到业务处理系统和渠道，以满足风险管理和营销领域的实时需要。

现在的我们的流数据处理是实时的和准实时的，所谓实时就要求是秒级的，准实时是分钟级的。比如我刚才说的余额提醒这个就是秒级的，如果需要经过批量处理，它秒级就达不到了，可能是分钟级的。

二、大数据在风险管理中的应用

大数据在银行可以应用到很多方面，例如产品的研发，市场的营销，客户关系的维护，内部的管理，还有我们营业网点、机构，乃至员工的绩效考评等等都会用到数据技术，但是最重要的还是要用在风险防控方面。

（一）风险管理应用概况

1. 大数据应用必须具备条件

大数据在风险管理中的应用必须具备一些必要的条件。首先要有海量的基础数据，工商银行现在有近 5 亿个人客户，有 500 万户法人客户，有长达 10 多年将近 20 年的业务数据的积累，这是海量的。

其次要有统一的管理模式，从上到下必须有个统一的意识和机制。如果你管理不统一，不是统一的客户评级，不是对客户统一的授信，不是统一的授权，不实现集中的监控，你大数据也搞不起来。

第三，你必须有刚性的系统控制，刚才说要有统一的管理模式，这一点必须体现在系统的刚性控制上，任何人随便想改是改不了的。评级控制、授权控制、审批控制、限额控制、风险调整后的资本收益 RAROC 控制等等，都要由系统来实现。简单举个例子，总行如果发现某个客户有风险，有问题了，决定对他停止贷款，停止授信，我们从系统把他锁死了以后，我们全行 17 000 个网点就没有一个网点有可能还给他继续融资。过去我们怎么办的？要靠发通知，打电话，这里面就会有及时性、有效性的漏洞，现在都是刚性控制的，你不可能擅作主张。

第四，就是要有严格的数据清洗的流程。数据的标准要统一，数据的更新要有规则，数据要能够验证，要有数据质量控制平台等等，有了这些大数据在风险管理中才能够得到真正广泛和深入的应用。

2. 大数据分析必须成为银行的基本功

大数据分析必须成为银行的基本功。工行花了 10 多年的时间，建立起来一个符合巴塞尔协议要求的，切合我们自己实际的一个风险识别和计量的体系。风险不仅要能够识别，而且还要能够计量，你不计量就没有办法管理。这家银行风险大不大？信用风险有多大？市场风险有多大？操作风险有多大？每一种风险都要能够识别，更重要的要能计量。信用风险计量相对还简单一些，操作风险怎么计量？市场风险怎么计量？例如你现在手里拥有多少债券，你现在手里拥有许多投资工具，面临多大的市场风险，昨天是多少，今天面临多少，都要能够识别，都要能够计量。

我们是一步一步走过来的，从 90 年代走到现在。巴塞尔委员会明确要求，银行要能够基于自己的数据，运用自己的模型，对各项业务的风险参数进行逐笔的测算，用以计量各种业务的资本占用，并将其应用于风险管理的各个领域。这就是巴塞尔委员会的内部评级法的概念。银行基于自己的掌握的数据，基于自己的模型，对各项业务的风险参数进行逐笔的测算。测算的结果，一个是用于计算这项业务应该占用多少资本，这是为了满足资本管理的要求；再一个就是应用于风险管理各个领域。

巴塞尔委员会的要求，应该是挺苛刻的。巴塞尔委员会最初是由 10 个国家发起的一个委员会，它通过的决定、颁布的协议，实际上对全世界各国的银行，应该说是不具备法律约束力的，但现在全球的主要银行已经都接受它了。你可以不理它，但是你不理它，你进入国际金融市场就会受到限制。你要到某一个国家去开分支机构，人家会问你，你们国家现在执行没执行巴塞尔协议，如果没有执行，咱们就没有统一的对话基础了，比如说你的资本充足率，核心一级资本充足率是多少，大家讨论的概念必须是统一的，具有可比性，否则就没法讨论。人家就会说，我们监管机构实施的是巴塞尔的标准，你们如果没有，对不起，我们暂时不能允许你在我们这里开设分支机构。

做市场交易也是一样，如果你不是执行巴塞尔协议的金融机构，你的评级会受到影响，你的融资成本与交易成本会受到影响，所以必须达到这一系列要求。

因此一家银行，尤其是大银行要能够对各种行内外的数据进行积累，进行清洗、筛选和加工，并且要能够建立起具有针对性的各种模型，用以分析并且预测风险，那是一个合乎国际监管标准的银行所必须具备的基本功，或者说必须达到的基本条件。比如说巴塞尔委员会对数据的积累长度有要求，客户评级的基础数据必须超过 5 年，对一家公司客户进行评级，为什么评他 AA，为什么评他 BBB，你积累的有关数据必须超过 5 年；债项评级的违约损失率基础数据必须超过 7 年。如果银行有关数据的积累长度没达到要求，那就不合格了，他首先就会说你合乎标准的数据积累长度不够。

我们从 2003 年开始启动内部评级法工程，在国内是比较早的。经过 10 多年的时间，在这过程中先后经受了中国的监管机构——银监会历时 4 年的 4 轮的评估，对我们风险管理的这套模型，包括数据积累情况、数据质量的管理、制度流程、验证审计、IT 系统以及计量应用，进行了四轮的评估，接受了巴塞尔委员会组织的国际同行的评估。2014 年 4 月，工行正式成为实施资本高级管理方法的银行。因为资本管理它有很多办法，高级法、初级法等等，信用风险、市场风险和操作风险三种风险都有不同的计量方法。我们正式成为实施资本管理高级法的一个银行，可以说是我们的数据建设在风

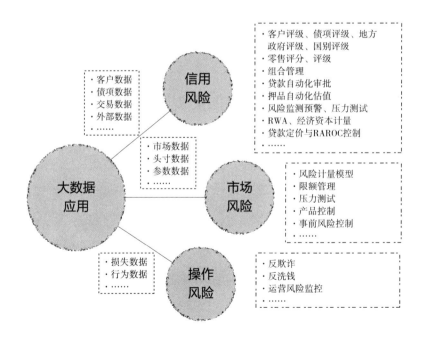

图 7　大数据在三大风险的应用概况

险管理方面应用水平的一个重要标志。

在信用风险方面，你必须有客户的数据、债项的数据、交易的数据、外部的数据等，要有客户评级、债项评级、地方政府评级、国别评级、零售业务评级、组合管理、贷款自动化审批、抵押品的自动化估值、风险的监测预警、压力测试等等这一套模型和方法。

在市场风险方面，你要有市场数据，不仅是交易量数据，还要有价格数据，不仅有成交价数据，还要有估值数据。当然你更要有头寸的数据。你要有各种参数的数据，用于市场风险的计量模型，决定市场交易的限额，对市场风险进行压力测试，然后对每个产品进行控制。

操作风险也是，你必须要有行内外的损失数据，行为数据，用于反欺诈、反洗钱，用于运营风险内部的控制等等。

3. 数据应用要注重四个结合

风险的数据管理的一个重要应用特点就是必须是多维度的。怎么叫多维度呢？首先，静态和动态的数据要相结合。你不能光看客户的资产负债表情况，你要注意它实际的、不同时点的变化情况，要求的是动态数据。

其次，微观和宏观、中观数据要结合。你不能光看一个企业的情况，还要注意它的行业情况，还要注意整个经济的发展情况，例如我们的房价指数，乃至整个国民经济的发展情况等等。

第三，结构化的和非结构化的数据要结合。银行有大量的结构化数据，存款、贷款以及交易结算，这些数据指标是结构化的；企业、客户产品的一些市场信息，企业的管理层的情况，抵押品变化情况，抵押地点等等，这些都是非结构化的数据，结构化数据要和非结构化数据结合起来使用。

第四，行内行外的数据也要结合起来。行内数据包括我们的业务数据，存款、贷款、结算、代发客户工资情况等等。行外数据包括公积金数据、征信数据，海关、公检法的一些数据，工商税务的数据等等，也包括水电表数据。这些数据在使用时都要结合起来。

4. 大数据与小数据必须相辅相成

更重要的，除了我刚才说的这四个结合，还有一个大数据和小数据相辅相成、相互结合的问题。因为现在说大数据说得比较热，不少朋友有点儿看不起小数据了，动不动就说大数据。实际上大数据有大数据的长处，大数据有大数据的不足，小数据有小数据的不足，但是小数据也有小数据不可忽略的优势和必须用它的理由。

比如说传统的小数据是有经典的数理模型的，有比较成熟的数据分析统计理论、方法的，方法论是已经解决了的，技术上已经没有什么问题，数据挖掘的方法早就成形了。但是大数据到今天为止，它的管理理论、分析方法都还在迭代发展的阶段，并没有十分的成形。再一个就是大数据数量越大，噪音相应也就越大。甚至往往是数据大幅增加的时候，它的噪音的增长幅度要快于数据量的增长幅度。因而大数据的挖掘成本是比较高的。再比如大数据主要反映出一些相关关系，而小数据通过分析比较容易直接得出因果关系。在许多情况下相关关系都不能简单地取代因果关系。

这里我还想说一说大数据小数据的一点区别。不要有个误解，以为就是数据量的区别。小数据因为它数据少，所以叫它小数据，大数据就是数据量大，不是这个概念。小数据主要是它的数据形态比较单一，是传统的二维表方式所反映出来的结构化的数据。应该说它抽取了现实世界一些事情的最核心的一些内容，它与大数据相比，它具有单位信息容量更大这么一个特点。因而小数据单位信息往往具有更多的价值。

　　你比如说我们银行的一些业务数据，我们通常可以把它定义为小数据、结构化数据。一个客户到银行来买了个产品，肯定在银行业务系统中会有记载，这个记载下来的，可以称作为一个小数据，它反映了这个业务的最终结果。他买了 200 克实物黄金，这是一个事实，客户交易的结果就记载下来了。但是他这个购买行为的路径，特别是他之所以要购买这个产品的决策过程，甚至他的心理活动过程是结构化数据、小数据所无法反映的。但是大数据有的时候就能够反映，反映他的这种行为的路径，反映他这个行为的决策的过程，比如说一些社交行为数据就有可能反映这些东西。尽管银行和客户发生了交易这一事情是最实质的，银行最需要了解的，但是如果我们能了解他的决策过程，了解他的这个行为路径，那不是更好吗？无论是从提升对他的服务水准，还是防范我们的风险都是有意义的。你要把客户购买银行产品，接受银行服务的整个过程和路径都能反映出来，那离开大数据是不行的。

　　所以我认为，大数据和小数据各有特点，各有它的长处、短处。简单地以此来取代彼，不是一种科学的看法。只有把它融合起来，把小数据的分析方法的完备性，把小数据的准确性和大数据的多维性、及时性融合起来，才能对我们银行的管理带来一种质的升华。这里还可以简单做一些比较，比如大数据的体量大，收集的时间短，类型丰富，颗粒度很细。而小数据呢，颗粒度就比较粗，但它生成的成本比较可控。大数据它没有经过精心的论证，调查验证其可信度也比较难。最近学界有人提出了大数据陷阱的问题，北大国发院沈艳教授最近一篇文章里讲到要防止落入大数据陷阱，要避免大数据自大等等。好像到现在，我注意了一下，还没有看到有多少人系统地去比较分析大数据、小数据的差异。我不大愿意说它们各有优劣，还是说有各自的特点比较准确。各自的特点到底是什么？好像没有什么文献上系统地说，我今天说的几条，不一定对，大家可以批评。

下面我想针对信用、市场与操作风险三类风险，分别讲一讲我们的数据管理是怎么发挥作用的。

（二）大数据在信用风险管理中的应用

1. 大数据是信用风险管理的基础

巴塞尔协议规定，银行对信用风险的计量和管理可以采用两种方法，一种叫标准法，一种叫内部评级法，而内部评级法又可以分为初级法和高级法。

信用风险的计量如果用标准法是比较简单的，从 BaseI 开始就提出来了，什么样类别的客户，什么样类别的贷款，如果把它的风险权重设定为100%，或者设定为 50%、20%，只要你把贷款进行分类，分别对号入座就行了，然后就可以汇总算出风险加权总资产，这就是标准法。之所以采用这种方法，在最初可能是因为技术上的原因，因为从可操作性考虑，当时只能这样简单处理。因而它是比较粗的一种方式，科学性、合理性都还不够，更重要的是，这种办法形不成有效的激励机制，无法激励银行提升自己的管理水平，无法激励银行去采用大数据技术来实施自己的风险管理。

内部评级法与标准法不同，要求银行用自己掌握的数据，用自己开发的模型，来对每一笔资产逐笔地进行风险计量，既算出它们的资本占用，又用于自己的风险管理。这是一个相当高的要求，要有先进的数据技术才能实现。在信用风险方面，我们基于自己掌握的数据和模型，建立了包括客户评级和债项评级的二维评级体系（见图8）。客户评级实际上就是说甲企业怎

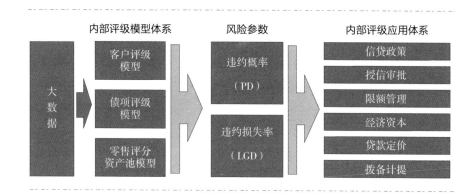

图 8　管理政策、治理结构与流程

么样，乙企业怎么样，丙企业怎么样，几百万法人客户的信用等级都要搞清楚；债项评级就是说某一个客户的某一笔授信、某一笔贷款怎么样。简单地说就是这个概念。

用这个二维体系完成评级后，要干什么呢？主要是用于信贷政策的制订、客户准入的控制、授信额度的确定、贷款的审批、贷后的管理等等，其中很重要的是贷款定价。利率市场化大家都知道，在利率走廊中，基准利率基础上，加上风险溢价，就成为贷款的价格。那么你给张三贷款收 6.3%，给李四收 7.2%，为什么有区别？不是和谁关系好坏的问题，不是简单地说这个企业是大还是小的问题，不是简单地拍脑袋，而是要一步一步地算出来，就是用风险调整后的资本回报 RAROC 那个指标，把定价底线倒算出来。对你的风险溢价不定到这个水平，你的 RAROC 就达不到设定的指标，实际上这笔业务就可能是亏损的，计算机管理系统里这笔贷款就过不去。

客户评级与债项评级应该广泛地并且科学地应用于信贷管理的各个方面。在法人客户业务中，我们的量化分析和专家的判断是相结合的，不但要考虑模型计算结果，也就是说并不是所谓的 RAROC 指标一通过，这贷款就可以放了，其实不是的，我们还要经过审贷会。像总行的审贷会，由十几个人组成，必须表决通过才行，也就是说模型通过只是必要条件，但并不是充分条件。审贷会通过以后按照授权规定，有的是审贷委员会主任最终签批，有的还需要报到行长这里，行长有权否定审贷会通过了的决议，无权否定审贷会否决了的决定。

个人业务相对标准化程度要高一点，所以我们个人业务当中，现在有一部分已经是完全线上自动化审批。个人业务和法人业务审批方式不完全一样，这也可以说成是工商银行大数据和小数据结合应用的一个实例吧。

2. 用大数据实现法人客户的精细化风险管理

（1）客户评级提高风险预测能力

我们现在把法人客户分成 7 大类，对应的客户模型评级模型有 34 个。

● 开发34个法人客户评级模型，实现了对所有法人客户违约概率（PD）的计量。
● 数据时段长达10年以上，有贷客户每年新增数十万份财报数据。经过数百条钩稽关系核查，保证数据质量，避免了"垃圾入、垃圾出"的数据陷阱。
● 同时使用存款信息、贡献度、结算等交易以及代发工资、外部征信等信息。

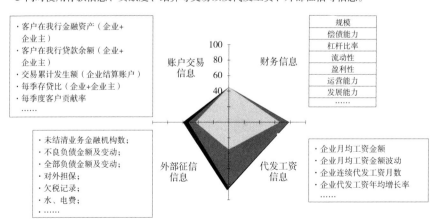

图9　法人客户：用数据说话，实现客户层级的精准管理

比如说大型企业、小型企业我们得分开，新办的企业和老客户我们也应有区别，也要把它分开。这7大类34个法人客户评级模型，实现了对所有法人客户违约概率的计量（见图9）。模型的数据积累已经长达了10年以上。数据必须还要不断更新，比如说他的财务数据必须是最新的。而且我们要对一系列数据建立起钩稽关系，比如说一个企业资产负债表、损益表、现金流量表，三张表是一个企业的最基本的表，这三张表之间是有逻辑关系的，有许多数据它必须钩稽吻合才行，我们要进行钩稽。我们的系统里有几百条的钩稽关系核查流程就是用来保证数据质量的。

为提高模型的预测效力，我们使用了客户相关的各种各样的信息。

比如说首先我们关注客户的账户信息，客户在我们行的金融资产有多大，客户在我行的贷款余额有多少，交易的累计发生额是什么，累积的存贷比是多少，客户对我们的贡献率是多少，账户交易信息等等怎么样都是基本的，必须要掌握。同时对客户自身的财务信息，要掌握他的规模、偿贷能力、杠杆比例、流动性、盈利性、运营能力、发展能力等指标，还要知道他的行业占比，离这个行业的一些重要指标的中位值有多远等信息。还有一些外部信息，例如这个企业客户有业务往来的金融机构是多少，他和其他银行往来情况如何，等等。坦率地说，现在一个企业都是与多家银行有业务往来。这个企业在其他金融机构有没有不良记录，他有没有或有负债，欠税不欠税，水电费的缴纳情况正常不正常等等，这些数据都要了解和掌握才行。还有一个很重要的，我们非常关注企业的工资发放信息，我们现在争取把很大一部分贷款客户的员工工资由我们来代发，这倒不仅仅是想赚点代办手续费，关键是如果一个企业代发工资的情况如果突然发生很大变动，可以提示我们想很多问题。因为代发工资情况是否稳定，在一定意义上是这个企业经营连续性如何的一个标志。

（2）债项评级覆盖全部信贷产品

我们这套对客户评级的方法，现在已覆盖到金融机构，事业单位，政府投资类企业、小微企业，新建企业，一般大中型企业和境外公司等等，对这些客户违约的可能性、违约概率通过7大类34个模型进行预测。简单说就是要了解这个客户你和他打交道，他会不会违约？

而债项评级是对债务人一旦违约，某一笔债项的损失大小进行预测。因为客户违约以后，并不意味着他所有的债项都会遭受百分之百的损失，也不意味着每个债项都会等比例损失。在一个正常的市场环境里，你若是设定了优先受偿权的，比如有抵押的贷款的损失率和无抵押的信用贷款的就应该不一样。所以要逐笔地对债项违约的损失率进行测算。总的说就是对一个客户的信用风险，只有对它的客户进行了评级，同时对债项进行了评级，并且把这两个评级综合起来看，才能够对信用风险进行完整的计量。

现在我们债项评级已经积累了从2001年到2014年长达14个年度的数据。覆盖了全行175类信贷产品，这样来计算LGD也就是违约损失率，基础就比较可靠了。要做到这一点重要的就是要有一个损失数据库，它是通过我们的信贷管理系统、押品估值的评估系统、不良贷款清收管理系统这三个系统数据形成的损失数据集来为债项评级服务。现在我们有几百万户法人客户基本信息，1 700万条财务数据，717万条合同债项数据，730万条风险缓释的信息，3 200万条回收的记录。为什么说数据就是资产，数据就是资源，就是这个道理。你不经过一段的积累、沉淀，你不可能有这么多有效的数据。你所谓能够将大数据用于风险管理的说法是不可靠的。

（3）组合管理实现资产分散化配置

- 组合管理是将信贷资产在行业、区域、产品等不同维度上进行分散化配置,风险叠加效应,在降低整体风险的同时,实现收益的最大化。
- 组合管理不但要考虑客户受到外部宏观环境的差异性影响,避免"一切切",还要考虑客户、行业、产品与区域的集中度风险,避免出现极端情况下的大额损失

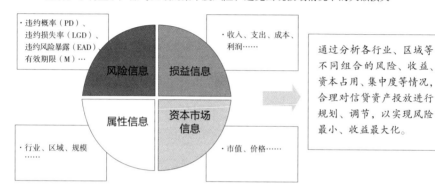

图 10 法人客户:组合风险管理

对法人客户除了要有客户评级,债项评级以外,对法人客户还有一个组合风险管理的问题(见图 10)。

这张图表是什么意思呢,从数据角度来说,就是除了看这个法人客户自身的风险情况和损益情况之外,还要看他所处的行业,所处的产业,所处的地域信息。违约概率,违约损失率,违约风险暴露,虽然这个咱们已经能计算了,但还不够。我们还要关注很多问题。例如它是上市公司的话,资本市场的信息,它的市值、价格,我们也一定要注意。

企业属性信息就是这个企业所处于的行业、区域情况是风险管理中很重要的东西。最近大家都知道,中央决策层提出要高度重视和推进供给侧的改革,供给侧的改革里面一个很重要的内容就是对过剩产能的淘汰和压缩。过剩产能的压缩说了多少年了,这是个很复杂的问题。银行的一个客户他处于哪个行业,例如一个大型钢铁企业它处于钢铁行业,它的行业属性是钢铁,是过剩的,但这个企业和某地的一个小钢厂相比是个什么概念?如果

哪儿还有一个特钢厂，它也是处于过剩产能行业，但它是专门生产一种特种钢的，其他厂还生产不了的，等等。怎么看这些问题，都不是一件简单的事情。

所以在判断企业信用风险的时候，除了关注企业本身的风险信息、损益信息、资本市场信息以外，还要高度关注它的属性信息。你比如说还是过剩产能的问题，过剩产能有绝对过剩的行业，有相对过剩的行业，所谓绝对过剩，就是产能已经闲置太多，即使整个经济进入上升周期，市场复苏了，这个行业中有些企业还是难以生存的，这就可以说是绝对过剩，比如说产能利用率总体只有 50%、60% 的那些行业。也有的行业是相对过剩，只不过是目前市场不好，日后出现市场复苏的机会，它就还有可能起来，那就是相对过剩的概念。但无论在相对过剩的行业里面，还是绝对过剩的行业里面都会有先进产能和落后产能，也就是说过剩产能里面有先进工艺的，也有落后工艺的。作为银行来说，要想管住自己的风险，那贷款能贷给谁、不贷给谁，在压缩过剩产能的时候，我还能不能对这些行业里面的某些企业继续给予贷款，对这个问题如何把握就很重要了。过去一直有个区别对待，扶优限劣的说法，实际上就是说，要关注一个客户的属性信息，然后来科学判断这个企业本身的风险。没有数据分析包括企业的属性数据是做不到的。没有科学的分析，要么一刀切，一刀切下去统统关死。要么就是统统放开，切不下去，过剩的产能还是去不了。我觉得中国过剩产能的问题很严重，必须切一刀，但是这一刀下去要有点豁口，要留点正好没切到的，但是豁口不能多，豁口一多就不是刀了，成了锯条了。就是说政策要精准。实际上就是要注意利用数据、利用掌握的信息来关注、来全面地分析和把握这个客户的信用风险。

3. 用大数据支持个人客户全流程管理

前面主要讲的是法人客户信用风险的管理，下面讲讲个人客户。个人客户的风险管理与法人客户不太一样。

（1）风险计量要覆盖个人业务周期全流程

我们现在积累有两个 T 以上的个人客户信息，有 50 多亿条客户的资产交易、还款行为、逾期违约行为等方面的数据的记载，采用了现在国内比较领先的一种方法，就是利用大数据，实现了对个人客户的多维度的风险管理，风险计量覆盖个人客户业务的全周期，覆盖信贷管理的全流程（见图 11）。

首先在模型方面，我们利用 50 多亿条信息数据，生成了 1 700 多个模型变量的指标，开发和优化了个人客户的申请评分、行为评分、催收评分等

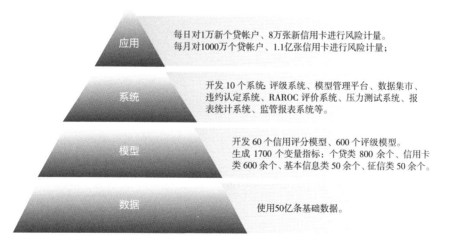

· 自 2006 年起，基于 5 亿客户、10 年数据，开发申请、期中行为、催收情况等 60 个评分模型和 600 个评级模型，涵盖开户前、开户后、违约（履约）后信贷业务的生命全周期。建立 10 个系统，对亿级客户按日、按月进行风险计量。

应用 每日对1万个贷帐户、8万张新信用卡进行风险计量。每月对1000万个贷帐户、1.1亿张信用卡进行风险计量；

系统 开发 10 个系统：评级系统、模型管理平台、数据集市、违约认定系统、RAROC 评价系统、压力测试系统、报表统计系统、监管报表系统等。

模型 开发 60 个信用评分模型、600 个评级模型。生成 1700 个变量指标：个贷类 800 余个、信用卡类 600 余个、基本信息类 50 余个、征信类 50 余个。

数据 使用50亿条基础数据。

图 11　个人客户：用大数据实现全流程的风险计量

60 个评分的模型。这样下来，我们对个人客户的风险识别和量化管理心中就比较有数了。

在系统方面，我们开发了评级系统、模型管理系统、数据集市、RAROC 评价系统、压力测试等十个系统，实现了基础数据的全流程的自动抽取、转换、清洗，实现了从基础数据到评分结果的自动计量，对各种业务的准入、审查审批和贷后管理，都把它系统化了、自动化了。

在应用方面，我们现在可以做到每天对 1 万多个新申请的个人贷款客户，8 万多张新申请的信用卡申请业务，进行风险计量，并把计量结果及时反馈给前台业务人员；每个月我们要对 1 000 万个个人贷款账户、1.1 亿张信用卡进行存量的业务风险分析，把这个风险结果反馈给各项监管和业务应用。这就是用数据对个人客户信贷风险进行管理的一个基本架构。

（2）用大数据提高自动化审批能力

这里我还想说说所谓贷款的自动审批问题。现在一些朋友办互联网银行，都宣传他们能实现自动审批，媒体也这样报道。说他们积累了多少电商数据、客户的交易行为数据等等，所以只要客户一有需求，一申请贷款，就马上自动批给他了，而客户的违约率现在又是如何低，等等，都是这么宣传的。

我认为，个人业务客户群具有一定的同质化，个人业务产品确实比较容易标准化，特别是个人的贷款产品确实相对比较容易标准化。而法人业务则是比较复杂的，个性化、差异化特点比较突出，因此难以完全舍弃人工确认、人工判断的过程。所以，我们认为个人和法人业务的审批模式，应该有所区别。

从技术上讲，我们已经完全具备对信贷业务百分之百搞自动审批的能力，技术上没有问题，有这个能力。但是银行办业务，除了考虑便捷性、效率性以外，我们必须考虑安全性、风险性。因为银行归根结底必须对存款人负责，这不是银行自己的钱。什么动不动砸钱、烧钱的做法和说法，对银行来说都是不允许的，银行必须对存款人负责。我们的个人贷款，特别是住房按揭贷款，单笔金额其实也都不小，动辄几十万，几百万，与电商客户的交易中所需的贷款金额相比要大得多。

那应该如何利用数据提高信贷审批的效率？我们现在的实际做法，就是能自动化审批的就自动化审批，但是有一些业务比较复杂的，或者说风险程度较高的，必须加以人工的辅助。我们现在设置了不同的一百多个参数阈值，实现了高分段客户自动准入，低分段自动拒绝，其余部分采取人工加电脑审批。人工加计算机审批，这就是为了兼顾安全性和便捷性，尽可能求得效率与风险的平衡。

拿住房按揭贷款来说，我们现在自动审批的大概是百分之二十几。占我们整个个人申请贷款的百分之二十几。做下来的结果，第一，肯定是提高了审批效率。第二，也保证了审批的质量。什么叫保证了审批的质量呢，我们自动化审批发放的贷款逾期率现在只有 0.18%，比全行个人住房贷款的平均逾期率还低 0.98 个百分点。不良率是 0.02%，比全行个人住房贷款的平均不良率低 0.34 个百分点。这说明什么，就我刚才说的，我们设定的参数阈值限定了哪些可以自动审批，哪些自动拒绝，这个阈值的确定相对是比较审慎的。那你说可不可以把这些阈值再放宽一点，不就更好吗？我想我们如果能做到人工审批和自动审批的不良率基本在一个水平线上，那当然是比较理想的，但是这需要一个摸索的过程。应该说不良率更低总是好事情，而且还要根据不同机构的管理水平、不同员工的素质等等综合来考量。

除了网上实时审批之外，我们现在有的时候也遭埋怨，说你们银行的效率就是低。其实，现在一笔个人贷款如果采用人工审批的话也就是几天的工夫，你要从我这拿走几十万、几百万的钱，等几天时间就叫效率低？我想这些朋友确实没有到国外银行去办过业务，如果你到国外，不要说借钱，就是你到那儿去存钱，去开个账户，你试试看开存款账户需要多少时间。你是给送钱去了，但人家还要想送钱来是不是洗钱啊，是不是和恐怖活动有关啊，他拿这个眼光来看你。所以安全性和便捷性，效率和风险必须平衡，这是银行的基本原则，不能搞片面性。我不是否认银行的服务还需要改进，各方面效率还应该进一步提高，但我们确实不能一味地追求所谓方便而放弃安全性这一银行经营的根本原则，那样做最终实际上吃亏的还是金融消费者，吃亏的还是客户。

（3）用大数据实现押品自动估值

下面我讲一讲如何用大数据实现抵押品的自动估值，这个很重要。大家都知道银行许多贷款是设置抵押的，而随着市场的变化，在贷款存续期内，押品的价值是可能有变化的。过去，我们的押品管理的水平不高。我在资产管理公司工作过，那时处置银行不良资产就涉及抵押品的处置问题。记得一个故事，当时说有一笔不良贷款，是当时一个商业批发二级站的，贷款还不起了。我和具体负责有关业务的同事说你们去看看这个企业到底怎么样了，抵押物还在不在。去了一看，问这个企业贷款为什么不还，不是有抵押嘛。说是啊，当时申请贷款是以多少吨红糖作抵押的。那红糖在哪儿呢？回答说，前年发大水，我们仓库都泡了，红糖变成糖水早就流到河里去了，现在只剩麻袋了。

这个说明什么？说明我们对押品的管理有问题，第一设定的押品的种类是不是合理，第二就是对押品价值的管理能否做到及时、有效。所以抵押品的管理是个大问题。美国在 20 世纪 90 年代成立重组信托公司（RTC）专门负责处置储蓄信贷机构的不良资产，有人说他处置不良资产的效率如何高，怎么怎么好。后来我专门和他们负责资产处置的总裁交流过，他们的情况和我们完全不一样。他们收购储蓄贷款机构的资产时是打折收购的，按照市场价，而且对抵押品的有效性认定十分苛刻，凡是专用设备设定抵押的，他都统统把它视作信用贷款，压低了收购价。他认为专用设备变现困难，这个抵押不具有什么价值。

所以说押品的管理是一门学问，现在我们专门有押品库了，建立了专门的押品库，当然这是一个无形的押品库，在系统里进行管理，实现及时的数据更新等等。我可以讲讲我们住房抵押是怎么做的。传统的办法要靠评估人员人工逐笔地去评估，我们现在 1 000 多万笔的住房抵押贷款，价值重估一次要多少人，多少时间？评得过来？几年评一次，等你结果出来的时候，这市场又变了，你根本赶不上。

因此必须想办法取代传统的人工评估的模式。我们现在通过数据管理，摸索了一些自动化评估的经验。那就是通过中文模糊匹配技术、地址切词技术、GIS 空间距离匹配技术以及评估计量模型等四大技术来做自动评估。在引入全国一二三四线主要城市的交易数据基础上，实现行内的抵押品与外部的房屋交易数据的匹配，通过采集市场上房屋的成交价、评估价、挂牌价、小区、板块、行政区条件等信息，以及房屋的面积、朝向、楼层、建筑时间等等，建成了系统，这时候就可以比较及时地、按需地给我们的住房抵押品进行估值了。

住房按揭贷款一个比较重要的概念叫 LTV，就是贷款成数。像工商银行现在新发放的住房按揭贷款，贷款成数大概是 60%出头一点；剩余成数就是已发放的贷款扣除已还款额后的剩余贷款与抵押房屋市值的比例，这个数字大概是 50%。所以我建议有些朋友在分析银行经营风险的时候，什么是主要风险，要抓住真正的要害。如果一家银行住房贷款剩余成数只有 50%，说句最难听的话，房价还可以跌一半，不是说希望跌一半，也不是说真的可能会跌一半，我只是极而言之说抗跌能力还是比较强的，还是比较安全的。这个贷款成数 LTV 还是比较合理的。如果搞什么零首付，情况就不同了。零首付我是坚决不赞成的，无论再怎么想启动房地产市场也不能搞零首付的办法。美国次贷危机产生的原因当然是多方面的，但和放宽房贷的标准毫无疑问是有关系的。

（4）用大数据支持个人消费贷款营销

这里再说说个人消费贷款。我们必须把产品、客户的特征和现在整个经济运行的情况，包括现行的宏观经济运行的先行指标，预测指标，甚至连 M_0、M_1、M_2，GDP 的增速什么等等预测的都放在里面，宏观经济的先行指数，同步指数的情况等等，CPI 等等也要放在里面，然后再统一地来考虑个人客户的新增贷款的违约率大概是多少，存量贷款的违约率大概是多少。

我们有客户的白名单制，有预授信的指标。黑名单当然人民银行征信系统里有，各家银行与这个系统是相连的，有情况都能查询出来，我们每一笔个人贷款发放前，都会去查询人民银行的征信系统。白名单是我们自己制订的。所谓预授信，我可以给大家介绍一下，比如说你有个信用卡，大家都会觉得有个问题，如果我把授信额度要得太大，拿在手里似乎会觉得很紧张，怕丢。因此好多人这个卡的授信额度要得并不高。但授信额度太低又带来一个问题，就是用起来不方便。例如出国住酒店，住进去，一刷住宿押金就超授信了，很不方便。实际上，这个解决起来很简单，一是走之前你可以申请临时调额度。再一个可以有预授信，什么叫预授信呢，你这张卡的表面的授信额度只有 3 000 块钱，1 万块钱，但实际上由于对你这个人的职业、你的信誉情况、你的偿债能力银行进行了认真评估，已经给了你预授信 50 万，这是我这里后台掌握的。你到要用的时候，如果卡的授信额度不够了，马上一个电话，给客户经理，一打过去，你说我现在在哪里哪里，我的卡额度不够了，我想调高额度。如果一查发现你有预授信，他不需要经过烦琐的审批手续，不需要再评估，马上就可以调了，你的额度就上去了，你还没有离开酒店的前台，就可以了。Check in 的问题就解决了。

如果没有这条预授信就会存在问题，因为客户经理在接到你电话之后要对你进行必要的评估，要经过一定的审批手续，那等调整下来，你可能都已经回国了。也就是说如果没有这套数据的积累，没有对你预先的一个风险的评估，不可能实现这个东西。有了这个以后，有了对客户的主动授信以后，我们个人的信贷自动审批就成为可能了。当然预授信是否需要作为银行的或有风险资产，如何合理计量它的资本占用，这是另一个话题，不在今天讨论之中。到 2015 年 10 月底为止，工行办理网络贷款的发生额已经是 6 160 亿，网络贷款的余额是 4 600 亿。这已经和一些电商的网贷不在一个数量级上了。

（5）用大数据推进个人客户交叉营销

有了大数据以后，就容易实现客户的交叉营销了，就是我们不同专业有了统一的客户视图（见图 12）。过去你到银行去，会面对多种业务的窗口，面对不同专业的柜员，如果你要申领信用卡，叫什么名字，住哪，联系电话

个人客户风险评价统一视图			
客户姓名	客户号	所属地区	
年龄	性别	学历	职业
行内信息			
成为我行客户时间		资产总额	负债总额
活期存款账户数	活期存款余额	定期存款账户数	定期存款余额
理财产品持有数	理财产品余额	基金持有数	基金余额
股票账户余额	国债账户余额	贵金属账户余额	其他中间业务余额
近6个月存款账户收入	存款账户支出	中间业务账户收入	中间业务账户支出
个人住房贷款账户数	总金额	当前余额	当前最差状态
个人经营贷款账户数	总金额	当前余额	当前最差状态
个人消费贷款账户数	总金额	当前余额	当前最差状态
个人信用卡总张数	总授信	当前余额	当前最差状态
最近6个月申请个贷次数	最低申请评分	新申请信用卡次数	最低申请评分
当前存量客户风险等级	欺诈模型得分	是否是小企业主	
行外信息			
外部负面信息（司法部门、工商管理、税务等）			
他行个人贷款账户数	总金额	当前余额	当前最差状态
他行信用卡张数	总授信	当前余额	当前最差状态
公积金年缴纳额	养老金年缴纳额	年纳税总额	保险总额
名下房屋数量	名下汽车数量		
近3个月申请他行住房贷款次数	申请他行消费贷款次数	申请他行经营贷款次数	申请他行信用卡次数
在P2P和小额贷款公司贷款次数	贷款总额	逾期情况	

客户需求是多样化的，建立针对个人客户的统一风险营销视图，帮助各业务条线全面了解客户的资质、需求和风险，从而实现精准授信和适应性营销。

▶ 提示个人资产资质情况
▶ 提示行内外负债情况
▶ 提示高风险、欺诈等负面情况

图 12　个人客户：用大数据推进客户交叉营销

是多少，填了一遍。完了以后，正好有点钱想去买理财产品，理财产品客户经理又要你填写什么名字啊，联系电话多少，住什么地方。你在前面那个窗口填的东西，到这个柜台没法用了，这就是银行缺乏客户的统一视图，在不同专业的客户经理当中，无法统一地识别一个客户。

　　客户进入银行以后，他面对的是不同的窗口，不同的柜台，实际上是面对的银行不同的专业条线，不同的产品部门。什么叫以客户为中心？客户进入银行以后，你对客户应该是分一线、二线，前台、后台，以客户为中心，应该是环形地面对客户，而不应该是条线的。要做到这一条，必须有数据支撑。现在我们经过几年努力，对个人客户风险的统一视图已经基本建立了。

（三）大数据在市场风险管理中的应用

前面说的是信用风险，主要解决这个客户你能不能和他打交道，你能不能融资给他，你准备借给他多少钱，借的钱他会不会还，会不会有损失，最多会有多大损失等等。这是信用风险管理要解决的问题。现在讲一讲市场风险，市场风险指的是什么呢，说的是由于面临市场因素波动，比如说汇率、利率、股票指数、商品、大宗商品价格等等的波动，银行进行交易或持有资产的价格会发生变化，而由这个变化所带来的损失的可能性，叫做市场风险。就是银行面临各种交易产品、交易工具的市场波动、价格变化所可能带来的损失风险叫市场风险。

1. 建立集团统一的市场风险数据库

现在我国银行走出去越来越多了，工商银行现在在海外 42 个国家有营业机构，再加上我们是南非标准银行的控股股东，南标又在近 20 个国家有机构，加在一起实际上我们在将近 60 个国家有机构。国内、国外我们每天在发生着海量的市场交易行为。这个风险怎么控制，如果不控制住，它的风险是不可想象的。

我们现在已经建立了集团层面全口径的、覆盖全市场大数据的这么一个全面风险管理的架构，同时因为不同的国家处于不同的时区，使用不同的语言，而且不同的国家的监管规则还有差异，在这个过程中，我们整个市场风险的管理又要能够适应这样的情况，所以这是一个比较复杂的事情。通过这些年的努力，这一套已经基本都建立起来了。

我们现在每天从外部采集的是 11 650 多个产品的风险因子，包括汇率、利率、商品、各类市场价格和市场信息，市场数据库我们每天接收的实时数据的量达到了 210 万条，每天 210 万条，通过先进的数据的清洗，筛选的功能，有超过 1.4 亿条数据存储在市场数据库供中后台挖掘和分析。它的应用覆盖了我们的交易管理系统、风险计量系统、产品控制系统、交易对手信用风险计量系统、资产负债管理系统、财会公允价值计量系统等等。

2. 研发全球市场风险管理系统

我们这套系统，不是外购的。市场风险管理系统开发很不容易，也有好多人来营销，让我们买他们的系统，包括国外的一些大行。最后我们研究

· 将市场风险管理体系融入自主研发系统，实现市场风险识别、计量、监测与控制全程自动化。

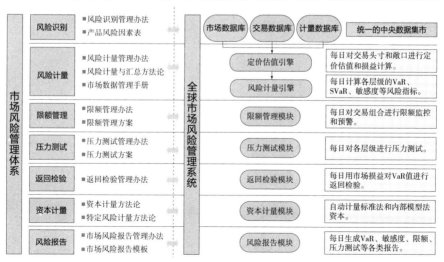

图 13　市场风险：研发全球市场风险管理系统

来研究去，觉得这个问题最好还是能够由我们自主开发。我们现在应用的这个市场风险管理系统是比较强大的（见图13）。你比如说2015年前三季度，工商银行交易账户的交易量是15万亿人民币，日均交易量是800多亿人民币，境外机构2014年一年它的交易量是7 000多亿美元，日均交易量超过200多亿人民币，这个交易量是很大的。没有这样一个系统，你要把这个交易的风险控制住，把每天各类产品的估值都能算出来，是难以想象的事情。因为我们这么多交易量形成了1万多个投资的组合，在不同的层面，不同的机构，不同的交易员，例如同样在总行市场部，A交易员和B交易员的操作，产品、时点、数量等都是不一样的，它就形成了A交易员的组合和B交易员的组合。全行大概每天有近万个投资组合，几万个风险因子，它覆盖了外汇，覆盖了利率，覆盖了一些大宗商品，信用交易等等系统，我们现在有100多个风险的计量参数，有700多个压力测试的情景，这一切实际上目的就是为了管住在市场交易当中的风险。

3. 每日做好风险计量、预测与限额管理

通过市场数据库，交易数据库，计量参数库，我们现在达到了一个什么水准呢？我们有7个"每日必做"的要求。每日要对交易头寸和敞口进行定价的估值和损益的计算；每日要计量各个层级的VaR值和SVaR值。VaR值就是风险值，也就是当天可能的最大损失值，SVaR值就是压力测试下的最大损失值；每天要对交易组合进行限额监控，就是要看有没有超限额的；每天要对各层级进行压力测试；每天要用市场损益对VaR值进行返回检验，要看这个模块是不是足够准确，要返回检验；每天要实时的自动计量标准法和内部模型法的资本占用；每天要生成各种数据报告。每天要满足这7个要求，确保我们市场交易的各个行为符合我们自身的风险偏好，符合我们事先

确定的限额要求。

我们开发的这套全球市场风险管理系统（GMRM），曾被人民银行评定为科技发展成果一等奖。我们现在每天用这个系统进行海量的运算，比如说我们要用最近一年的 250 个交易日的市场波动情况和过去 10 年当中，如果按照现在的投资组合看，对工商银行会发生的最不利的市场情况来预测在一定的置信区间，比如 99% 的置信区间下，会发生什么现象。我们还设定了 700 多个场景，比如说 1997 年亚洲金融风暴，2008 年美国金融危机，作为压力情景来进行测试计算。有了这一套办法以后，我们对每一个流程，每一个产品都可以经过业务预测，对不同的组合，通过定量测算，算出它的这个 VaR 值，然后来确定权限，也就是交易限额，你这个交易员有多大限额，你这个海外分行有多大限额，然后通知各交易岗位，按照这个阈值来实施。多少个交易组合，多少个分行，多少个交易员，每个人每时每刻都处在这个限额的管控之下，他要超过限额来操作是不允许的，也是不可能的。

4. 应用压力测试工具

市场风险管理有一项重要的内容，就是要进行压力测试。这是为了未雨绸缪。下面图 14 是市场风险压力测试的示意图。

我们挖掘了 1987 年以来的市场的数据，提炼成了 700 多个符合工商银行情况的情景。这个情景里面，设定了包括我刚才说的美国股市崩盘，亚洲金融危机，美国次贷危机等情景，然后根据模型，测算极端情况下工商银行将承担多大的损失，每天会承担多少等等，对 3 000 多个产品要估值，频率是每天都要进行这样的计算，形成的报告。每天要反映给交易人员和管理者，每个季度还要向董事会报告压力测试的情况。

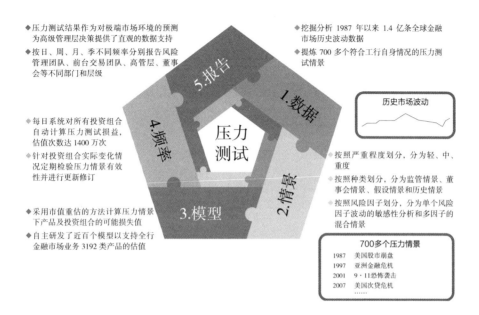

图 14　市场风险：应用压力测试工具

5. 用大数据把"黑天鹅"关起来

有了这套办法才能够把所谓的"黑天鹅"关起来。市场风险看上去似乎比信用风险好像要虚一点，实际上风险是很大的。比如说大家都知道巴林银行，巴林银行的这个事件是 1995 年的时候，一个所谓的天才交易员里森就把一个银行搞破产了。巴林银行历史很悠久，信用也一直很好，据说连伊丽莎白女王的理财产品也曾交给他们管理过，但是里森由于买日经指货亏了，其实一开始就是亏了 2 亿英镑，还不至于把这个银行搞垮，但是我断定是他们的限额管理、交易行为管理出了问题，加上里森为了顾及自己的面子，由于他的这种特殊的心理素质，想翻本，大量地再投入，再买进，最后一败涂地，不仅自己坐牢了，整个巴林银行也破产了。

前几年法国兴业银行损失几十亿美元，主要也是超限额交易，虚假交易，2011 年瑞银也是由于 20 多亿美元的交易损失，最后 CEO 辞职，交易员也判了刑，等等。这都是市场风险事件。所以一个银行对市场风险的管理是任何时候都不能松懈的，要按交易的事前、事中、事后几个阶段来实施风险管理。

（1）事前控制。事前控制就是要通过数据管理，通过信息系统，在交易发生前防止住一系列可能出现的风险行为。我们现在是实现 12 个防止。什么叫事前的 12 个防止？第一，防止非交易人员违规开展交易。第二，防止单笔交易金额超权限。第三，防止累计交易超权限。不仅要防止单笔交易金额超权限，还要防止累计交易金额超权限。第四，防止价格明显地偏离市场。第五，防止与交易对手过度密集交易。第六，防止与反洗钱的黑名单机构误做交易。第七，防止涉及卖出和借出的债券等资产的交易出现透支。八是，防止与无授信和超授信的交易对手进行交易。九是，防止出现超出国别风险限额的交易。十是，防止与未签署 ISDA 或 NAFMII 协议的机构开展交易。十一，防止风险敞口超出限额。十二，防止期货等有杠杆性质产品的保证金失控。这十几个方面的限制要真正落实，绝不能仅靠颁布制度，都要在系统里面把它设定。你光说执行制度不管用，例如限额，每个交易员进系统有他的柜员号，他的这种交易限额是多少，那种交易的限额是多少，想超出必须让他过不去。不仅过不去，也要让风险防控部门马上知道，要马上来核查这究竟是误操作还是你故意地想闯关。

（2）事中控制。这主要是说事中交易的过程中，对交易行为必须有复核。这个复核不是指过去那种原始的人工复核，你做了我再做一遍，或者在你的单据上我再盖个章。大家都可以看到许多年以前，银行的一个人做完一笔业务以后，会有另外一个人在有关凭证单据上面也盖个章，这就是复核人员在进行业务复核。那完全是依靠复核人员的专业水平和责任心的，不可能完全可靠。那时候甚至有把业务人员和复核人员的两个名章用橡皮筋捆在一起，一下就能盖两个章。那种复核是流于形式的。现在的复核完全是在系统里操作的，监督人员和交易人员物理上都是隔离的，坐都不坐在一起，物理上隔离开来以防止各种舞弊现象产生的可能。工商银行每年对市场交易业务进行的事中的复核要超过40万笔，以防止簿记错误、交易遗漏、延迟等可能造成的损失。

（3）事后控制。事后也要有检查，产品控制、对账、市值验证，你看昨天这笔交易价格为什么和市场差那么多，到底是什么问题？要进行损益的计算和分析，对交易价格进行监测，以及时发现有没有利益输送，等等。用这么一套关于市场风险事前的、事中的、事后的各种因素都关联起来，目的就是为了防止发生巴林银行的里森事件，防止一些银行发生过的那种"黑天鹅"事件。

（四）大数据在操作风险管理中的应用

银行还有一类风险就是操作风险。按照国际上的统一的定义，操作风险是说由于不完善的具有问题的内部操作程序、人员、系统，或者由于外部事件所造成的银行的风险。比如说欺诈问题，洗钱问题，内部人员的操作失误甚至舞弊问题等等，这都是操作风险。

1.推进实施操作风险高级计量法

操作风险的防控、操作风险的计量是比较困难的。现在的有关操作风险资本占用的计算办法包括国际上大银行采用的办法也都不是很科学。例如每年我们银行的实际操作风险形成的损失并不大，但是按照巴塞尔规定，操作风险所占用的资本计量下来，要占用的资本是几百亿元。我和有关人员也争论过，我说你们这个太不合理了，但是他们就是这套办法，也许是出于审慎的原则吧。

我们在 2008 年启动了操作风险高级计量法项目，采用全球通用的损失分布方法，对银行未来的操作风险可能带来的损失发生频率和损失严重度进行估计。高级计量法建模的数据要求较高，我们内部损失数据从 2005 年启动收集，已经积累数据 1.5 万条，还购买了 SAS 公司的外部损失数据库，目前外部损失数据已累计了 1 万多条；通过情景分析，形成了 3 500 余条操作风险情景分析数据。这套东西做出来，除了计算资本，我们也在探索如何把这些与传统的操作风险管理手段，如何与案件防范工作更紧密地结合起来。

2. 运用大数据进行反欺诈

欺诈是古老的风险，存在于社会生活的方方面面，它的作案方式多，手段隐蔽，防控和追查起来并不容易。

对于银行业务来讲，欺诈行为可以按照业务周期分为申请欺诈和交易欺诈。申请欺诈，主要是指利用虚假身份、虚假资料来银行开户、申请贷款等；交易欺诈主要是指账户开通后，不法分子通过技术手段盗用账户、转移资金等行为。

我们一直在努力识别并阻断欺诈。反欺诈技术基本可以分为人工审核、名单比对与业务规则、大数据技术等几个阶段。在初始阶段，主要靠人工审核身份证件，到贷款客户现场进行调查，向工商税务部门取证，采取这样的方式，工作量大，信息源不够丰富。后来我们的各业务部门制定了一些黑名单，通过分析总结欺诈案件的特征，设计了侦测规则，那就可以通过比对的方式来防范欺诈行为。

近年来，大数据驱动、行为模式识别以及智能检测技术的发展，为欺诈风险防控又提供了新的思路。我们收集了各产品、各渠道的海量数据，用数据挖掘技术提取客户行为特征，构建客户画像，使用了神经网络模型、关联分析等智能检测技术来识别和防范欺诈风险。举例来说，根据你在工行的日常交易情况、交易行为，可以使用神经网络模型，建立起你的行为模型。如果某天有一笔交易，通过行为模型发现这笔交易和之前的交易行为不一致，系统就会发出提示，必要时也可以请你确认这笔业务的真实情况，以避免欺诈行为。

我们实现了申请环节的事前预警。例如在信用卡申请时，通过自动化抓取行内外各种信息，比如客户身份信息、人行征信信息、历史信息、灰名单、户籍信息、关联信息和公积金信息等，运用中英文模糊比对、规则模型、关联分析等技术，实现对申请环节单人及团伙欺诈的自动化预警。

在技术上我们还实现了交易环节的事中阻断。还是说信用卡吧，我们投产了信用卡交易反欺诈系统和电子银行交易反欺诈系统，通过记录客户交易行为，可以形成每个客户独有的特征档案。我们利用先进的神经网络模型，可以识别当前交易和客户历史交易习惯的差异，在50毫秒内进行判断，实现实时阻断欺诈交易。这一技术目前在业界处于领先地位。

3. 实施企业级反欺诈

企业级反欺诈的建设目标，就是建立整合的、统一的、开放式反欺诈管理平台。这个平台不但要能够覆盖我们所有机构、客户、产品和渠道，而且要做到把数据整合、模型分析、信息共享、业务应用放在一起，真正实现以客户为中心，实施跨产品、跨渠道的反欺诈集中管理。

要建设好这个平台，一是建立统一的反欺诈数据集市和客户统一视图，这个统一的数据库要包含反欺诈名单、设备终端、反欺诈案件以及客户行为特征；二是推广智能的反欺诈技术手段，通过社会网络分析、资金往来分析和地址设备网络分析，梳理和整合相关规则和模型；三是系统覆盖业务的全生命周期，加强欺诈风险的事前预警、事中实时干预与事后监控，将反欺诈进一步向前延伸至客户营销环节。

4. 将数据模型应用于反洗钱

我们按照中央银行反洗钱监管新要求，开发了新一代反洗钱监控系统，对可疑交易进行精准监测，满足反洗钱的事前身份识别、事中交易监控、事后可疑行为分析以及数据报送的需要。

根据"案例特征化、特征指标化、指标模型化"的思路，运用智慧型风控思维和神经网络等技术，研发了100多个监测指标和30多个监控模型，充分展现了监控模型在反洗钱风险管理中的"雷达"和"鹰眼"作用。

5. 内部运营风险监控

现在，我们对银行内部运营风险进行监控的模式是以数据分析为基础，以监督模型为风险识别引擎，通过挖掘业务运营风险特征把业务运营中的风险因素识别出来，把可能带来风险后果的风险事件抓取出来。

这种建立在数据分析基础上的监督体系，从根本上改变了传统的内部监督理念和方式，解决了传统模式下各项业务彼此间的相互孤立的割裂状态，解决了过去无法将不同时点交易进行关联、难以识别潜在异常交易的弊端。我们主动识别风险的能力大为增强，识别效果显著提高，风险管理重点更加突出。

　　以上是银行大数据基础建设以及在信用风险、市场风险和操作风险三大风险管理中的应用情况。由于时间关系，今天就讲到这里。至于云技术进一步发展之后，企业级、行业级的数据仓库建设、大数据基础建设还是不是需要，那是另一个性质的重要问题。今后我们可以继续研究，继续讨论。

　　谢谢大家！

关于大数据的认识误区及其
在互联网金融中的表现 *

    互联网金融近几年来在我国经历了不小的起伏。就在 2013 年，当时不少人还将其称之为中国的互联网金融元年，认为互联网不仅会改变传统的金融生态，而且还将颠覆传统的经济学、金融学理论。仅仅事隔两年，2015 年互联网金融领域的各类风险事件就开始不断显现并呈现急剧增多的趋势，这导致了 2016 年有关部门下决心对互联网金融开展集中整治。

    在这篇文章里我没有再重复前几年对互联网金融存在的一些问题的批评意见，也没有再呼吁要对其加强监管，而是从一个侧面指出了前一阶段之所以出现一系列问题的一个原因，那就是对所谓的大数据思维、互联网思维的理解存在着误区，在思想方法、认识方法上发生了偏差。

——作者注

---

* 本文是 2016 年 5 月 14 日在财新"2016 中国金融科技创新论坛"上的演讲稿。此前（2016 年 4 月）也曾在北京大学国家发展研究院、北京大学互联网金融研究中心就本文的主要内容作过一次演讲。后 2016 年第 20 期《财新周刊》杂志以"发展互联网金融须调准大数据认知"为名发表了本文的修改稿。

　　关于互联网金融，这几年我先后曾经写过几篇文章，总的来说似乎批评的意见讲得比较多，对其中的风险看得比较重。目前一场关于互联网金融的集中整治正在进行之中，一些重复的观点就不必再多讲了。今天主要想从另一个角度讲一点看法，就是目前互联网金融出现了一些问题，特别是被奉为 P2P 鼻祖的美国的 Lending Club 最近陷入困境之后，想必对互联网金融尤其是 P2P 网贷质疑的声音会进一步多起来。我感到仅仅批评、指责也许解决不了问题，关键是要搞清楚其中的原因究竟应归咎于什么。搞清楚这个问题，有利于对互联网金融集中整治的顺利进行和有效开展。

　　原因当然是多方面的，我感到除了大家常说的法规不够健全，监管不够有力，行业自律比较薄弱，投资者教育有所缺失等等之外，很重要的一点是源于我们对互联网、大数据技术的理解和认识存在着一定的偏差。

　　现在人们常常谈到互联网时代要有互联网思维，并进而还将互联网思维诠释为就是共享、普惠、民主、开放、高效、去中心化，等等。这些年来，我们也总是愿意把有关互联网金融的一些概念，诸如 P2P 网贷、众筹特别是比特币、区块链技术等等从哲学、社会学的意义上来予以这样的总结和升华。这些说法当然有一定的道理，但我们似乎没有更多地注意到所谓互联网思维应有的另一层含义，那就是互联网、大数据技术的发展和进步给人类提供的是从更宽视野、更多维度、更全方位来认知问题和分析问题的工具和方法。这既是大数据时代、互联网时代为社会进步和经济发展创造的新条件，同时也是对我们自身提出的更高要求，赋予的更多约束。也就是说在大数据、互联网时代，我们更需要注意处理好碎片化信息和完整性数据的关系，处理好结构性数据和非结构性数据的关系，作为企业包括银行还要处理好客户个性化意识和社会化共同需求的关系，等等。在这些关系中，忽略了哪一方面都是不行的。

如果我们拥有了互联网、大数据、云计算等一系列技术的进步，但不能帮助我们防止思想上的片面性，避免形而上学，而相反在认识事物上更简单化、判断问题上更绝对化，那不仅可惜了这些时代文明进步的产物，更重要的还可能由于有了这些方面一定的技术，反而更容易形成各种错判而导致失误。比如说因为掌握了一定量的客户信息数据，就以为是掌握了大数据，而忽视了对数据分析工具和方法论的研究，这在金融业务中就很有可能影响对风险的识别、计量和防控，造成风险的积聚和扩散。这一阶段一些从事互联网金融业务的公司尤其是一些 P2P 网贷公司频频出现的失败，除了一部分是蓄意欺诈行骗外，多数正是因为他们并没有真正搞清楚究竟什么是大数据，自己究竟获得的是什么数据，自己究竟有没有掌握好所需要的数据挖掘技术、建模技术和分析评估技术。我们应该认识到，这些问题并非只是技术问题，在相当程度上也是思想方法和认识方法问题。

例如，我们总是以为自己拥有了某一方面不小的数据量似乎就是掌握了这一领域的大数据。其实自己掌握的数据究竟是全量的还只是可及的？当然大数据也并不是一定要求全量数据，关键是如果是可及数据，那是全部可及的数据还是部分可及的数据？有无必要、有无能力得到全部可及数据？如果是部分可及数据，那样本范围又是如何确定的，其确定的方式是不是科学合理？这些问题都是需要扎扎实实下功夫才能解决的。现在可以看到一些互联网金融公司在宣传中总要加上一句自己是如何运用大数据技术的。其实他们所做的，大多只是将自己客户群的一些行为数据保留了下来，暂且不论这种收集和保留是否经济和合理，但无论怎样说，把已得的数据当作全量数据或者是不加甄别地以为自己所拥有的就是一个有充分代表性的样本，那就一定会得出错误的结论。巴塞尔Ⅲ要求银行业在观察客户违约概率和违约损失率的时候，有关数据的积累长度必须达到五年、七年乃至更长时间以上，而且这中间还要有严格的数据清洗流程，就是为了尽量避免因数据缺陷而导致风险识别和计量上的失误。前期出现的一些互联网金融事件除了有的属于人为恶意欺诈之外，大体与这些公司在思想方法上存在片面性，过分高估自己的能力并且急功近利有关。他们对自己掌握的所谓大数据究竟能否用于、应该如何用于风险识别和管控，并没有经过认真的可行性研究，也没有可靠的经过反复验证的风险计量模型和科学有效的数据分析工具。

再如，也有人总是以为在一个样本范围内得出了结论，就等同于掌握了对某个问题全部的规律性认识。其实在一个范围内的结论（即便是正确的结论）也不一定能够简单外推，这就是在所谓机器学习中需要格外防止的模型"过度拟合"问题。模型越是复杂、需要纳入的变量越是多，就越容易出现这样的问题。这也正是在金融风险管控中必须注意的"模型风险"问题。通常来说在经济生活中，在市场上，不同的企业、不同的客户是存在个性化和差异化的，要对他们各自的违约风险以及违约损失作出判断，仅靠模型的评估结论有时还是不够的，必要时还需要有一定的"专家判断"。这也就是我们一些银行现在采用计算机进行部分贷款审批时，对高分段自动进入、低分段自动拒绝，中间段加以必要的人工干预的原理。现在可以经常看到一些互联网金融企业宣传自己的所有贷款都可以在网上瞬间完成审批和发放，如真是那样，对其风险把控的有效性是需要认真审视和考量的。

又如，也有人以为有了所谓的大数据，就可以轻视对传统小数据的开发和利用。其实迄今为止并没有一个关于大数据的统一定义，当然显而易见大数据是相对于小数据而言的。大数据与小数据的主要区别并不是数据量的大小（尽管数据量过小无法称之为大数据），大数据的重要特征在于它应该既包括结构性数据，也包括那些在生成时表现为非结构性特征的信息，而小数据主要指的是二维的结构性数据。大数据有大数据的长处，大数据有大数据的不足，小数据有小数据的欠缺，但是小数据也有小数据不可忽略的优势和必须用它的理由。

比如我以前强调过的传统的小数据它是有经典的数理模型的，它是有比较成熟的数据分析统计理论、方法的，方法论是已经解决了的，数据挖掘的技术早就成形了。但是大数据到今天为止，它的管理理论、分析方法都还处在快速发展更迭的阶段，并没有十分的成形。而且还有一部分非结构性数据在分析使用时，也是需要通过技术手段转换成结构化数据才能实现的。另一点就是必须看到大数据数量越大，噪音相应也就越大。甚至往往是数据大幅增加的时候，它的噪音的增长幅度要快于数据量的增长幅度。因而大数据的挖掘成本是比较高的。再比如大数据更容易反映出一些相关关系，而小数据通过分析比较容易直接得出因果关系。在许多情况下相关关系并不能简单地取代因果关系。

小数据抽取了现实世界一些事情最核心的内容，它与大数据相比，它具有单位信息容量更大的特点。比如银行的一些业务数据，我们通常可以把它定义为小数据、结构化数据。它直接反映了客户和银行交易活动的最终结果。但是客户之所以进行这个交易的行为路径，特别是他之所以要进行这个交易的决策过程是传统的结构化数据、小数据所难以反映的。而客户的一些社交行为数据就有可能反映他的决策过程。这就是大数据的一个优势。尽管银行和客户发生了交易这一事情是最实质的，是银行最需要掌握和记录的，但是如果能了解客户的决策过程，了解他的这个行为路径，这无疑对提升服务水准和防范风险都是有意义的。

因此，大数据和小数据各有特点，各有它的长处、短处。简单地想以此来取代彼，不是一种科学的看法。只有把它融合起来，把小数据分析方法的完备性、准确性和大数据的多维性、即时性融合起来，才能对管理真正带来一种质的改变。应该说，前一阶段一些互联网金融企业出现的问题，就与这方面思想认识上的片面性有关。

总之，在对互联网金融进行集中整治的过程中，除了就事论事之外，更重要的还需从认识论、方法论的角度来进行总结和提高。数据是一种财富，因为它是人类活动的记录与结晶。但数据多了有时也会带来挑战，记录中可能掺杂噪音，结晶旁也许陷阱纵横，对于数据信息的不当理解，对于分析方法的盲目应用，以及数据使用者本身的目的以至品性如果存在问题，那就有可能使得人们在面对世间万象时变得比以往缺乏数据信息的年代更加迷惑。作为互联网时代一个合格的现代人，只有学会客观地看待数据，合理地选择工具，科学地进行分析，才能够从纷繁复杂的社会经济生活中提炼出那些有价值的结论。也只有那样才能够说我们是具有了真正的大数据思维、互联网思维。也只有那样，互联网金融才能够走出一条更健康、更有序的发展之路。

互联网金融的持续发展需控制好"试错成本"[*]

自从 P2P 网络借贷出现了一些问题之后，一些互联网企业纷纷着力回避 P2P 这个名称，甚至开始与"互联网金融"这个字眼划清界限。"Fintech（金融科技）""Blockchain（区块链）"这些外来词汇一下子热了起来，在一定程度上又成了一些人吸引招揽投资的新招牌。我的看法是，其实互联网金融是个不错的概念，不必忙于改名换姓，关键是要注重事物的本质，要摒弃那种莫名的对于新名词的追崇心理。如果还只是在名词概念上兜圈子，那不利于总结经验教训，不利于控制和减少互联网金融业在发展过程中的试错成本。

——作者注

任何一项文明的进步都是在不断试错的基础上得以实现的，这是一种规律。互联网金融也一定会遵循这个规律。正因为存在着这样的规律，在互联网金融的出现和成长过程中，发生一些波折和问题也许就是难以避免

---

* 本文是 2016 年 7 月 31 日在上海新金融研究院主办的"2016 互联网金融外滩峰会"上的演讲稿。后发表于 2016 年 8 月 1 日《第一财经日报》。

的，我们不能因此去否定了创新，阻碍了进步。但关键是一定要控制好试错成本，不能让其超出社会可承受的范围。目前正在进行的关于互联网金融风险的专项整治，就是为了防止在互联网金融业发展过程中所可能发生的系统性、区域性金融风险。实际上这就是对试错成本的一种控制。

要减少试错成本，很重要的一点是在出现问题后要及时地认真地总结经验教训。否则在不经意间就会被同一块石头绊倒几次。前一阶段互联网金融业发生了一系列问题，特别是在互联网借贷和理财业务中出现了一些问题平台，甚至有一定数量的公司跑路了。对于其中蓄谋欺诈和涉嫌犯罪的公司及人员当然应由司法部门去依法处理，但我认为其中也有一些人最初也许并无什么主观恶意，当时他们就是以为自己站在了风口，以为自己真的是可以随风起飞了，他们的思想方法出现了偏差。他们把对金融规律的漠视及悖离当成了开拓和创新，他们把忽悠及鼓吹当成了营销和宣传。如果说在当下，对于一些急于追求"成功"的年轻人来说，这里面还有些许可以理解的因素的话，那么对于我们有关方面、有关部门，对于一些专家学者包括一些媒体来说，也许需要总结反思的东西应该更多。

现在值得关注的是，我们在面对一些问题的时候似乎仍然还没有完全改掉那种思想方法上的片面性和绝对化。例如关于 Fintech 的问题。互联网金融的提法和 Fintech 的叫法究竟有什么联系和区别？现在也许是互联网金融的形象和信誉受到了一定程度的污名化影响，我们一些人就不约而同开始用"金融科技"来代替"互联网金融"了，希望能够通过这种说法的改变来实现与原有问题的切割。我认为这既无必要也无实际意义。其实"互联网金融"这个名词在我国已经广为人知，在一定程度上它有通俗易懂的特点，而且对于它的内涵定义也已有了权威的规范的说法（有关部门的文件中明确"互联网金融是指传统金融机构与互联网企业利用互联网技术和信息通信技术实现资金融通支付、投资和信息中介服务的新型金融业务模式")。我们大可不必因为在发展过程中出了一些问题就去改名换姓，也不必去咬文嚼字地死抠什么互联网金融的落脚是金融，Fintech 的落脚是科技等等，关键是我们一定要摒弃那种莫名的对于新名词的追崇心理，不能一味地追时髦、赶风头，要注意透过表象看内容，看事情的本质。无论叫什么名称，只要是从事金融业务，就要按现行的金融从业规则办，就要接受必要的金融监管。如果还是在名词概念上兜圈子，那不利于总结经验教训，也不利于控制和减少发展过程中的试错成本。

再比如区块链，这个话题近来已经越来越热。从区块链目前的发展情况看，它确实有可能使得互联网的功能从信息传递转化为价值传递。如果真能顺利地实现这一转化，它对人们经济生活、金融生活乃至社会生活将带来远比当下一般意义上的互联网金融更加巨大的影响和改变。正因为如此，一些国家的政府和金融监管部门都开始投入相当精力来研究区块链问题，都在探索未来金融市场有没有可能完全建立在区块链技术的基础上。全球不少大型金融机构已经提出了不少有关区块链技术的专利申请。国际上的一些银行在去年已经开始形成一个新的技术联盟，这些银行希望能一起编制出一个适用于银行业的开源、通用的"共享账本"，用于今后金融机构间的交易及其资产登记和清算等等。在我国，互联网金融协会已专门成立了关于区块链的研究工作组，中央银行也密切关注和高度重视区块链技术的发展，据透露，人民银行已在组织力量进行数字化货币的研究。与此同时，区块链技术尽管在金融领域的应用还未真正起步，但区块链概念目前已从金融领域开始向社会生活的其他领域延伸，例如用于慈善捐赠和医疗服务等等。市场上也有不少人正争相投资于涉及区块链概念的相关公司。不少宣称是搞区块链的公司动辄宣布自己已完成几轮融资，估值已达到多少多少。

面对这样的情势，值得高兴的是我国的创新活力看来并不逊于一些发达国家，市场的力量远比我们想象的更加强大。值得担忧的是，我们对区块链的认识有没有可能像几年前对互联网金融一样再次陷入一种片面性、绝对化的误区，从而在发展过程中增加更多无谓的试错成本。如真是那样，对区块链的健康发展将是有害而无益的。

例如，我们现在常说区块链的最大特点是去中心化。诚然理想化的区块链系统是由许许多多节点组成的点与点的网络结构，它似乎既不需要中心化的硬件设备也不需要任何管理它的机构。但是相关区块链的技术标准、交易指令格式，以及涉及金融活动实名要求所带来的区块链交易参与方的身份认证和准入许可，是否还需要有一种"中心化"或"类中心化"的机构去制定和规范呢？ R3 目前形成的这种金融机构间的技术联盟算不算是一种"类中心化"机构呢？这些问题似乎还需要进一步深入探讨和厘清。简单地宣称去中心化是不是或多或少存在着一种既想从事金融活动，又不愿意接受金融监管的倾向呢？

还比如，我们现在常说区块链的一大长处在于任何活动痕迹均可追溯并不可篡改。这主要说的是区块链交易具有很高的安全性。但参与 R3 工作并专门负责向媒体和公众解释这一区块链技术联盟的 Charley Cooper 先生直言不讳地说："比特币强硬派说安全性不可能崩溃，可是我这么久都没发现任何不能崩溃的东西。"我认为 Cooper 的说法有一定的道理。否则就无法解释一些比特币平台为什么会垮台，就无法解释曾创造了耀眼业绩的众筹区块链项目为什么也会遭到黑客攻击，从而发生了具有重大影响的"The DAO"

事件。我们应该注意到尽管区块链技术从概率上看发生篡改记录的可能性几乎不存在（如果发生强力的集团性行为，尤其在一些私有链中是否有可能发生也还需要观察），但如果区块链中一些交易的逻辑规则事先就存在着有意无意的漏洞，那面临的安全性挑战就是巨大的。

再比如，我们常说由于通过区块链进行支付是由交易双方直接完成的，跳过了以往所必需的中间环节，因而它的效率将获得非常大的提高。但我们也需要注意到要真正实现这一目标，目前的区块链技术水平还要有几个数量级的提升才行。比如狭义的区块链全网播报耗时很长，每秒只能处理个位数的交易，而传统金融机构每秒的交易量往往多达几千笔。据了解，目前最大的区块链比特币网络日均交易量也仅 20 余万笔，甚至还出现了一笔交易经过了十几小时才予确认的情况，而一家大银行的日均交易量往往超过 1 亿笔。

我之所以讲这些问题，并不是要否认区块链技术的重要性，也并不是否认其有关技术一定会不断有所突破和改进，更不是反对对它作进一步的探索和研究，而只是希望在推动区块链发展的过程中，要保持清醒的科学的认识，力戒浮躁，要坚持两分法，避免片面性。美国著名的 IT 研究顾问咨询公司 Gartner 的一份报告指出，"一种区块链狂热传染病已经侵入了金融服务行业"，报告还指出投资者在制定未来两年的投资方案时，"可能要允许区块链项目出现 90% 的失败率"。这些判断值得我们思考。

总之，金融的进步过程是一个不断创新试错的过程，但由于金融业具有巨大的风险外溢效应，其试错成本更要严格把控。从互联网金融到 Fintech，从大数据到区块链，伴随着金融改革的推进，金融创新会日益加快，金融产品也会日趋复杂。在可预见的未来，各种新名词、新概念也必然会更多地出现，如何坚持辩证地看待事物，如何注意抓住事物的本质，如何做到避虚就实是减少金融创新试错成本的关键所在，也是互联网金融、区块链技术健康发展的基础所在。

第五部分

心路历程的点点滴滴

我所喜欢的员工
管理团队怎样搞好团结
在卸任工商银行行长时的告别讲话
这些年，这些人，这些情

我所喜欢的员工

这是 2002 年我在担任华融资产管理公司总裁期间，为公司的一本内部刊物《华融之声》所写的一篇短文，目的是在企业内部倡导和营造一种文化氛围。

——作者注

我喜欢敬重自己职业的员工。尽管这种职业最初未必一定因自己的热爱所选择。敬业是一种境界，一种对激情的超拔。如果说热爱是如火如荼的情感倾泻，而敬业则是理智对于现实持之以恒的坚守。感情可以爆发也可以干涸，唯有意志和责任日复一日地不改变不动摇，才更朴素更艰难。

我喜欢好学不倦的员工。纵使你有掷地有声的文凭，纵使你有出类拔萃的智商，也只享一世才情，书中却吸纳着大千世界的百代精华。不断地读书，可以让你更智慧更坚毅，更善良更光彩照人。

我喜欢整整齐齐仪态端庄的员工。貌可以不靓美，但要神清气爽。衣无求名牌，但要洁净大方。领带不需昂贵，但要相宜得当。鞋子不必舶来，但要纤尘不上。

我喜欢目光如水襟怀坦荡的员工。眼光不是喷溅的瀑布，不是呼啸的海浪，不是潺潺的小溪，不是深不可测的幽潭。它是明快清澈的江河，它不游移、不闪烁、不狡黠，在平等真诚的对视之中，人们能体悉到相互间的信任和他自身的尊严。

我喜欢内心丰饶热爱生活的员工。敬父母康乃馨，给爱人红玫瑰，送孩子携手秋游的假日，赠同事善解人意的关爱。仿佛一幅山水墨画，再留一块给自己独思的飞白。

我喜欢小。小心谨慎，一切从小事做起，勿以善小而不为……我喜欢大。大眼光，大手笔，大胸襟，光明正大……

兄弟姐妹们，在共同的事业中，我喜爱你们每一个人。在春天越来越近的脚步声中，让我们携手远行。

管理团队怎样搞好团结 *

　　银行是一个专业性非常强的企业，在银行工作，尤其是担任一定的领导职务后，不懂业务肯定是不行的，但仅仅懂得业务也是断乎不够的。作为一个银行的管理者，一个团队的带头人，在管理好具体业务工作的同时，搞好班子团结也是十分重要的。"德才兼备，以德为先"听起来似乎有点空，但个中具体内容委实不少。

——作者注

　　一个单位、一个部门的工作开展得如何，固然取决于方方面面的因素，但其中十分重要的一点是这个班子是不是坚强有力，是不是团结。在座的同志，或大或小都是领导，平常都生活在某一个班子里，都能亲身感觉到班子是不是团结。班子是否团结是非常重要的问题，大家平时都有体会，也都有思考，下面我想就一个单位的领导者之间，一个管理团队的成员之间怎么搞

* 　本文是 2006 年春天我在工商银行行内一次中青年管理人员培训班上的讲话。后来有关部门曾将此讲话稿印发至各大金融单位和中央企业。

好团结，怎样维护团结，讲讲五个怎么办，与大家一起交流一下。

一、如果遇到我们认为水平比自己低、能力比自己差的领导或同事，怎么办

我们生活在一个单位、一个部门、一个班子里，各种人都有。有的人经常心里暗暗评判自己的上级，评判周围同事，不过有的时候不说出来而已，不好意思说出来而已。这个领导怎么回事、怎么这么不行啊，没能力、没水平，等等。尤其发现有的人在某一方面同自己的长处相比存在一些反差时，例如，自己学历比较高，自己专业比较强，而这又恰恰是对方的弱项时，这种感觉可能会更强烈。

其实，这个问题不是我出的。有一次在工商银行总行机关召开的青年员工座谈会上，一位刚刚毕业进入总行机关的年轻同志说："我有一个问题。如果我的领导的水平能力比自己低，我该怎么办？"他一说完，大家哄堂大笑。大多数人可能都在暗暗批评这个年轻人不知天高地厚。其实何止年轻人有时有这种感觉，就拿我们这些摸爬滚打了十多年、二十多年的同志们来说，有时也可能会产生这种想法，对周边的同志和自己的领导，有时会有这种感觉。

有了这样的感觉怎么办？首先要冷静地问问自己，这种判断是不是客观准确？是不是这个同志真的比你差？在思考自己的判断是否准确的时候，一定不要以己之长比人之短。"尺有所短，寸有所长"，简单地拿自己和别人比较，是很难比出个长短，比出个高低来的，因为自己的判断往往是不够全

面、不够准确的。所以，有了这种想法之后，要有自知之明，要冷静地、平心静气地想想自己的想法对不对。实际上，每个同志都有他的长处。再说直白一点，他能干到这个程度，能和你在一个班子里，甚至能成为你的领导，也不是一日之功，必有他的长处所在，我们要善于发现别人的长处。

其次，即使这个同志确实有的方面比你差，水平不高，能力不够，我们也要坚持基本的为人处世准则，简单地说就是要尊重他人、遵守纪律、服从领导、出于公心、讲究方法、积极补台。即使别人确实比自己差，比自己弱，但比自己弱的人并不就是不值得我们尊重的人。尊重他人是一个基本的原则，现在提倡建设和谐社会，和谐社会重要的内容之一就是要讲伦理道德。大国学家梁漱溟曾言："伦理社会所贵者，一言以蔽之：尊重对方。"更何况我们是共产党员，是受党多年教育的领导干部。即使别人真的比你差，你也要尊重别人，同时要遵守纪律。班子里是有规矩的，上下之间也是有规矩的，遵守纪律非常重要。同时要出于公心，要讲究方法，有的时候某件事情他可能办得不好，此时，你应该积极补台，而绝对不能做贬低别人抬高自己的事情。我们要记住一句老话："三人行，必有我师焉。择其善者而从之，其不善者而改之。"在一个团队里，看到好的，我们要跟他学，择其善者而从之；别人不对的地方兴许也会有，我们要改，不去学，不善者而改之。正如《论语》里说的："见贤思齐焉，见不贤而内自省也。"见贤思齐就是看到好的，就向他看齐，向他学习；见不贤而内自省，就是看到不好的、不对的，则自省，提醒和对照检查自己。

二、如果下属、中层干部或班子成员与你议论班子另一成员的不是，怎么办

作为班子成员，甚至主要领导，有的时候会遇到你的属下、中层干部或者班子成员，到你面前来议论班子另一成员的不是，这个时候该怎么办？

首先就是不要随声附和，尤其是在以下两种情况下更不能随声附和：一种情况是这两名同志之间本身就存在矛盾。张三和李四有矛盾，张三到你面前说李四的不是，你就不能随声附和，相反要替李四做一些解释，"不会吧，你是不是误会了，我想他不是这个意思"。另一种情况是你本来对李四就有点看法，或者说你平时对他的批评、指责比较多。在这种情况下，张三到你面前说李四的不是，你也不能随声附和，不能觉得正合你意，就一起议论起来。这种做法不利于班子团结，同时也有损自己的威信。特别是主要领导，更不能这样做。

道理好讲，但处理起来并不容易。特别是当一个人到你面前反映班子其他成员有什么事情、做得怎么样时，你可能马上就非常生气，就附和了他，表示了自己的态度，甚至话讲得很重，这是经常可能有的事情。说了以后怎么处理？一定要设法弥补，要找张三、李四，最好还有几个人都在场的时候，公开把你的意见说一说。当然，怎么说一定要注意方法。

为什么要这么做？就是一定要让张三知道你在李四背后说的话也可以当着李四的面说，甚至当着大家的面说。一定要做到这一点，这是维护班子团结的一项重要措施和有效方法。切忌张三到你面前说李四，你们两个关着

门说得很热闹。过几天，张三推门正好看见你和李四两个人在屋里说得也很热闹。你说张三会怎么想？"这是不是在说我呢？"今天他怀疑说我，明天我怀疑说他，整个班子就搞散了。当主要领导的绝不能以为，你对他有意见，我就在你面前说说他迎合你，这样可以调动你的积极性；他对你有意见，我在他面前又说说你的不是，又调动了他的积极性。这是最不正派的做法，也是最愚蠢、最无效的做法。所谓"君子坦荡荡，小人长戚戚"。君子什么事情都可以坦诚相言，放在明面上。只有小人才经常背后琢磨人，嘀嘀咕咕。

所以，班子成员在一起不要互相议论，你的部下、中层干部到你面前议论其他班子成员，你更不能随声附和，要做解释、说服工作，甚至还要批评这些同志，表明你的态度。这不仅是工作方法的问题，更是思想作风的问题。当领导的站在明处，其他人在暗处。我们有时会担心别人议论自己，被议论总不是让人高兴的事情。但是，有这么一个道理：你不议论别人，别人议论你的事情就会少一点。当然，还有很多其他问题，例如严于律己，要争取做到没什么事情别人可以议论。总之，人和人之间要坦诚相待，班子成员走到一起不容易，应当共同营造良好氛围。

三、作为领导干部，发现自己讲话或者拍板有错，甚至失误了，怎么办

我们经常说"永不言败，不怕困难，永远把困难两个字甩在身后"。但是，"永不言败"不等于"永不言错"。有时候我们有一种误解，领导干部，尤其是一个企业的"一把手"，说出一句话，轻易就改，承认错误，肯定会

影响威信。领导干部当然要忌讳朝令夕改，考虑问题要周全，朝令夕改不仅影响自己的威信，而且会影响工作。但这并不意味着我们发现自己的错误，小到一句错话，大到一项错误决策，都不能承认，还要一条道走到黑，固执到底。好像金口玉言，说出的话肯定是对的。"过而不改，是谓过矣"，就是说错了不改才是真正的错误。不要以为所有人都不会发现我们做错了。群众是聪明的，同事们都是很聪明的。现在员工学历这么高，都受过高等教育。你一件事情办得对不对，一句话说得对不对，批评一个人有没有道理，大家心中都有基本的判断。你不承认错误，未必大家就认为你是对的。"君子之过如日月之蚀"，君子的过错就像日食月食一样人人都能看到。作为主要领导，一件事情做错了，实际上人皆见之，人人都知道。你改了，人人都仰头看你，就像看日食月食缺了又盈，反而有威信。

所以，领导干部，特别是主要领导，说错话了，办错事了，不要固执己见，不要认为错了又改就是朝令夕改，就影响威信了。其实不是这样的。要坦诚，要勇于承认，并表示这事我当时不了解情况，我的说法不对，或者我了解情况不全面，看来某某同志当时的说法是对的，现在咱们想个办法纠正一下，采取措施弥补一下。必要的时候，该这样表态就要这样表态。当然认错也要考虑场合、时机，要看事情的性质是什么，不是说领导干部可以上午说的下午就不算，今天说的明天就不算，这看上去挺谦虚，挺容易改正错误，但是会使整个单位的同志无所适从。具体怎么办，这就要靠我们自己去把握了。人生是一本书，是永远学不完的，直到眼睛闭上了，最后一页才合上。

四、研究讨论问题时有少数不同意见，怎么办

　　研究讨论问题时有少数不同意见也要认真地听。如果自己认为少数人的意见是正确的，这时可能比较容易做到注意去听。但有时少数人的意见恰恰不怎么有道理，或者说不符合你的想法，是你不准备采纳的一种意见，那又该怎么对待呢？我想，也不要简单地加以否定，要注意分析他的意见的积极意义所在，注意其意见有没有值得关注的价值，哪怕是一点点价值。

　　在班子讨论问题的时候，大家发了言，主要领导作为班长肯定要总结、要归纳、要拍板。拍板就会有的意见采纳了，有的意见没采纳。但在归纳总结的时候，不妨先把所有意见中值得关注之处都点出来，说明你认真听取了所有同志的意见，对未采纳的意见也进行了认真思考，只不过经过权衡，你认为现在采取其他方法更合适。最忌讳的就是简单处理，人家说了半天，你置之不理，一句不提。有时，持不同意见的不止一个人，七八个人的班子里有 3 个人提出了不同意见、不太赞成，4 个人赞成，你怎么拍板？遇到这种情况，有些事可以缓一缓，沟通沟通之后再说。有些事不能拖，必须马上定的，就不能议而不决不拍板，关键是拍板时要把大家的意见分析清楚，该肯定的地方充分肯定，觉得不能采纳的地方说清楚道理，最后说："大家看还有什么不同意见没有。好，没有，就这么办，回去怎么落实，一、二、三……"就落实了。有的时候甚至可以把决策的意见交给曾经提出不同看法的同志去落实，这也是加强和维护班子团结的有效措施。

五、自己分管的部门、专业与别的班子成员分管的部门、专业产生矛盾，怎么办

这个问题对一把手来说可能不太突出，因为一把手经常不具体分管一个部门，即使你分管的部门和别的部门发生冲突，其他班子成员也会比较注意听一把手的意见。如果两个都是副职，分管部门之间有点不协调、有点矛盾、有点冲突，怎么办？首先就得有大局意识、整体意识、一盘棋意识。

分工不是分家。一个领导班子没有分工是肯定不行的，会打乱仗，没有明确的责任会造成工作效率低下。但如果分工过于"明确"，我的分工你不能插手，你的分工我不能过问，这个班子的协调、团结就有问题了。应该是既有明确分工，各自能够按照分工去做，而你不在的时候，其他同志又可以毫无顾忌地帮你处理一些问题。回来说："某某同志，昨天有个事情，你不在，我让怎么办了，你看怎么样？""没问题，可以，我赞成。"如果能做到这一条，说明这个班子是比较正常、比较协调的。

讲大局、讲整体，通常会讲到哪个部门重要、哪个部门不重要，我分管的部门重要还是你分管的部门重要。对这个问题，我是这么想的：第一，我赞成所有的领导把凡是自己分管的部门都看成是很重要的部门。因为这说明工作的责任感很强，抓好工作的紧迫感很强，想努力去干事情，这是有事业心有责任感的表现。总是认为自己分管的工作不重要、没意思，是敲边鼓的，你们自己干吧，爱怎么样就怎么样，这不仅是精神状态问题，在一定程度上也是思想意识问题。第二，我也不赞成有些当领导的认为只有自己分管

的部门才是最重要的部门，凡是自己不分管的部门都不重要。这就是缺少大局意识、整体意识了。

同时，领导干部不要搞拉拉扯扯。有的同志有时候对自己分管的部门，习惯于护着、捂着，这其实不是真正地爱护关心同志。而且，切不要以为这是一种工作方法，我为下属争了、要了，为大家说话了，下属就好指挥了，就能跟着我干了，这种想法是错误的。一切要出于公心，对自己分管、不分管的部门，都要实事求是。当然，这并不妨碍你因为分管这些部门，对他们的情况比较了解，在其他同志不了解的时候替他们说几句公道话，这是正常的。但不能因为自己分管，就搞拉拉扯扯，这肯定不行。

"君子和而不同，君子群而不党"，这是很有道理的。领导干部除了要严于律己，还要严格要求自己的部下。如果大家都能严格要求自己分管的部门、自己的部下，那不同部门之间的协调配合问题就可以更好地解决。就像自己的孩子和街坊邻居的孩子吵架了，我们通常要先责怪自己孩子的不是，不能老是领着自己的孩子到别人家去兴师问罪，说别人的孩子打了自己的孩子。实际上，孩子们在一起打架，很难分清是非。部门之间的不协调有时也很难用几句话说清楚，所以，一定要有大局意识、整体意识。

在卸任工商银行行长时的告别讲话

2013 年 5 月，党中央、国务院决定对工商银行的领导班子作出调整，我卸任退出工商银行班子，易会满同志接替我任行长。同时王丽丽副行长因年龄已届有关规定，退休；李晓鹏同志调中投公司任监事长。5 月 13 日，中组部副部长王京清同志来行里宣布有关决定并作了讲话。我在会上用三分钟的时间讲了这段话，告别了自己在工商银行的职业生涯。

——作者注

同志们，非常感谢王京清部长刚才的讲话。在今天这个时刻，在即将告别这个熟悉的讲台的时候，我要真心地说几声感谢的话。

我要感谢组织上这么多年的培养、教育和信任；要感谢工商银行给了我这么大的一个平台，给了我人生这么难得的机遇。我也要感谢姜建清董事长、赵林监事长，感谢党委一班人给予我的帮助；感谢总行历届老领导对我的关心；感谢在座的总行各位高管层成员，各部门、各在京机构的同志；感谢今天未能在座的各分行、各单位的同志，感谢全行的员工。没有大家这么多年来的理解、宽容和支持，自己的工作不会这么顺利。衷心地感谢大家！

利用今天这个机会，我也要向退出领导岗位的丽丽行长致以诚挚的祝福，我也要衷心祝愿晓鹏同志在新的岗位上一切顺利，不断取得新的成功。

人事有代谢，往来成古今。我深深地懂得，个人的作用是渺小的，而工商银行的事业是长青的。在一代代人的努力奋斗和不断传承中，工商银行必定会继续发展，继续进步。易会满同志年富力强，业务熟悉，经验丰富，我相信他会干得比我更有生气和活力，更有成效和起色。

这些天来，不少同志都很关心我离任之后各方面会有什么变化。我想，自己离任后，对工商银行来说，一个小小的变化就是总行大楼里少了一个整天穿着西装，打着领带走来走去的老头儿。对我个人而言，一个重要的变化就是每天可以睡到自然醒了。我想这个感觉一定是很好的。

再一次谢谢大家，谢谢所有的工商银行人。

这些年，这些人，这些情 *

2013 年 5 月，我从工商银行领导班子退了下来，在工商银行工作了近 30 年，我与工商银行结下了不解之缘，在告别工商银行这个集体时，对于这么多年所共事的人、所经历的事，确实难以忘却，于是在卸任不久后的 2013 年 9 月写下了这篇《这些年，这些人，这些情》。

——作者注

到 2013 年年底，工商银行就成立 30 周年了。这 30 年，工商银行完成了从国家专业银行到国有独资商业银行、再到公众持股公司的历史性跨越，成长为多项指标全球第一的国际领先银行。我和所有工商银行人一样为工商银行所取得的成绩感到骄傲和自豪，也为自己能亲身参与并见证这个过程感到幸运和高兴。

---

* 本文是我于 2013 年 9 月应邀为《中国城市金融》纪念工商银行成立 30 周年增刊所写的一篇文章。

　　我是 1996 年 9 月加入工商银行领导班子的，当时任副行长、党组（后改为党委）成员，1999 年 10 月调任华融资产管理公司总裁，2004 年 9 月又回到工商银行任党委副书记、副行长，2005 年 10 月股改后担任行长、党委副书记、副董事长，2013 年 5 月从岗位上退下来。回想起在工商银行工作的二十八九个年头，尤其是参加班子工作 17 年以来，许多往事历历在目，令人难忘、令人感慨。1996 年至今，国际国内经济金融形势风云变幻，每一阶段对于工商银行都是严峻的考验。这么多年来，工商银行在改革发展的历史进程中，走出了一条建设国际一流商业银行的新路子。

　　我很幸运地参与并见证了几乎整个过程。回顾这些年来的工作，我由衷地感到任何人的命运与国家、与时代都是紧紧联系在一起的。能够与中国经济、金融改革一起前行，能够目睹世界金融市场这些年的波澜起伏和中国银行业的崛起，我是幸运的。因为，从根本上来说，没有改革，没有开放，就不会有中国银行业脱胎换骨的改变，就不会有工商银行的今天。没有这个特殊历史阶段所提供的各种机遇，也就不会有自己所参与过的这一切。我也由衷地感到个人的职业发展与工商银行这个大平台，与各位领导和同事的培养、支持和帮助是分不开的。在工商银行，有几代人培育和养成的一种风气，一种氛围，一种文化。这里始终有一个很有凝聚力的班子，有一个很强的班长；这里一直有一群很有执行力的中层骨干，有一支很讲奉献的员工队伍。没有这样一个具有工商银行特色的环境，自己肯定做不了、也做不成什么事情。每当想起这些，我由衷地感谢全行 40 万干部员工对自己这么多年来工作的理解、宽容和支持；由衷地感谢陈立、张肖、刘廷焕和黄玉峻、田同五、尹志海、王占祥、张庆寿等老领导的关心和培养，感谢田瑞璋、羊子林、谢渡扬、王为强、李礼辉、牛锡明、张福荣，还有肖昌秀、陈克儒、张衢，以及潘功胜（在股改、上市的过程中担任董秘）、谷澍（后接任董秘）等一起共过事的老领导、老同事、老朋友的支持帮助。在这篇文章里，由于篇幅有限，实在是无法细细地回忆与大家一起相处过的日子，难以用言语来完全表达自己对全行员工的这份情与义。我只能简要回顾一下股改上市以来曾经携手一起努力、一起奋斗，直至我卸任时仍在一个班子里的几个同事的点点滴滴。

姜建清董事长，在国际国内业界他已越来越被公认为是一位真正的银行家。我们经营理念相近，共事多年、合作无间，我很庆幸自己的职业生涯中能遇到相处得这么好的领导和拍档。我深切感到，工商银行能够走得快、走得稳，走到今天这个令全球同业都瞩目的位置，与他的掌舵、把握方向是分不开的。建清董事长是有战略眼光的。我记得 2008 年年初，也就是次贷危机乍起之时，那时国际金融危机还未全面爆发，不少人觉得次贷危机离我们还很远。但建清董事长敏锐地关注到了国际金融市场的变化，着手研究应对和化解风险之策，他要求迅速清查全行包括境外机构持有的境外流动性资产情况，他当时对我说："现在这时候现金为王，要下决心减持现在看上去还不错的 Alt-A 和两房债券以及部分信用风险较高的金融机构债券。"后来我们又通过将减持获得的现金对美国国债及其他低风险债券进行波段性操作获取了一定的收益，基本覆盖了减持的损失。事实证明，他的这一决策是正确的。在当时的情况下，由于我们刚股改上市不久，资本充足率等各方面情况都不错，一些人纷纷上门来游说我们去收购一些陷入困境的国际上著名的金融机构，价格看上去也不高，似乎都是不错的机遇。记得有一次我在外地出差，他打电话给我，说有人又来推荐收购一家著名的投资银行。我们商量后都认为事关重大，应该请示有关部门和领导。但我提议汇报材料可以写得积极一点，以争取这个机会，而他认为还是谨慎一点为宜。他说，风险并未出清，我们的态度要中性一点。结果是后来工商银行没有参与收购，而有的银行进去了，背上了包袱。一个企业要想可持续发展，关键时点的准确判断十分重要。此外，在注意防范风险的同时，他也很关注危中之机，在他的指导和决策下，我们利用危机后全球金融市场准入放宽的有利窗口期，采取两条腿走路的方针，一方面进行了一系列成功收购，另一方面加快了在境外设置分支机构的步伐。经过几年时间的双管齐下，便初步完成了工商银行的国际化经营布局。现在回过头去看，如果当时不抓紧，到现在再来布局，机遇就过去了，不仅成本会高很多，步子也会慢很多，有的事也未必能做成功了。我想，正是由于建清董事长的战略眼光，工商银行在这场波及全球的金融危机中不仅没有受到什么损失，反而获得了许多市场机会。

赵林监事长是 2008 年上半年从建设银行转到工商银行任职的。几年共事下来，他的大局意识和原则性给我留下了非常深刻的印象。赵林同志一方面担任党委副书记，主管着宣传、精神文明建设和党校工作；另一方面负责监事会的工作，两方面角色履行得都很充分，两方面工作都抓得很好。我记得他来工商银行后不久，就负责工商银行企业文化体系的设计。相比我们这些在工商银行工作较长时间的人来说，这对于他来说其实是一件很不容易的事情。但赵林同志非常认真，他组织各方面的力量进行了深入的研究和挖掘，还到一些企业文化建设比较好的企业去取经。通过广泛征求意见和专题调研，他很快加深了对工商银行文化的感知和体会，形成了《中国工商银行企业文化手册》的讨论稿，然后反复讨论修改，不断锤炼提升，据我知道至少十易其稿，历经一年半时间。2010 年 6 月正式推出了《工商银行企业文化手册》，形成了新时期工商银行企业文化体系，获得了行内外的认同和赞扬。这几年监事会在他的领导下，提出了许多切实可行的改进经营管理工作的意见和建议。他为人谦和，但原则性也很强。我清楚地记得，有一次他在列席董事会时，对董事应该如何提高履职能力和工作效率提出了明确的意见和要求，很好地履行了监督职责。他的意见得到了董事会、高管层和领导班子各位成员的重视和支持，为健全和完善工商银行的法人治理机制发挥了积极作用。

王丽丽副行长是总行管理团队里唯一的女性。她是我国改革开放后培养起来的首批国际金融专业人才，长期分管国际业务和金融市场工作。作为亚太经合组织工商咨询理事会（APEC Business Advisory Council，简称ABAC）中国代表，她还连续多年在各国领导人对话机制中担任我国领导人的话题协调人。这些经历锤炼和提升了她的全球视野和国际眼光。平时她似乎不苟言笑，但其实很有女性的细致。记得2006年工商银行上市之际，我和王丽丽同志一起带领蓝队去境外路演，新加坡路演结束后，我们在机场转机去欧洲，当时机场里很凉，我穿的衣服不多，王丽丽同志问我冷不冷，她半开玩笑半当真地说："路演才刚开始，您这团长可生不起病啊。"随后她就悄悄去买了一件毛衣让我穿上，这种关心很让我感动。

李晓鹏副行长，这些年分管的工作跨度很大，涉及的新业务新领域很多，特别是工银瑞信、工银租赁、工银安盛人寿等几个非银子公司，与传统商业银行的运作模式、激励机制、企业文化都有很大差别。晓鹏同志愿意接受新事物、接受新挑战。在他分管期间，这些子公司行业排名和经营业绩都得到显著提升。我和晓鹏很熟悉，一起从工商银行总行去了华融，又先后从华融回到工商银行总行工作，共事时间比较长，相知也比较深。记得2010年年初我肺部长了个小结节，去医院做手术。我爱人后来告诉我，晓鹏一直在手术室外守候。等切片结果出来，听说是良性的，晓鹏才跑到外面畅快地抽了一支烟。我知道，他一直在为我担心。如今晓鹏履新中投公司，中投是工商银行的股东单位，看来晓鹏同志始终和工商银行有着割不断的关系。我衷心祝愿他在新的岗位上一切顺利，不断取得新的成功。

罗熹副行长，2009年年底从农业银行到工商银行任职。他为人很直率，对我的工作一直很支持。我记得他刚到工商银行分管机构业务不久，当时有些同业定期存款价格很高，有的兄弟行抓了不少，我们面临着困难的抉择。我和罗熹同志商量，他认为不能搞短期行为，要考虑到资金成本控制，工商银行还是应该更多地通过优质增值服务来吸引客户资金。我当时很感激他的这种态度，感谢他并不因为自己分管这块存款工作，就只是倾向于把近期的业绩搞上去。结果我们没要这批存款。后来的事实证明了这个想法是正确的，那家兄弟行因此付息成本受了不小的影响。他还通过对企业、行业的信息流、资金流、资金圈运动规律以及有关社会管理改革措施出台情况的研究，较早地提出要关注下一步民生领域的金融服务业务，得到了班子的认同和支持。

刘立宪书记，分管的部门大都是监督保障部门，表面看来并不直接创造经济效益，但对于银行来说，少出风险、少出案件其实也是在创造效益。这些工作对全行稳健、可持续发展的意义是不言而喻的。立宪同志对纪检监察、安全保卫工作研究得比较透彻，这方面的经验十分丰富，抓工作能抓到点子上。他有较高的思想水平和政策把握能力，同时又敢于负责、勇于担当。我记得一个周末，我们一起听一个分行汇报一个案件情况，分行的同志十分着急，也有点紧张。听了分行同志介绍的情况之后，立宪同志三言两语就把案件性质、处置要点讲得清清楚楚，条分缕析，非常专业，让人十分佩服。这些年，工商银行内控案防方面没有出大的风险，有关指标在业内持续保持良好水平，与立宪同志的工作是分不开的。

张红力副行长，长期在外资金融机构工作，后经中组部选拔到工商银行来任职。外资金融机构与工商银行的企业文化、管理方式都有很大的差异，我相信这个转换对他来说是很不容易的。他来工商银行后经常主动找我们交换意见，找主管部门人员了解情况，因而他的角色转变是比较快的，对分管业务抓得也是有声有色的。他对国际金融业的发展有比较深入的了解，对国际金融市场动态的信息来源比较多，在这方面对我的帮助不小。他对投行业务比较熟悉，这两年工银国际能够在与国际知名投行竞争中，拿到几个具有全球影响力的大型投行项目，有很多项目还创造了市场第一和全球之最，这与红力的努力和影响是有关系的。

王希全同志担任副行长时间虽不长，但我和他认识时间不短，他工作的认真和努力给我留下了很深的印象。例如他在任党委委员，特别是在担任人力资源部总经理时期，在贯彻落实党委"以人为本、人才兴行"战略，改进人力资源管理方式，优化队伍结构和加强基层党建工作等方面想了很多办法，也形成了一些创新的做法，得到了有关部门的肯定，多次在中组部有关会议上介绍工商银行的经验。我记得 2010 年总行决定由希全同志负责筹备召开员工工作会议，他非常认真和慎重，带队跑了不少地方，召开座谈会，听取各层级员工的意见和反映，与有关部门一起认真研究政策措施，拿出了一批涉及面十分广泛的会议材料，向党委作了认真汇报。这次会议筹备了半年之久，会议形成了多个涉及员工职业发展的意见与办法，成效显著，不仅推动了与工商银行同进步、共发展的员工工作格局的进一步形成，而且有效调动了各层级员工的积极性和创造性。

魏国雄首席风险官，主要分管信贷和风险管理部。说实在的，在当前经济结构调整和银行竞争非常激烈的情况下，管好工商银行这么大体量的信贷资产，确保不出大的风险和问题是非常不容易的。但在这些年发生的社会影响较大的风险事件中，工商银行均牵涉不多，业内普遍认为工商银行风险防范是有效的、一些措施是具前瞻性的。这方面，国雄同志确实费了很大精力，付出了心血。坦率地说，他也因此承受了一些同志的不理解。确实，中、后台要严管理、控风险，前台部门和分行要讲市场、讲效率，想法要完全一致是比较困难的。但从我了解的情况看，大家对魏首席的敬业精神和专业能力是认可的、敬重的，对这几年工商银行信贷管理的成效也是称道的。

林晓轩首席信息官，是业内公认的一个银行业 IT 专家。现代金融已经须臾离不开信息科技。这些年工商银行管理创新、产品创新力度非常大，科技开发涉及面之广、新版本投产频率之高前所未有。为保持信息科技的代际优势，晓轩同志和全行 IT 系统的员工付出了很大的努力，不断推动了工商银行科技系统迈上新的台阶，从 NOVA+、1031 工程、MOVA、FOVA 系统一个接一个，仅 2012 年总行应用研发规模就突破了 120 万个功能点。同时，全行业务日益复杂，业务量不断攀升，到 2012 年日均业务量已近 1.8 亿笔。这给工商银行信息系统安全运行带来的压力是前所未有的。这些年工商银行信息科技能够保持同业代际领先，能够整体保持安全平稳运行态势，是很不容易的。在与他共事的这些年中，我眼见晓轩同志逐步变得满头白发了。我想，他承受的压力之重是很多人难以想象的。

胡浩董事会秘书，作为全球最大银行的董事会秘书，这个工作并不好干。就拿市值这个指标的管理工作而言，影响市值的因素是多方面的，尤其是像工商银行这样的超大盘股，并不是像有些人所理解的那样可以人为掌控。特别是 2012 年以来，受多种因素叠加影响，再加上一些舆论引导不当，我国多家上市银行股价连续下跌，甚至"破净"。而同期由于美国经济出现复苏迹象和部分国际同业经营业绩有了改善，全球投资者预期及其资金流向出现分化。国内外的这些情况给工商银行市值管理带来了不少压力。胡浩同志以及他所带领的团队非常努力，为稳定市值做了大量工作。除了认真做好定期的业绩发布与境内外路演的组织工作之外，还主动邀请机构投资者到工商银行分支机构进行反向路演，这种做法在中国银行业内过去是没有的，这一举措有效地向全球投资者展示了工商银行可持续发展前景，坚定了市场的信心。

最后我要说一说易会满同志，他前不久接替我担任了行长。与我相比，他有着自己的优势和长处。年富力强自不用说，就拿业务工作来说，他长期在基层工作，担任过多家分行的负责人，这种经历是我所欠缺的。他到总行后分管过公司金融、信息科技、电子银行、运行管理和办公室等业务工作，既有前台，又有后台；既有市场营销，又有风险控制；既有对外服务，又有内部管理，跨度大，涉及面广，这使他积累了更多的经验。会满同志综合协调能力比较强。例如，2009 年，我们决定启动以监督体系、远程授权和业务集中处理改革为主要内容的业务运营三项改革，委托会满同志牵头负责。这三项改革，实质上是工商银行授权组织模式、业务监督模式和业务处理模式的转型，涉及制度创新、流程再造、业务布局和人力资源优化等方方面面，是一项需要举全行之力来推进的综合性、基础性改革，难度不小。为稳妥推进这三项改革，会满同志多次到基层调研，对于一些分行的不同想法，不是简单地回避问题，而是主动听取意见，和有关部门反复沟通，不断地调整优化改革方案，调动了各方面改革的积极性，最后提前完成了目标任务，实现了业务集约经营、风险集中控制的改革目标，为打造一流金融后台奠定了重要基础，而且这些改革措施还调整出了一批人员，不少员工补充到了前台和服务营销岗位，促进了全行人力资源结构的优化。现在会满同志承担起了更大的责任，我相信他会干得更有生气和活力，更有起色和成效。

从事了这么多年的管理工作，我的一个深切体会是，一个企业比另一个企业做得出色，可能有天时地利的原因，但很重要的是要有一个强有力的领导班子。工商银行能够取得今天这些成就，固然有多方面因素，但很关键的就是有一个团结稳定、心无旁骛、一心想把工商银行做好的班子。能与大家一起在这个班子里共事这么些年，实在是我的幸运。

时光匆匆，往事不再，而唯人难忘、唯情永存。我想我的人生已牢牢地镌刻着"工商银行"几个字，我的记忆中已深深地融入了身边的同事，融入了全行的员工。在今后的日子里，我仍然会为工商银行的每一点新发展而高兴，依旧会为大家的每一点新进步而欣慰。我相信，有一代代工商银行人的努力奋斗和不断传承，工商银行一定能够实现建设最具盈利能力、最优秀、最受人尊重的国际一流金融机构的愿景目标。

代后记

坚持辩证法　不说过头话[*]

这是在新浪财经举办的 2015 年银行业发展论坛上被宣布当选为年度意见领袖后的即席发言，并无什么学术专业内容，本可不选入书中。但考虑到一是此文篇幅很短，读者看起来不会费劲；二是虽为即席讲话，倒也不完全是应景之言，其中的一些想法，也可看作是这十多年来自己行文说话所遵循的基本原则，故将其略作修改后作为本书的代后记附录于此。

——作者注

各位朋友，各位嘉宾：

首先，很感谢新浪财经，感谢评委会，把今年的年度意见领袖奖又颁

发给了我。坦率地说，感到有点承受不起。

会议的主办方邀我讲一讲。有关经济金融的问题今天就不想谈了，还是说说所谓"意见领袖"的话题吧。2014年我在获这个奖项后也曾经说过，"意见领袖"这个 title 份量是很重的。拿了这个奖项，戴了这个帽子——尽管大小不一定合适，也还真得好好想想作为一个时不时在一些媒体上写个小文章，在有的论坛上讲个三言五语的人，应该怎样做才是对的，才是应该的。

在信息化技术高速发展的当下，在人们常说的自媒体时代，资讯的传播力、影响力之大，实在是超过了我们的想象。同时随着社会的发展和进步，人们张扬个性的空间也比过去大多了，不少人都想以自己的观点、意见去影响他人甚至影响决策，这种愿望比过去强多了。应该说这都是好事。但是我认为越是在这样的情况下，人们越要对自己所写的、所说的力求更准确，要更认真更负责地对待自己所写所说的东西。这既是对别人负责，也是对自己的形象负责。

怎样才算是更准确、更认真、更负责了呢？我认为就是写东西、谈观点，要努力做到既不要逢迎也不能媚俗，既拒绝中庸更反对偏执，既要有面向国际的思维水平，还要有立足本土的分析能力。当然要真正做到这些并不是容易的事情，除了专业素养、文字功底之外，更要紧的还是思想方法要端正。浮躁忽悠的习气不可长，盲目追崇新名词、新术语的态度不可取。一句话就是凡自己所说的、所写的都要力争做到言之有据，说之有理，不能想当然。提出一个观点、分析一个问题都要力戒片面性、简单化，要反对形而上学，要坚持辩证法、两点论。不说要经得起历史的检验，那样的标准也许对我们太高了，但起码要争取经受得起一段时间的检验。

总之，我建议大家特别是一些喜欢写写、说说的朋友们，越是在理论界、财经评论界已经有了一定影响力，就越要注意在任何时候都要避免说过头话，避免说极端的话。"语不惊人死不休"，那是赋诗填词时该有的浪漫情怀，但在讨论经济问题时，在研究这门经世济民的学问时，还是要"旧学商量加邃密，新知培养转深沉"，要讲究意见的建设性，讲究态度的包容性，要共同努力营造一个有利于支持经济平稳增长，有利于促进改革深化的和谐的舆论环境。

让我们共勉。

谢谢大家！

责任编辑：曹　春
装帧设计：木　辛
责任校对：吕　飞

图书在版编目（CIP）数据

金融笔记：杨凯生十六年间笔录 / 杨凯生 著 . —北京： 人民出版社，
　2016.9（2022.8 重印）
ISBN 978－7－01－016539－4

I.①金⋯　II.①杨⋯　III.①银行改革－中国－文集　IV.① F832.1–53

中国版本图书馆 CIP 数据核字（2016）第 176309 号

金融笔记
JINRONG BIJI
——杨凯生十六年间笔录

杨凯生　著

人民出版社 出版发行
（100706　北京市东城区隆福寺街 99 号）

北京盛通印刷股份有限公司印刷　新华书店经销

2016 年 9 月第 1 版　2022 年 8 月北京第 4 次印刷
开本：710 毫米 × 1000 毫米 1/16　印张：23
字数：283 千字

ISBN 978－7－01－016539－4　定价：56.00 元

邮购地址 100706　北京市东城区隆福寺街 99 号
人民东方图书销售中心　电话：（010）65250042　65289539